Dr. Sharon Brehm
wiederherzgestellt

DR. SHARON BREHM

wiederherzgestellt

Wie emotionale Heilung mehr Vertrauen, Nähe und Lebendigkeit in deine Beziehung bringt

südwest

Inhalt

2. HERZ•RHYTHMUS

Für mehr Mut.
Mögen wir unser Strahlen zeigen dürfen und uns mit all unseren Facetten gesehen fühlen.

Für mehr Liebe.
Mögen wir uns durch sie lebendig und in ihr sicher fühlen.

Für mehr Wir.
Mögen wir in einer Welt, die manchmal kalt und harsch ist, Wärme und Frieden finden.

Prolog

Ich liebe den Prozess von Heilung. Heilung, ein großes Wort, hinter dem Verletzlichkeit, Mut und vor allem Liebe steht. Zu heilen bedeutet, sich vollständig zu fühlen, bedeutet Raum für all die seltsamen und traurigen Aspekte unseres Selbst zu haben, genauso wie für all die Dinge, die so schön sind, dass wir befürchten, dass andere sie uns nehmen könnten. Um zu heilen, müssen wir allerdings den einen oder anderen Glaubenssatz hinterfragen. Glaubenssätze sind Überzeugungen, die in uns so fest verankert sind, dass wir sie eben nicht mehr infrage stellen. Dieses Buch entwickelte sich aus drei weitverbreiteten Glaubenssätzen: Erstens: Selbstliebe muss uns reichen. Zweitens: Du musst heil sein, um geliebt zu werden. Drittens: In einer Beziehung bist du angekommen und jedes Gefühl von Einsamkeit ist passé.

Ich begann mit diesen Glaubenssätzen irgendwann zu hadern. Nach den Erfahrungen in meinem Leben, als Liebende und als Paartherapeutin, konnte ich sie nicht mehr als unumstößliche Wahrheit gelten lassen.

Mich selbst zu lieben reichte mir nicht. Mir selbst Komplimente zu machen, mich aufzufangen und zu akzeptieren war zwar wichtig. Aber all das war kein Substitut für die Liebe zu einem anderen Menschen. Ich wollte Liebe geben. Und ich wollte jemandem erlauben, mich zu lieben.

Ich dachte auch, ich wäre längst »emotional aufgeräumt«, als ich mich für meine letzte Beziehung entschied. Nur merkte ich, dass manche Themen erst in dieser Beziehung aufkamen. Solange ich alleine und für mich war, hatte ich keine Verlustangst.

Und ich musste lernen: Auch in einer glücklichen Beziehung kommen Ängste, Einsamkeit und andere unbequeme Emotionen vor. Eine Beziehung rettet mich nicht vor meinen Schatten. Aber sie gibt mir die Chance, einen gesünderen Umgang mit ihnen zu finden.

Ich ahnte, dass ich mit diesen Erfahrungen nicht alleine war. Aber erst im Sommer 2022 merkte ich, wie sehr wir es als Gesellschaft satthaben, uns in unseren Beziehungen zu verletzen. Wie wir danach streben, uns verletzlich machen zu dürfen, und darauf hoffen, psychische Verletzungen zu heilen. Es passiert so schnell, dass wir uns verletzen. Und wir alle bringen Verletzungen aus vorherigen Beziehungen oder unserer Vergangenheit mit, die wiederum dazu führen, dass wir Menschen selbst kränken. Doch wie wir diese Verletzungen wirklich auflösen können, haben wir nicht gelernt. Das Interesse daran spiegelte sich auch in zwei Anfragen. Erst klopfte die *Süddeutsche Zeitung* für ein Interview an. Das Thema war: »Wie können wir gesunde Beziehungen führen?« Worte wie »toxisch« und »narzisstisch« fallen immer häufiger – im Interview ging es um einen Gegenentwurf.

Ein paar Tage später bekam ich eine E-Mail von Laura Malina Seiler. Die spirituelle Influencerin und Autorin lud mich als Expertin für einen Beziehungskurs ein. Dort ging es um die Frage, ob und, wenn ja, wie wir in unseren Beziehungen heilen können. Emotional zu heilen war etwas, das wir nicht gelernt haben, aber anscheinend lernen wollen.

In meinem Kopf ähnelst du, mein imaginäres Gegenüber, den Menschen, die ich begleiten darf. Die Menschen, die in meiner Praxis Platz nehmen, interessieren sich für persönliches Wachstum und gelebte Psychologie. Sie sind offen und empathisch und mutig. Sie würden gerne verstehen, wie Beziehungen leichter und lebendiger werden, und sie würden gerne mehr von der Kunst des Liebens lernen, nicht als philosophische Idee oder um darüber eine wissenschaftliche Abhandlung zu schreiben, sondern um die Liebe zu leben, zu feiern und zu genießen.

Dieses Buch ist für all diejenigen, die in ihrer Beziehung sie selbst sein wollen. Für all diejenigen, die einmal das Gefühl hatten, angekommen zu sein. Für all diejenigen, die erlebt haben, wie schmerzhaft es ist, Vertrauen und Verbindung verloren zu haben – und die darauf hoffen, dies wiederzufinden.

In Dankbarkeit

Sharon

Einführung:
Das Geheimnis glücklicher Beziehungen ist nicht nur Kommunikation

»For all of us, the person we love most in the world,
the one who can send us soaring joyfully into space,
is also the person who can send us crashing back to earth.«
Sue Johnson – Hold me Tight

Manchmal beginnen Beziehungen so unglaublich magisch. Wir entscheiden uns für unser Gegenüber bewusst und nicht, weil wir es müssen. Meistens lassen wir uns auf eine Person ein, weil mit ihr das Leben so leicht und aufregend erscheint, wir ähnliche Träume haben und uns angenommen fühlen. Wir entscheiden uns für eine Person, wenn wir gemeinsam glücklicher sind als alleine. So wie es eben Sue Johnson[1], renommierte Paartherapeutin und Begründerin der Emotionsfokussierten Paartherapie, beschreibt: Die Person, die wir am meisten lieben, kann uns auf eine ungeahnte Weise glücklich machen.

Dass die Qualität unserer Beziehungen einen direkten Einfluss auf die Qualität unseres Lebens hat, bestätigt auch die sogenannte »Harvard-Studie«[2]. Sie ist eine der größten Langzeitstudien, um herauszufinden, was ein gesundes und glückliches Leben ausmacht. Seit 1938, also seit über 85 Jahren, wurden 724 Männer befragt und begleitet. Um das Geheimnis eines glücklichen Lebens herauszufinden, nutzte das Forscherteam nicht nur Fragebögen, es besuchte die Männer auch zu Hause, sprach mit ihren Familien und sah sich ihre medizinischen Akten an. Robert Waldinger, der als Professor für Psychiatrie die Studie lange leitete, kam zu dem Ergebnis: »Gute Beziehungen machen uns glücklicher und gesünder.«[3]

Das Nächste klingt vielleicht demotivierend und ernüchternd. Trotzdem trifft es wohl auch die Realität, denn wir alle haben schon einmal erlebt, wie aus Traumbeziehungen Trauer und Trennungen wurden. Wir haben erfahren, wie wir wegen alter Verletzungen vorsichtiger in die nächste Beziehung starten, die Handbremse kaum lösen und dann doch wieder Vertrauen schöpfen. Nur um dann wieder verletzt zu werden und nicht zu wissen, wie wir diese Verletzung wiedergutmachen können.

Also ziehen wir uns erneut zurück und verletzen einander unabsichtlich durch unseren Rückzug. Wenn nichts mehr von der Leichtigkeit und Magie des Anfangs da ist, trennen wir uns. Erneut. Es fühlt sich an wie ein Absturz, unser Herz zerbricht in viele Einzelteile. Es ist schmerzhaft genug, dies einmal zu erleben. Doch ohne Wissen über emotionale Heilung wird dies zu einer Endlosschleife.

Emotionale Heilung: Wenn wir uns sicher fühlen, heilen wir auch

Viele wissen heutzutage, dass Beziehungsprobleme durch falsche Kommunikation entstehen. Viele haben auch schon gehört, dass es nicht nur darum geht, was man sagt – sondern auch, wie man es sagt. An Worten und Wissen fehlt es also nicht. Was den Paaren meistens verloren geht, ist die emotionale Sicherheit im Miteinander.

Wenn wir uns miteinander nicht sicher fühlen, dann werten wir schnell jedes Wort als persönlichen Angriff oder beginnen zu schweigen, um nicht noch mehr verletzt zu werden. Wo emotionale Sicherheit fehlt, fehlen auch Erotik und tiefe Gespräche.

Wenn wir emotionale Sicherheit empfinden, können wir uns mit all unseren Seiten zeigen. Selbst oder gerade wenn wir fürchten, dafür verlassen oder verurteilt zu werden. Doch diese Sicherheit ist keine Einbahnstraße. Wenn wir uns sicher fühlen, können wir auch auf andere entspannter, freundlicher und mitfühlender reagieren. Wenn jemand sich verletzlich zeigt, sehen wir das Positive, sind großzügiger und werten Erwartungen nicht als persönlichen Angriff. Emotionale Sicherheit kann wie eine Spirale nach oben sein, die zu mehr Verständnis und Verbindung führt.

Was genau dazu beiträgt, dass wir uns fallen lassen können, ist von Person zu Person unterschiedlich. Manche brauchen Akzeptanz und Freiheit, andere Wertschätzung und Loyalität. Für manche entsteht Sicherheit über körperliche Nähe und bei anderen erwächst sie aus tiefgründigen Gesprächen. Immer aber geht es darum, dass wir aufeinander eingehen und dass unsere emotionalen Bedürfnisse Raum bekommen.

Emotionale Heilung bedeutet, diese Sicherheit wieder empfinden und geben zu können. Wenn wir etwa unseren Fuß gebrochen haben, sprechen wir von Heilung, wenn wir den Fuß wieder strecken, anwinkeln und bewegen können. Wir wissen, dass ein Heilungsprozess Zeit und Übung braucht, und schonen unseren Fuß in dieser Zeit. Doch für immer in einer Schonhaltung zu bleiben, wäre für die meisten von uns keine Option. Dann, wenn unser Fuß wieder funktionsfähig ist, sprechen wir von Heilung.

Das Gleiche gilt auch für emotionale Heilung, nur ist es eben nicht unser Fuß. Wir stellen unsere Psyche und unser emotionales Herz wieder her. Wir sprechen von gelungener emotionaler Heilung, wenn wir die Bandbreite unserer Emotionen voll ausschöpfen und für uns nutzen können. Wenn wir emotional genesen, können wir passender auf Stress reagieren, Herausforderungen besser bewältigen und uns selbst besser verstehen. All das hilft uns, gesunde Beziehungen zu führen.

Emotionale Heilung bedeutet einfach gesagt, dass wir emotionale Verletzungen oder Wunden mithilfe von empathischer Zuwendung heilen. Egal, ob es um Verlustangst oder Bindungsangst geht, um Eifersucht, um Trauer oder etwas anderes – unsere Beziehungen können uns helfen, wieder mehr zu uns selbst zu werden.

Leider haben wir weder gelernt, dass emotionale Sicherheit wichtig ist, noch was emotionale Heilung im Alltag bedeutet. So wiederholen wir oft unsere Fehler: »We repeat, what we don't repair.« Wenn wir etwa Angst haben, verlassen zu werden, und diese Angst in einer neuen Beziehung nicht auflösen können, werden wir immer unsicherer. Das Gemeine ist, dass wir manchmal meinen, wir hätten unsere Verlustangst aufgelöst, aber sobald wir uns auf jemanden einlassen, ist sie wieder da. Mit unserer Angst melden sich auch so manche Schutzmechanismen.

Das Spektrum an Schutzmechanismen ist groß. Manche nörgeln und kritisieren. Manche errichten eine unüberwindbare Mauer um ihr Herz. Andere sind so freundlich, dass man sie nicht mehr spürt, oder beginnen zu lügen. Wieder andere sprechen direkt die Trennung aus.

Mit diesen Schutzmechanismen verletzen wir leider oft die Menschen, die uns am meisten bedeuten, und das fühlt sich für die andere Seite ebenfalls nach Gefahr an. Und die natürliche Reaktion bei Gefahr lautet Verteidigung oder Flucht und so werden wir verletzt, obwohl wir uns doch eigentlich nur schützen wollten. Die großen Beziehungskrisen wie Vertrauensprobleme, Parallelleben oder ständige Eskalationen sind wie die Spitze eines Eisbergs. Unter der Oberfläche liegen emotionale Verletzungen, die wir nicht heilen konnten.

Uns fehlt das Wissen über sichere Beziehungen

Sicherheit ist ein neues Beziehungsideal – doch bisher haben wir eher gelernt, dass wir Verletzungen vermeiden müssen. Wenn zwei Menschen sich so nah sind, ist es allerdings fast unmöglich, sich nicht auf die Füße zu treten. Auch in glücklichen Beziehungen passieren Verletzungen. Bisweilen reicht eine Kleinigkeit wie ein vergessener Anruf, das falsche Wort zur falschen Zeit oder unterschiedliche Erwartungen bei der Urlaubsplanung, damit wir an der Liebe, dem Charakter oder der Intention der anderen Person zweifeln. Dazu kommt: Viele von uns starten in eine neue Beziehung und ziehen Verletzungen hinter sich her so polternd wie einen Koffer, der über den Gehsteig hämmert. Selten ist es der *eine* Streit oder das *eine* böse Wort. Es sind viele kleine Momente, in denen wir – anstatt Vertrauen aufzubauen – uns gegenseitig verletzen. Meist ohne dass wir das gewollt hätten oder es uns gar bewusst wäre. Emotionale Kratzer und Kränkungen kommen selbst in glücklichen Beziehungen vor, also ist es viel wichtiger zu wissen, wie wir erneut Sicherheit finden, Verletzungen heilen und uns selbst wieder öffnen können.

Denn zumeist verbarrikadieren sich viele von uns hinter einem seelischen Schutzpanzer. Was meist auch bedeutet, dass wir das Positive zurückhalten. Doch umso weniger schöne Momente wir miteinander teilen, desto mehr verlieren wir an emotionaler Sicherheit. Und umso weniger emotionale Sicherheit wir haben, desto schwerer fällt es, das Schöne zu leben und zu genießen. Und umso weniger Schönes in der Beziehung ist, desto sensibler reagieren wir auf Verletzungen.

Umgekehrt gilt aber auch: Wenn wir miteinander emotional heilen, entstehen Vertrauen, Verbindung und Nähe fast automatisch. Wenn wir etwa in der Vergangenheit erlebt haben, dass unsere Grenzen nicht respektiert wurden, lässt es uns heilen, wenn nun jemand unsere Grenzen wahrt. Wenn wir in der Vergangenheit erlebt haben, dass wir anderen egal sind, dann lässt es uns heilen, wenn wir merken, dass wir einbezogen werden. Doch warum haben emotionale Verletzungen überhaupt so eine Macht über uns?

Emotionale Verletzungen haben so eine Macht über uns, weil wir uns so ohnmächtig spüren, wenn wir sie erfahren.

Wenn wir uns ein Bein brechen oder das Handgelenk verstauchen, erleben wir Gefühle von existenzieller Not und Zurückweisung seltener, ganz im Gegenteil. Zu meiner Schulzeit wurden Gips und Bandagen bunt bemalt mit Genesungswünschen, Blümchen, später auch mit Meisterwerken pubertärer Freigeister. Insbesondere dann, wenn jemand verletzt war, nahmen wir die Person in unsere Mitte. Man war zwar körperlich eingeschränkt, aber durch die Verbindung fühlte man sich aufgefangen. Diese Wärme erleben wir bei seelischen Verletzungen seltener.

Obwohl wir in einer Zeit leben, in der es immer mehr akzeptiert wird, dass auch unsere Psyche erkranken kann, reagieren Menschen nach wie vor mit mehr Verständnis auf einen Armbruch als etwa auf Bindungsängste. Wenn wir Angst vor Nähe haben und uns eher zurückziehen, schlägt uns bisweilen leichte Wut entgegen: »Sei doch einfach offener. Sag doch mehr.« Wenn wir Zusicherung brauchen, blicken andere, und manchmal auch wir selbst, auf uns herab. Wir fühlen uns bedürftig oder wie eine Belastung.

Zudem wissen wir eher, wie wir auf körperliche Beschwerden reagieren können. Bei einem virtuellen Gespräch mit meiner Assistentin hält mir ihr fünfjähriger Sohn Hustensaft in die Kamera. Er hat sich erkältet und weiß schon in seinem Alter, dass es ein Mittel gegen das kratzende Gefühl im Hals gibt. Er hat sich von seinen Eltern abgeschaut, wie Selbstfürsorge aussehen kann. Bereits ein Fünfjähriger weiß, was bei Husten helfen kann – und wahrscheinlich wüssten Fünfjährige auch, wie sie auf ihre Weise helfen können, wenn jemand sich das Knie aufschlägt.

Doch selbst als sogenannte Erwachsene – denn welcher Erwachsene fühlt sich denn wirklich erwachsen? – wissen wir nicht immer, wie wir das Vertrauen einer Person gewinnen können, die in der letzten Beziehung betrogen wurde. Auch als Erwachsene fällt es uns schwer, mit Schuld souverän umzugehen. Auch als Erwachsene sind wir damit überfordert, wenn uns jemand von seinen emotionalen Schmerzen erzählt. Aus unserer Unwissenheit fallen Sätze wie »Lach doch mal« oder »Mach dir keine Sorgen«.

Außerdem erlauben wir uns bei äußerlichen Verletzungen Hilfe und Unterstützung. Sehen wir, wie jemand stürzt und nicht mehr aufstehen kann, würden wir anbieten, ärztliche Hilfe zu holen. Selbst wenn die Person nur wenige Minuten am Boden lag. Professionelle Hilfe ist kein Tabu. Wenn wir hingegen aus psychischen Gründen nicht mehr aufstehen können und uns etwa Erwartungsdruck lähmt, warten wir Monate bis Jahre, bevor wir uns überhaupt erlauben, an Unterstützung zu denken.

Doch es sind nicht nur das Gefühl von Ohnmacht oder unsere gesellschaftlichen Normen, weswegen wir uns von emotionalen Verletzungen schwerer erholen. Auch die Verarbeitung in unserem Gehirn sieht anders aus. Physische Wunden sind darauf ausgelegt, zu heilen, und wir sind darauf programmiert, sie zu vergessen. Dass ich mir in der Grundschule irgendwann mal in den Finger geschnitten habe, war wahrscheinlich so. Ich kann mich nur nicht mehr daran erinnern. Dass ein Klassenkamerad mich als Heulsuse bezeichnete, als ich sieben Jahre alt war, weil ich meine Sportsachen vergessen hatte, weiß ich hingegen immer noch, als wäre es gestern gewesen. (Keine Sorge, heute bin ich längst mit mir und meinen Tränen im Reinen.) Beides sind Verletzungen, die niemals lebensbedrohlich waren. Sie sind unbequem und alltäglich. Und doch kann ich mich an die eine bildhaft erinnern und an die andere nicht.

Die Neurowissenschaftlerin Elizabeth Phelps untersucht die Verbindung zwischen Emotion und Erinnerung. In ihren Studien[4] konnte sie nachweisen, dass sehr emotionale Ereignisse dazu führen, dass sich unsere Gehirnstruktur so verändert, dass wir uns die Details besser und länger einprägen als die eines neutral bewerteten Ereignisses.

Diese starken Erinnerungen führen dazu, dass wir bewusst oder unbewusst unsere Sicht auf die Welt, auf uns selbst und auf andere verändern. Wenn wir emotional verletzt wurden und sich ein negatives Muster wiederholt, kreieren manche von uns ein herrlich ungnädiges Selbstbild. Manche beschließen, dass sie niemandem vertrauen können und besser alleine dran sind. Wieder andere machen sich zum Opfer: Die Welt ist ihnen per se nicht wohlgesonnen.

Nichts davon, so würde ich behaupten, machen wir mit Freude. Niemand sabotiert sich absichtlich selbst und nimmt sich die Chance auf eine glückliche Beziehung. Niemand verletzt gerne die Menschen, die ihm wichtig sind – und trotzdem passiert es.

Verbundenheit ist der erste Schritt, um zu heilen – und zu heilen bedeutet, sich zu verbinden

Es liegt in unserer Verantwortung, zu heilen. Natürlich ist es wichtig zu lernen, wie wir uns selbst besser verstehen: indem wir fürsorglich gegenüber uns selbst sind, Mitgefühl mit uns haben oder unseren inneren Kritiker in die Schranken weisen.

Doch in diesem Buch möchte ich an einige unserer wertvollsten Ressourcen erinnern, wenn es um persönliches Wachstum geht: Verbindung, Gemeinschaft und Liebe. Wir alle wissen, wie viel mehr Energie und Lebensqualität wir haben, wenn wir in einer gesunden Partnerschaft sind, und wie stark uns Beziehungskrisen mitnehmen. Beziehungen sind genauso ein Tool, um persönlich zu heilen und zu wachsen und ein glückliches Leben zu führen. Mehr noch, glückliche Beziehungen sind ein Katalysator für Transformation.

Heilung geschieht dann, wenn wir uns verbunden fühlen und jemand mit uns gemeinsam durch die dunklen Seen unserer Seele schwimmt. Denn wirklich zu heilen bedeutet, sich noch einmal durch den Schmerz zu tasten und sein Herz aufzumachen. An der Hand einer Person, die uns hört, die uns sieht. Im Ohr die Stimme einer uns liebenden Person, die sich gegen all die veralteten Glaubenssätze abhebt.

In diesem Buch geht es darum, wie Beziehungen wieder zu einem Kraftort werden können. Es soll uns dazu inspirieren, aufeinander zuzugehen, anstatt sich im eigenen Schmerz zu begraben. Es gibt dir Ideen mit, wie wir Verbindung kreieren, auch dann, wenn wir uns verletzt haben; wie wir mit Triggern umgehen können; wie wir Erwartungen kommunizieren können; wie wir raus aus der Hilflosigkeit kommen; wie wichtig körperliche Nähe ist; wie wir jemanden aufbauen, ohne uns wie dessen Therapeut:in zu fühlen; welche Schätze in unseren Emotionen liegen; wie Co-Regulation – die Kunst, jemanden emotional aufzufangen und sich von dessen Emotionen nicht überschwemmen zu lassen – funktioniert; wie wir Grenzen setzen können, ohne zu verletzen; wie wir vergeben können, ohne vergessen zu müssen.

Das Ziel dieses Buches ist zu zeigen, wie wir uns verbundener fühlen können. Sich verbunden zu fühlen, bedeutet, sich körperlich, geistig, emotional und vielleicht sogar spirituell nahe zu sein, ohne miteinander zu verschmelzen. Die norwegische Paartherapeutin Sissel Gran beschreibt Verbundenheit in ihrem Buch *Ich verlasse dich, weil ich leben will* folgendermaßen:

> »Und wenn wir beim Gedanken an den anderen nicht nur euphorisch werden – was ja ein typisches Merkmal der Verliebtheit ist –, sondern uns ganz im Gegenteil von der Gegenwart des anderen oder beim Gedanken an den oder die andere beruhigt fühlen, kann man davon sprechen, dass zwischen uns ein emotionales Band entstanden ist. Das Gefühl, dass der andere in uns integriert ist, führt dazu, dass wir uns in der Begegnung mit den Herausforderungen des Lebens gestärkt fühlen. Das ist es, was als Liebe bezeichnet wird und was der Zweck einer modernen Paarbeziehung ist – dass wir den anderen stützen, einander halten und dazu beitragen, dem Leben Richtung und Sinn zu geben.«

Wenn wir uns verbunden fühlen, fühlen wir uns emotional sicher und können, wie es Gran ausdrückt, uns entspannt fallen lassen. Nur wenn wir uns verbunden fühlen, können wir heilen und uns so zeigen, wie wir eben sind, mit all dem Schönen, dem Schmerzhaften, dem Zweifelnden. Wenn wir uns verbunden fühlen, dann wollen wir uns sogar von unseren alten Mustern loslösen: Wir suchen nach einer neuen Erfahrung.

Überblick über den Buchinhalt

Orientierung ist ein wichtiger Baustein, wenn es um Sicherheit geht. Also gebe ich einen ganz kurzen Überblick über den Aufbau von *wiederherzgestellt*. Dieses Buch möchte an unsere Ressourcen erinnern und die sind – zum Glück – ganz unterschiedlich verteilt.

Vielleicht möchtest du dich zunächst selbst verstehen. Wenn du den Wunsch nach einer gesunden Beziehung schon lange hegst und reflektierst und ihn trotzdem nicht umsetzen kannst, empfehle ich dir den ersten Teil. Wenn wir uns nach etwas sehnen, aber es nicht umsetzen können, liegt es oft an unbewussten Blockaden oder an fehlendem Wissen. Was wir dabei oft vergessen: Durch unsere inneren Mauern, Projektionen oder Altlasten verletzen wir andere oft. Doch durch diese Gefahr ziehen sich auch unsere Herzensmenschen zurück. Die wenigsten von uns können ruhig durchatmen, wenn sie sich unsicher fühlen. Und wenn wir selbst ein Risiko darstellen, wollen sich andere natürlich nicht so einfach von uns in den Arm nehmen lassen. So geht es im ersten Teil um all das, was uns davon abhält, aufeinander zuzugehen und selbst zu einem sicheren Ort für andere Menschen zu sein.

Vielleicht bist du auch so voller Tatendrang und Mut, dass du direkt in die Verbindung gehen möchtest. Du willst verstehen, was emotionale Sicherheit bedeutet und wie wir sie umsetzen können. Im zweiten Teil dieses Buches geht es genau darum: Emotionen, Co-Regulation, Verbindung durch Grenzen und Vergebung. Denn all das sind Bestandteile, durch die wir emotionale Sicherheit und damit Vertrauen schaffen können. In dem Moment, in dem wir emotionale Sicherheit erleben, heilen wir. Wenn etwa jemand gelassen darauf reagiert, dass wir Anerkennung brauchen, und sogar dieses Bedürfnis erfüllt, kann uns das innerlich ruhiger werden lassen. Wir lernen, dass wir unsere Verlustangst nicht verbergen müssen, und können sie so früher kommunizieren.

Vielleicht beginnst du auch mit dem zweiten Teil und gehst dann zurück zum ersten. Auch das wäre möglich. Denn Heilung ist nicht linear, sie hat kein klares Ende und keinen wirklichen Anfang.

Dieses Buch ist kein Ratgeber, der dir eine genaue, schrittweise Anleitung mitgibt. Auch wenn ich dir natürlich gerne ein Rezept mitgeben würde, das auf jede Situation und zu jeder Person passt. Stattdessen findest du im Text immer wieder Reflexionsfragen. Sobald wir uns besser verstehen, können wir eher Verantwortung für unser Verhalten übernehmen. Nimm dir Zeit, um die Fragen ehrlich zu beantworten, und ein Notizbuch gibt dir die Möglichkeit, deine Antworten festzuhalten. Vielleicht liest du irgendwann deine Antworten und freust dich über deine Entwicklung. Vor allem aber: Nutze die Fragen, um deine Beziehungen zu vertiefen. Diese Fragen tragen dazu bei, dass ihr euch näherkommt. So stärkst du auch die Beziehung zu dir selbst: Sei dir selbst gegenüber so neugierig, wie du es anderen gegenüber bist.

Daneben finden sich immer wieder Geschichten. Denn auch Geschichten lassen uns unser Wirken und Handeln überdenken. Die Geschichten und Gedanken, die ich teile, sind Teil meines Erfahrungsschatzes als Paartherapeutin. Es sind echte Geschichten und doch – auch um meine Klient:innen zu schützen – habe ich Namen verändert und ihre Hintergründe ausgeklammert. Denn es geht weniger um die *eine* Geschichte. Es geht um Beziehungsmuster, die wir alle mehr oder minder kennen und durchbrechen wollen.

Zuletzt möchte ich noch auf drei Dinge hinweisen, denn Heilung beginnt mit Ehrlichkeit.

Erstens: Es gibt Traumata, die einen geschulten Blick brauchen. So wie wir unseren Küchentisch nicht zum OP-Tisch umfunktionieren, sollten wir das eigene Bett nicht als Chaiselongue zu einer Psychoanalyse nutzen.

Emotional Erste Hilfe zu leisten, ist hingegen immer möglich. Empathie, Mitgefühl und liebevolle Klarheit sind das Fundament, damit wir uns verbunden und verstanden wissen. Wenn uns dann auch noch bewusst ist, durch welche Unachtsamkeit wir jemanden verletzen, verhindern wir weitere Kränkungen.

Nichtsdestotrotz kann es immer eine gute Idee sein, sich professionelle Unterstützung zu holen. Im Übrigen kann es bereits ein Schritt im Heilungsprozess sein zu lernen, um Hilfe zu bitten.

Zweitens: Wenn Menschen sich uns gegenüber öffnen und damit verletzlich machen, tragen wir die Verantwortung, mit ihren Offenbarungen sorgsam umzugehen. Menschen das Gefühl zu geben, sie wären emotional bei uns sicher, nur um ihre Geheimnisse oder Ängste gegen sie zu verwenden, ist Missbrauch. Emotionale Sicherheit ist kein Mittel zu dem Zweck,

Menschen zu benutzen. Emotionale Sicherheit ist die Basis für eine Beziehung auf Augenhöhe. Andere Menschen haben natürlich andere Wünsche und Bedürfnisse als wir selbst, und das gilt es auch zu akzeptieren.

Drittens würde ich niemandem empfehlen, sich in einer gewaltvollen Beziehung abzuarbeiten und aufzuopfern. Mit den Worten der Literaturwissenschaftlerin und Autorin Bell Hooks ausgedrückt: »Liebe und Missbrauch können nicht nebeneinander bestehen. Missbrauch und Vernachlässigung sind per Definition das Gegenteil von Pflege und Fürsorge.«

In *wiederherzgestellt* geht es darum, sich verletzlich zu machen und aus alten Schutzmechanismen auszubrechen. Doch in einer gewaltvollen Beziehung brauchen wir intakte Schutzmechanismen. Würde jemand auf deine beste Freundin einprügeln, würdest du ihr auch nicht raten, jetzt ihre Deckung aufzugeben und zu bleiben.

Wie antwortet dein Bauchgefühl auf diese Fragen?

- Geht es deinem Gegenüber genauso wie dir darum, konstruktiv und liebevoll miteinander umzugehen?
- Geht es deinem Gegenüber darum, dass ihr euch beide sicher fühlt?
- Will die andere Person Konflikte deeskalieren oder ernährt die Person sich von deinen Krisen?
- Möchte dein Partner oder deine Partnerin etwas verändern oder sieht sie die Schuld nur bei dir? Und lässt sie ihren Worten Taten folgen?

HERZ•SCHLAG

Was uns verletzt, wie wir verletzen und was uns daran hindert, damit aufzuhören.

Auch ein Herzschlag kann ein Schlag sein. Schmerzhaft wie eine Faust, die die Magengrube trifft. In Beziehungen passiert das manchmal so schnell, dass wir nicht einmal blinzeln können.

Wir alle haben schon einmal das Herz einer anderen Person getroffen. Und wurden selbst mitten ins Herz getroffen. Solange unser Herz schlägt, solange sind wir lebendig.
Doch lebendig zu sein, trägt auch immer das Risiko für Verletzungen.

Einstimmung – um zu heilen, müssen wir auch dem Unbequemen Platz machen

Wer sehnt sich nicht danach, glücklich zu sein? In Frieden mit sich und der Welt? Frei von Angst? In den sozialen Medien hören wir oft, dass wir uns einfach auf das Gute fokussieren sollten: good vibes only. Glücklich zu sein – so wird es uns verkauft – erreichen wir am besten, indem wir das Unbequeme und Negative ausschließen.

Viele wissen inzwischen, dass es auch kontraproduktiv sein kann, jemanden zu einem Lächeln zu zwingen oder Ängste kleinzureden. Doch die wenigsten wissen, dass es sogar einen positiven Effekt haben kann, wenn wir uns erlauben, unsere »negativen Vibes« auf eine passende Weise auszudrücken.

Dafür gibt es viele Beispiele aus der Forschung und aus der Therapie, doch eine Studie fand ich besonders spannend. Leider empfinden insbesondere Jungs Scham, wenn sie weinen. In einer Studie an der Indiana University Bloomington mit Football-Spielern[5] fand ein Forscherteam heraus, dass diejenigen Spieler, die sich und anderen nach einer Niederlage erlaubten zu weinen, besser mit Druck umgehen konnten. Außerdem hatten sie ein höheres Selbstwertgefühl. Manche Emotionen bauen in uns einen unangenehmen Druck auf, weil wir uns für sie schämen. Doch wenn wir aufhören, uns selbst zu zensieren, können wir sie besser verarbeiten.

Der Weg zu Glück und Zufriedenheit führt auch durch emotionale Täler: Wir sind nur dann mutig, wenn wir uns unseren Ängsten stellen. Wir können nur etwas anders machen, wenn wir uns unserer Vergangenheit, unseren Triggern und unseren Mustern bewusst sind.

In diesem ersten Teil geht es um die inneren Blockaden, die uns zurückhalten und sabotieren. Manchmal verletzen wir andere, indem wir blockieren; doch aus meiner Erfahrung liegen in diesen Blockaden auch Lernaufgaben und Ressourcen für gesunde Beziehungen. Wir haben die Wahl, ob wir uns durch unsere Vergangenheit, unser Unwissen oder unsere Schuldgefühle gegenseitig verletzen, oder ob wir sie nutzen, um mehr übereinander zu erfahren und ehrlichere Verbindungen zu kreieren.

Emotionale Altlasten:
Wie unsere Vergangenheit unsere heutigen Beziehungen beeinflusst

In *Vergiss mein nicht!* durchleben Kate Winslet und Jim Carrey die Liebesgeschichte von Clementine und Joel. Der Film zeigt sowohl das ungezwungen-romantische Kennenlernen als auch das Beziehungsende. Aber er geht sogar über die Trennung hinaus. Um mit Clementine leichter abschließen zu können, unterzieht sich Joel einer besonderen Prozedur. Er will die Beziehung, ja sogar Clementine, aus seinem Gedächtnis löschen. Dazu schluckt Joel eine Pille, redet sich seinen Frust von der Seele und verkabelt sein Gehirn. Als Clementine das erfährt, ist sie so beleidigt, dass sie ebenfalls jede Erinnerung an ihn vernichten möchte. Doch wie es der Zufall so will, lernen Joel und Clementine sich erneut kennen und verbringen eine Nacht miteinander. Ohne zu wissen, dass sie eine ganze Beziehung inklusive Trennung hinter sich haben.

Manche kennen den Wunsch, die Vergangenheit einfach hinter sich lassen zu können. Kulturelle Vorgaben, veraltete Erwartungen und unsere Kindheit prägen unsere Liebesbeziehungen. Doch auch Misserfolge, Enttäuschungen und Fehler in vorherigen Partnerschaften haben einen Einfluss darauf, wann wir uns sicher fühlen und was wir brauchen, um emotional zu heilen.

- An welchen Fehlern, Misserfolgen und Enttäuschungen hältst du noch fest?
- Was machen kulturelle Vorgaben oder etwa dein Geschlecht mit deiner Beziehung?
- Und was ist der Preis, den du zahlst, um daran noch festzuhalten?

Glaubenssätze: Wie Gedanken unser Verhalten diktieren

Unsere Vergangenheit kann in vielfältiger Form in unserem Jetzt auftauchen: kulturelle Prägungen, gesellschaftliche Vorgaben, Vorstellungen davon, wie sich Männer und Frauen, Väter und Mütter zu benehmen hätten. All das hat einen Einfluss auf unsere heutigen Beziehungen. Doch manchmal passen diese vergangenen Skripte nicht mehr zu uns. Sie sind uns nicht mehr dienlich und zeitweilig führen sie uns sogar in die gegensätzliche Richtung: Sie sabotieren unseren Wunsch nach einer sicheren Bindung.

Unsere Glaubenssätze stehen in einem engen Zusammenhang zu unserem Geschlecht, unserer Herkunft oder unserem Alter. Und genauso prägen diese Kategorien, wie wir uns zu verhalten haben – und welche Erfahrungen wir aufgrund dieser Normen machen werden. Wir haben etwa andere Vorstellungen von einer jungen Frau aus Mitteleuropa als von einem älteren Herrn aus Südostasien. In unserem Kopf gehen beide auch unterschiedlich mit Krisen um. Meist haben wir sehr früh gelernt, dass bestimmte Geschlechter nur bestimmte Gefühle auf eine bestimmte Weise ausdrücken dürfen. Das klassische Beispiel dafür ist, dass Männer nicht weinen, aber wütend werden dürfen. Frauen hätten hingegen immer nett und freundlich zu sein. Wir haben gelernt, dass Emotionalität und Rationalität Gegensätze sind. So wie Schwarz und Weiß, kalt und warm, Tag und Nacht. Und wir lernen das seit Jahrhunderten.

Die Welt in Gegensätzen zu sehen, verdanken wir in der westlichen Welt zum großen Teil der Aufklärung. Auch wenn es dem heutigen Zeitgeist nicht mehr entspricht, war diese Gegenüberstellung (im wahrsten Sinne des Wortes) ein Fortschritt. Denn aus einer Weltsicht, in der Männer als die Spitze der Evolution galten, entstand ein Modell, das von Gegensätzen und Polaritäten sprach. So wie Mann und Frau, waren Emotion und Verstand Gegenpole. Männer galten als vernünftig und stark, während Frauen als emotional und schwach bewertet wurden. Die negative Bewertung von Emotionalität als »verrückt«, »manipulativ« oder »hysterisch« ist ein Teil unserer westeuropäischen Ideengeschichte. Doch an diesem Dualismus festzuhalten, bringt unnötige Probleme in unsere romantischen Beziehungen.

Bei unterschiedlichen Glaubenssätzen fällt es schwer, Verbindung zu kreieren

Ich muss an ein junges Paar denken, das die Sitzung mit der Aussage begann, dass sie sehr unterschiedlich seien, besonders in der Art und Weise, wie sie ihre Gefühle ausdrücken. Die Frau teilte ihre Innenwelt intensiv und impulsiv. Ihm hingegen konnte man seine Emotionen kaum ablesen.

Der Mann, nennen wir ihn Emil, stand unter einem enormen Erwartungsdruck. Nicht nur wollte er Karriere machen, er wollte auch ein großartiger Sportler sein, ein guter Freund und vor allem der perfekte Partner. In vielen Bereichen wurde er all dem auch gerecht. Den Preis, den er dafür zahlte, war enormer Druck und schließlich auch Frustration. Emil jammerte selten und so schluckte er oft seine Frustration zumindest so lange herunter, bis es aus ihm herausbrach: »Du hast so hohe Erwartungen«, »Du machst auch nicht alles richtig«, »Du kannst keine Dinge von mir fordern, die du selbst nicht umsetzen kannst«. Diese Sätze klangen in Leylas Ohren wie schmerzhafte Anschuldigungen. Sie sei das Problem: Die Beziehungskrise liege an ihr und ihren überzogenen Erwartungen. Natürlich würde sie sich dagegen wehren, denn das stimmte so einfach nicht.

Zu Hause konnten die beiden sich daran aufhängen, wer mehr in die Beziehung, den Haushalt oder die Urlaubsplanung investierte. Doch diese Quid-pro-quo-Aufrechnung brachte weder Nähe noch Freude noch Verbindung.

In der Sitzung konnte Emil ruhig und offen erzählen: Vom Erwartungsdruck, der ihm manchmal keine Luft zum Atmen ließ. Dem Gefühl zu versagen. Einer tieferliegenden Erschöpfung, denn er war es so leid, so viel zu geben und trotzdem nicht zu genügen.

Emil öffnete sich und machte sich verletzlich, und dies berührte Leyla. Sie ahnte längst, dass ihr Partner sich so fühlte, doch es war etwas anderes, es auch zu hören. Dass Leyla so verständnisvoll reagierte, anstatt wie sonst in den Gegenangriff zu gehen, war eine neue Erfahrung für Emil. Verständnis war die bessere Grundlage, um gemeinsam dieses Druckgefühl zu erkunden.

Hinter dem Druck stand nämlich der Wunsch, die Menschen um sich herum stolz machen. Vor allem wollte er Leyla zufrieden sehen, denn sie war ihm wichtig, und er sah durchaus, dass sie oft für ihn zurücksteckte.

Während Emil dies erzählte, merkte ich, dass Leylas Anspannung etwas anderem wich. Dass er sich selbst den Druck machte, um *sie glücklich zu machen,* stimmte Leyla mitfühlend und traurig. Sie wollte auf keinen Fall wie jemand wirken, der nie zufrieden war oder zu anspruchsvoll. Erst recht wollte sie ihn nicht zusätzlich belasten.

Dann blickte Leyla ratlos zu Boden, denn wie sollte sie denn dann ihre Bedürfnisse kommunizieren? Sollte sie sich einfach zufriedengeben, denn es war ja gut gemeint? Sollte sie ihre Bedürfnisse runterschlucken?

Leyla erzählte, dass sie wirklich versuchte, in dieser Beziehung aus ihren Mustern auszubrechen. Sie war damit aufgewachsen, dass sie funktionieren müsste und es keinen Platz für ihre Bedürfnisse gab. Zu sagen, was sie brauchte, war ein Meilenstein in ihrer Entwicklung. Diese Veränderung hing damit zusammen, dass sie sich bei Emil so sicher gefühlt hatte wie bei sonst niemandem. Sie hatte sich erlaubt, sich *ihm* anzuvertrauen. Doch umso mehr sie das Gefühl hatte, dass er überfordert war, desto mehr zog sie sich wieder zurück und forderte – aus ihrer Perspektive – nur noch das Minimum. Ihr war bewusst, dass sie dies eher passiv-aggressiv, versteckt tat: kleine Seitenhiebe oder Anweisungen, als würde sie mit einem Kleinkind reden. Sie war wütend, weil es doch anders mit ihm sein sollte. Und weil sie sich für ihre »Bedürftigkeit« schämte.

Unter ihrer Aggression spürte Leyla Irritation, Hilflosigkeit und die Angst, nicht mehr mit ihm verbunden zu sein. Der Alltag aber verschluckte oft diese weicheren Gefühle.

Beide wollten füreinander da sein, sich vertrauen und Verantwortung für die Beziehung übernehmen. Genauso wollten sie, dass ihre Beziehung funktioniert. Der Grund für ihre Missverständnisse waren Glaubenssätze über Emotionen, die ihre Beziehung sabotierten.

Obwohl sie im Alltag ihre Emotionen unterschiedlich ausdrückten, verband sie auch viel. Zum Beispiel ihre Werte: Freiheit, Gleichberechtigung und Neugierde. Die Beziehung war ihnen wichtig und sie waren bereit, darin zu investieren. Persönliches Wachstum hatte für beide eine große Bedeutung. Außerdem erlebten sie beide Schmerz und Scham. Beide kränkte die Sorge, nicht gesehen zu werden. Beide hatten nicht gelernt, wie sie diesen Gefühlen Raum geben können, ohne sich dafür zu schämen. Tiefere Glaubenssätze und gesellschaftliche Vorgaben waren der Grund, warum Emil nicht von seinem Druck, seiner Frustration oder Trauer sprach und sich verschloss.

Doch obwohl Leyla offener mit ihren Emotionen umging, war sie von ihrer eigenen Intensität ebenfalls überfordert. Nur weil wir unsere Emotionen laut ausdrücken, heißt es nicht, dass wir sie automatisch auch verstehen oder regulieren können. Auch Leyla hatte die Abwertung ihrer Gefühle erlebt und musste einen produktiven Umgang mit ihnen erst lernen.

In dieser Sitzung erlebten Leyla und Emil, dass ein offener Austausch über ihre Emotionen Nähe und Verständnis schafft. Sich mit ihrer inneren Welt auseinanderzusetzen, brachte Ruhe und Frieden in die Beziehung. Und vor allem ging es nicht mehr um ihre Unterschiede, sondern auch um das, was die beiden verband. Bessel van der Kolk, der als Traumatherapeut die Verbindung zwischen Körper und Seele erforscht, schreibt in *Das Trauma in dir*: »Emotionen sind kein Gegensatz zur Vernunft; unsere Emotionen weisen Erfahrungen einen Wert zu und sind somit die Grundlage der Vernunft.«

Glaubenssätze über Emotionen sind nur ein Beispiel von vielen. Auch Glaubenssätze über Geschlechter, über Liebe oder über Sex können uns manchmal daran hindern, Verbindungen zu schaffen, in denen wir uns emotional sicher fühlen.

Wir denken, dass vor allem unsere Familie uns unsere Glaubenssätze vererbt hat, doch oft wurden Glaubenssätze über Jahrhunderte weitergegeben, weitererzählt und weitergelebt.

Die Konflikte, die wir in Beziehungen sehen, sind häufig nur die Früchte sehr alter Bäume. Wir haben die Wahl, was wir mit diesem Baum heute machen wollen: Wollen wir die Früchte essen, auch wenn wir wissen, dass sie uns nicht mehr schmecken? Können wir das Gute in diesen Bäumen finden, etwa den Schatten an heißen Sommertagen? Oder wollen wir den Baum verjüngen und einen Teil der Krone stutzen, um Platz für Neues zu schaffen?

Welche Rolle spielt unsere Herkunftsfamilie?

Leicht kalte Schauer trotz Sonnenschein und unterschwellige Wut, weil er, mein damaliger Freund, meine Grenzen überschritt. Würde ich ihn heute fragen, würde er sicherlich sagen, dass er mir nur Feedback geben wollte. Bei mir kamen seine Ratschläge aber eher wie verbale Seitenhiebe an. Ich weiß nicht mehr, um was es ging, aber ich weiß noch, wie ich mich fühlte. Eine Frau, die mich in ihrem Tun und Sein sehr inspirierte, Maya Angelou, sagte 1997 in der TV-Sendung *The Oprah Winfrey Show*: »Die Menschen werden vergessen, was du gesagt hast, die Menschen werden vergessen, was du getan hast, aber die Menschen werden nie vergessen, wie du sie hast fühlen lassen.« Wie recht sie hatte.

Ich fühlte mich angegriffen und es fiel mir schwer, nicht mit diesem Gefühl von Wut mitzugehen. Ich blaffte ihn passiv-aggressiv an, was kaum besser war als direkte Aggression: »Du bist nicht mein Vater.« Er konterte: »Ja, ich bin nicht dein Vater und das will ich auch gar nicht sein.«

Objektiv stimmte es natürlich. Er war nicht mein Vater. Trotzdem gab es etwas, das mir das Gefühl gab, meinen Vater mit mir reden zu hören. Ich kannte diese Form der Kritik gut aus meiner eigenen Vergangenheit. Eine Kritik, die unter dem

Schutzmantel von Hilfe und Sorge bei mir doch das Gefühl hinterließ, dass ich falsch wäre. Doch hatte ich jemanden gewählt, der wie mein Vater war, oder sah ich meinen Vater in ihm?

Diese Frage wird mir im beruflichen Kontext immer wieder gestellt und inzwischen habe ich darauf klare Antworten. Sigmund Freud, Gründer der Psychoanalyse, nannte dieses Phänomen – den unbewussten Wunsch des Sohnes, zum Partner der Mutter zu werden – Ödipuskomplex. Ödipus war ein griechischer Sagenheld, der, ohne es zu wissen, seine Mutter heiratete und seinen Vater tötete. Carl Gustav Jung, Begründer der analytischen Psychologie, definierte das weibliche Gegenstück als Elektrakomplex, denn der Sage nach tötete Elektra ihre Mutter und ihren Stiefvater aus Rache, weil diese ihren geliebten Vater Agamemnon ermordet hatten. Heute wird dieses Phänomen nüchterner als »Elternähnlichkeits-Hypothese« beschrieben. Doch was ist an der Idee dran, dass wir Menschen wählen, die so sind wie unsere Eltern – und was hat das mit emotionaler Sicherheit zu tun?

Eine Studie aus dem Jahr 2003 an der University of Pécs beispielsweise bestätigt, dass Männer eher Frauen bevorzugen, die ihrer Mutter ähnlich sehen, während Frauen eher Männer bevorzugen, die ihrem Vater ähnlich sind. Es ging um das optische Erscheinungsbild und körperliche Attraktivität.[6] Eine aktuellere Studie aus dem Jahr 2021 an der University of California kam zu dem Schluss, dass wir nicht nur Menschen wählen, die unseren Eltern ähneln, sondern auch unseren Expartnerinnen und -partnern. Von einer körperlichen Ähnlichkeit schlossen die Befragten außerdem auf ähnliche Charaktereigenschaften.[7] Die Studien zeigen also, dass wir eher wählen, was wir schon kennen.

Wenn wir aber unsere Vergangenheit in unserem Jetzt meinen wiederzuerkennen, kann das zu Beziehungsproblemen führen. Harville Hendrix, Paartherapeut und Begründer der Imago-Therapie, erklärt, warum wir bisweilen durch unsere Biografie stolpern: »We pick, project or provoke.« »Wir wählen, projizieren oder provozieren.« Das Wort »Imago« leitet sich vom lateinischen Wort für »Bild« oder »Bildnis« ab. Diese Art von Paartherapie hat sich darauf spezialisiert zu analysieren, welchen Einfluss unsere Bezugspersonen auf unsere späteren Partnerschaften haben.

Wenn wir jemanden wählen, der unseren Eltern ähnelt, kann das manchmal zu Enttäuschungen führen. Hendrix zufolge liegt diese Wahl an dem unbewussten Wunsch, die Beziehungen unserer Kindheit wieder aufleben zu lassen. Denn das fühle sich nicht nur vertraut an, sondern gäbe uns die Möglichkeit, einen neuen Ausgang für alte Wunden und Verletzungen zu finden: »We pick.«

Des Öfteren projizieren wir auch unsere tiefsten Wunden und Wünsche auf unsere aktuellen Herzensmenschen und sehen nur das, was wir sehen wollen: »We project.« Ein liebevoller Blick wie der unserer Großmutter reicht und wir fühlen uns direkt geborgen. Die Beschönigungen unseres neuen Partners erinnern uns an die Lügen des alkoholsüchtigen Vaters. Und ähneln die Tränen unserer neuen Freundin nicht auch der emotionalen Erpressung der Schwester? Ein Funken kann einen Waldbrand in uns auslösen. So bestimmen unsere Vergangenheit und unsere Prägungen oft unsere Gegenwart. Erst recht, solange wir uns ihrer nicht bewusst sind. Und selbst die Reflexion allein wird nicht ausreichen. Gelegentlich sind wir so sehr von den Übereinstimmungen überzeugt, dass wir blind für die Möglichkeit sind, dass unser Herzensmensch es anders meinen könnte als unsere Eltern.

»We provoke.« Mit diesen Projektionen konfrontieren wir unser Gegenüber so lange, bis er oder sie irgendwann aufgibt, uns vom Gegenteil zu überzeugen. Aus einer Provokation heraus macht die Person schließlich das, was wir ihr vorwerfen. Eine Klientin meinte einmal: »Wenn es sowieso Streit gibt, egal, was ich tue, dann kann ich auch das tun, was mir vorgeworfen wird.«

Wenn wir uns auf die Vergangenheit fokussieren, verletzen wir uns unnötig. Unsere Wahrnehmung trägt zu unserer emotionalen Unsicherheit oder eben auch Sicherheit bei. Denn oft sehen wir das, was wir zu sehen gelernt haben.

Selbstsabotage: Der Einfluss von Denkfehlern

Unsere Vergangenheit beeinflusst unsere Wahrnehmung und Bewertungen, und diese Bewertungen beeinflussen wiederum unsere Beziehungen. Denn wir wählen oft, was wir kennen, und nicht unbedingt, was gut für uns ist.

Insbesondere zwei Denkfehler führen häufig dazu, dass wir uns in unseren Partnerschaften unabsichtlich verletzen. Der erste Effekt nennt sich »Halo-Effekt«. Der Halo-Effekt beschreibt, dass wir von einer Eigenschaft auf das Gesamtbild schließen. Mit anderen Worten: Wir neigen dazu, positive oder negative Eindrücke von einer bestimmten Eigenschaft auf andere Aspekte zu übertragen, ohne diese umfassend zu prüfen. Dieser Wahrnehmungsfehler erklärt, warum ich damals meinen Vater in meinem Ex-Freund gesehen habe. Manchmal reicht ein bestimmter Blick, eine bestimmte Artikulation oder nur ein Wort, dass unser Gedächtnis aktiv wird.

Es ist jedoch nicht nur so, dass wir von einem Detail auf das große Ganze schließen. Oft sind wir auch davon überzeugt, dass wir recht haben, und finden immer mehr Beweise für unsere falschen Annahmen. Wir nennen diesen Denkfehler auch Bestätigungsfehler. Wir suchen immer mehr Argumente, weil wir bereits eine vorgefertigte Wahrheit im Kopf haben.

Sobald wir uns dieser beiden Denkfehler, Halo-Effekt und Bestätigungsfehler, bewusst werden, können wir mehr emotionale Sicherheit schaffen. Denn solange wir für die Möglichkeit blind sind, dass unsere Wahrnehmung uns einen Streich spielt, verletzen wir uns selbst und andere.

Wenn wir aus Details auf den Charakter einer Person schließen, kann es passieren, dass wir uns bei Menschen sicher fühlen, weil sie uns vertraut vorkommen. Doch nicht immer bedeutet Vertrautheit, dass wir auch vertrauen sollten. Ein bekanntes Muster ist die Frau, deren Vater nicht präsent war und die sich in einen Mann verliebt, dem es schwerfällt, emotional anwesend zu bleiben, wenn sie traurig wird. Egal, ob sie diesen Mann gewählt hat, um ein Thema aus der Vergangenheit zu lösen, oder ob sie ihre Vergangenheit auf ihn projiziert, es kommt zum gleichen Problem: Sie nimmt viel eher die Momente wahr, in denen ihr Partner abwesend ist. Ihre Verlustangst begleitet sie also, und es kann sich für sie anfühlen, als wäre sie in einem Film gefangen, dessen Ende sie bereits kennt.

Doch auch die andere Person kann es verletzen, wenn sie sich gegen falsche Anschuldigungen wehren muss. Sie fühlt sich missverstanden und auch Schattenboxen kann ein blaues Auge verursachen. Die meisten von uns haben schon erlebt, wie kränkend falsche Anschuldigungen sein können.

Es ist natürlich kein Kapitalverbrechen, dass wir uns an dem orientieren, was wir gelernt haben. Im Gegenteil, dass wir uns in dieser höchst komplexen Welt an unseren Erfahrungen orientieren, ist zunächst sinnvoll und von unserem Gehirn so vorgegeben. Überhaupt, wir alle haben eine Vergangenheit und wir wären nicht diejenige Person, die wir heute sind, ohne sie. Die Vergangenheit blockiert uns erst, wenn wir nur sie im Blick haben – wenn wir nicht mehr offen für neue Perspektiven, Veränderungen und andere Hintergründe sind.

Stell dir vor, es regnet und du sitzt am Fenster. Viele kleine Regentropfen setzen sich auf die Scheibe. Wenn du die Regentropfen ganz genau betrachtest, verschwimmt der Hintergrund. Fokussierst du dich aber auf das Gesamtbild, dann sind die Regentropfen nur noch verschwommene, unwichtige Schemen. Die Erfahrungen deiner Vergangenheit sind wie Regentropfen. Ja, sie sind real und oft sind sie Boten schlechten Wetters. Doch solange du deinen Blick auf sie fixierst, kannst du nicht sehen, wie sich das Wetter verändert, ob es einen Regenbogen am Himmel gibt oder ob es schon aufgehört hat zu regnen. Es geht nicht darum, dass es nie wieder regnet oder dass du nicht auch das Schöne an so einem winzigen Tropfen siehst. Es geht darum, trotz der Regentropfen offen für die Welt zu bleiben.

- Woran erkennst du, dass du geliebt wirst?
- Woran erkennst du, dass du vertrauen kannst?
- Woran erkennst du, dass du angekommen bist?
- Was würde dein Herzensmensch wohl auf diese Fragen antworten?

Warum wir nicht immer dem vertrauen können, was uns vertraut vorkommt

Unsere Vergangenheit lässt uns nicht nur Verhalten eine Bedeutung geben, die es nicht hat. Oder Menschen vertrauen, die uns zwar vertraut sind, aber nicht zwangsläufig vertrauenswürdig. Unsere Vergangenheit entscheidet auch darüber, was wir *nicht* wahrnehmen. Oft ignorieren wir Dinge, schlichtweg weil sie uns unbekannt vorkommen oder wir gar nicht wissen, dass es sie gibt. So wie wir im Supermarkt oft die gleichen Artikel in den Einkaufskorb werfen, ohne unsere Wahl zu hinterfragen. Doch wie sollen wir erkennen, dass wir nur uns selbst bestätigen und wie sollen wir sehen, was wir nicht zu sehen gelernt haben?

3 Wege, um die Wahrnehmung zu öffnen

1. Glaube nicht jedem deiner Gedanken

Wieder verdeutlicht eine Analogie zu körperlichen Verletzungen und Heilung die Sache: Vielleicht hast du nach einer schwereren Verletzung schon einmal die Erfahrung gemacht, dass du am liebsten jeden Schmerz vermeiden würdest. Ich erinnere mich an eine Knieoperation und wie jeder Schritt anfangs eine kleine Tortur war. Es brauchte Krücken, Schienen und Physiotherapie.

In der Physiotherapie näherten wir uns diesem Schmerz. Es war ein Austarieren der eigenen Grenzen: Was ging wieder? Was fühlte sich gut an? Wo brauchte es noch Unterstützung? In diesem Fall wusste ich natürlich, was ich vor der Verletzung alles tun konnte. Doch ohne den Mut, diese Schmerzorte zu besuchen, wäre ich wahrscheinlich noch heute in einer körperlichen Schutzhaltung gefangen. Um zu heilen, müssen wir uns auch unserem Schmerz und unserer Zerbrechlichkeit stellen.

Ähnlich verhält es sich mit unseren emotionalen Verletzungen. Sobald wir uns unseren Ängsten, unserer Scham stellen und unsere Glaubenssätze hinterfragen, erweitern wir auch unsere Wahrnehmung. Gelegentlich müssen wir unserer eigenen Normalität gegenüber skeptisch sein.

Wir brauchen Demut, um unsere Annahmen zu hinterfragen. Sobald wir uns ohne Scham eingestehen können, dass wir nicht alles wissen können und dass unser »Normal« alles andere als normal ist, sind wir bereit, uns zu entwickeln und zu wachsen. Frage dich selbst:

- Stimmt es denn, dass alle Menschen mich verletzen werden?
- Ist es denn ein Fakt, dass ich nicht liebenswert bin?
- Kann ich mit hundertprozentiger Gewissheit sagen, dass meine Schutzmechanismen die beste Strategie sind, um sicher zu bleiben?

Reflexionsfragen ermöglichen es oft überhaupt erst, emotional zu heilen. Denn Kränkungen prägen unsere Weltsicht. Selbst wenn bestimmte Erfahrungen in unserer Vergangenheit real waren, können wir nicht vorhersagen, dass es in Zukunft ebenso sein wird. Wir dürfen nicht all unseren Gedanken trauen und nicht jeder unserer Gedanken ist die absolute Wahrheit. (Wenn wir schon einmal dabei sind: Vielleicht hast du schon einmal gelesen, dass wir zwischen 60 000 und 80 000 Gedanken pro Tag haben. In einer aktuelleren Studie an der Queen's University in Kingston kam nun heraus, dass es wohl eher 6200 »Gedankenwürmer« pro Tag sind. Wir wechseln viermal pro Sekunde gedanklich die Richtung.[8])

Mir ist bewusst, dass für manche von uns der Zustand seelischer Unversehrtheit so lange zurückliegt, dass sie sich kaum daran erinnern können. Oder dass sie noch nie erlebt haben, wie es sich anfühlen kann, wirklich emotional sicher zu sein. Ich bin der festen Überzeugung, hätten wir schon früher gelernt, dass es so etwas wie sichere Beziehungen gibt, hätten wir wahrscheinlich schon früher versucht, diese zu erleben und in unser Leben zu integrieren. Deswegen sind Offenheit und die Zweifel an den eigenen Gedanken nur der erste Schritt.

2. Sei offen für mehrere Wahrheiten

Ein zweiter Schritt, um seinen Horizont zu erweitern, können Kategorisierungen sein. Selbstredend geht es nicht darum, dass wir Menschen in Schubladen stecken. Doch wenn wir uns erlauben, dass neben den eigenen noch andere Denkmuster existieren, können wir unseren Status quo leichter hinterfragen.

Ein Beispiel für Kategorisierungen in der Liebe sind die »fünf Sprachen der Liebe« von Gary Chapman. Chapman war Pastor, Eheberater und ein Ehemann, der seiner Frau jeden Tag Komplimente machte. Trotzdem kam es jeden Tag auch zu Streit und seine Frau zweifelte stark, ob er sie denn überhaupt lieben würde. Sie konnte nicht nachvollziehen, wie ein Mann, der sie liebte, trotz mehrmaligen Bittens immer die Schranktüren offen ließ. Irgendwann kam ihm der Einfall: Wir sprechen unterschiedliche Sprachen der Liebe. Chapman unterscheidet zwischen fünf Sprachen der Liebe. Diese lauten »körperliche Nähe«, »Lob und Komplimente«, »Zweisamkeit«, »Geschenke« und »Hilfsbereitschaft«. Dabei muss diese Liste gar nicht vollständig sein. Drew Barrymore, die amerikanische Schauspielerin, spricht zum Beispiel davon, dass Gifs (diese kleinen bewegten Bildchen) ihre Sprache der Liebe seien. (Anika Landsteiner und ich haben in unserem Podcast *Hello, Lovers* den fünf Sprachen der Liebe eine ganze Episode gewidmet. Wen das Thema interessiert, dem empfehle ich, entspannt bei der nächsten Gelegenheit reinzuhören.)

Die Idee, dass Menschen ihre Liebe auf unterschiedliche Weise ausdrücken, klingt einerseits banal. Andererseits sind wir uns dessen im Alltag nicht immer bewusst. Wenn Person A etwa Lob braucht, um sich geliebt zu fühlen, Person B ihre Zuneigung aber eher über Geschenke ausdrückt, kann A enttäuscht von teuren Geschenken sein. Diese Enttäuschung wiederum verunsichert Person B. Entweder zweifelt Person B dann daran, ob ihre Handlungen gut genug sind, oder sie ist von Person A irritiert.

Wenn wir uns hingegen bewusst sind, dass es neben der eigenen Liebessprache noch andere Sprachen gibt, reagieren wir weicher, wenn jemand unsere Sprache erst lernt. Uns kann das Bewusstsein beruhigen, dass es nicht an der Liebe, sondern am Wissen fehlt. Außerdem sind wir selbst mit uns gnädiger, wenn wir akzeptieren, dass wir eben nicht alles wissen können.

Sobald wir uns bewusst werden, dass Menschen sehr unterschiedlich handeln und denken, entsteht emotionale Sicherheit. Und wenn wir uns sicher fühlen, sind wir eher in der Lage, etwas Neues zu lernen. Doch es gibt noch eine dritte Möglichkeit, um die eigene Wahrnehmung zu erweitern und so aus alten Mustern auszubrechen.

3. Entdecke Unverständnis als Tür zu mehr Verständnis

Sowohl Elena als auch Chrissy waren sehr schöne Frauen. Für Elena war es so normal, dass sich Männer wie Frauen nach ihr verzehrten. Dass ihre neue Partnerin, Chrissy, aber nicht ständig intim werden wollte, verunsicherte sie und ließ ihre Selbstzweifel laut werden. Im Alltag wurde Erotik zum Streitthema.

Elena zweifelte an Chrissys Liebe und Chrissy hatte wiederum Schwierigkeiten, Elenas Zweifel nachzuvollziehen. Für Chrissy war klar, dass sie Elena vor allem für ihren Charakter liebte: die Art, wie sie kochte; ihr Lachen, wenn ihr etwas unangenehm war; dass sie andere in ihre Handlungen und Gedanken miteinbezog. Elenas Körper sei zwar unglaublich attraktiv, aber ihr Inneres eben noch viel schöner. Außerdem wollte Chrissy Elena nicht als »Objekt« degradieren. Liebe war für sie der gelebte Ausdruck von Unterstützung, Freiheit und Akzeptanz. Es verunsicherte Chrissy, dass ihre Liebe nicht gesehen wurde.

Elena war verunsichert, weil die Zeichen von Sehnsucht und Lust bei Chrissy anders aussahen. Ihre Normalität war bis dato, dass sie unendlich viele Komplimente für ihr Äußeres bekommen hatte. Fehlende Anerkennung und ein eher zartes Verlangen alarmierten Elena. Denn zum einen fürchtete sie, dass Chrissy sie nicht begehrte. Aber sie fürchtete auch, den Teil von sich zu verlieren, der jung und wild, sinnlich und erotisch war.

Ihre Konflikte entstanden nicht aus fehlender Liebe. Was die beiden auseinanderbrach, waren ihre unterschiedlichen Bewertungen und Wahrnehmungen. Denn Chrissy drückte ihr Begehren eher durch Interesse und Neugierde aus. Elena hingegen verstand unter Begehren eher zu flirten und erotische Andeutungen. Als den beiden bewusst wurde, dass sie verschiedene Definitionen von Lust hatten, entstand mehr Frieden und Verbundenheit. Die beiden Frauen waren sich einig, dass sie weder auf die eine noch auf die andere Ausdrucksweise verzichten wollten. Doch genauso wollten sie diese andere Form von Leidenschaft lernen und sich gegenseitig inspirieren.

Eine lebendige Beziehung lebt davon, Neues gemeinsam zu entdecken, selbst wenn man sich bereits so gut kennt. Sie baut darauf, neue Perspektiven einzunehmen und neugierig zu bleiben.

Durch unseren alten Schmerz verletzen wir andere unbewusst

Auch wenn wir von unserer Vergangenheit reden, so weit entfernt ist sie manchmal nicht. Häufig gibt es auch etwas im Hier und Jetzt, das uns an schmerzhafte Ereignisse drohend erinnert. Und das merken wir besonders in Paarbeziehungen.

Oft erlebe ich, wie eine Seite die Vergangenheit allumfassend aufarbeiten möchte. Wenn ich nach Beispielen fragen, atmet diese Seite auf. Endlich interessiert sich jemand für mich – endlich die Möglichkeit, verstanden zu werden und mit etwas abschließen zu können.

Doch in dem Augenblick, in dem eine Seite aufatmet, seufzt oft die andere. Es fühlt sich für sie an, als würden wir in der Beziehungsgeschichte rumstochern wie in ungenießbarem Essen. Denn bisher war wenig Förderliches aus diesen endlosen Gesprächen entstanden. Diese andere Seite möchte das Thema abhaken und lieber in die Zukunft schauen. Denn vermeintlich hat sie sich schon unendliche Male entschuldigt und weiß nicht, was sie sonst noch tun soll, um die Vergangenheit endlich ruhen zu lassen.

Das Problem: So vergangen ist die Vergangenheit oft nicht. Die Vergangenheit flammt auf, wenn es einen Funken im Jetzt gibt. Wenn wir ahnen, dass eine Wiederholung droht, können wir sie nicht ruhen lassen.

Eine meiner Klientinnen, Jana, beschrieb etwa, wie schmerzhaft es für sie war, dass ihr Partner, Paulo, ihre Wahrnehmung immer wieder nicht ernst nahm. Wenn sie etwas verletzt hatte, konterte Paolo zuerst mit »Deine Erinnerung ist falsch, so war das nicht«. Hielt Jana daran fest, sagte er, sie sei psychisch labil und zu sensibel: »So schlimm ist das doch nicht.« Wenn dann doch die Einsicht kam, dass es so gewesen war, dann gab er ihr die Schuld für sein Verhalten: »Ich habe nur so gehandelt, weil du davor dies und jenes getan hast.« Irgendwann fand Jana einen Begriff für Paolos Verhalten: Gaslighting.

Gaslighting ist eine Form emotionaler Gewalt durch Lügen und Leugnen. Die andere Person verliert ihre innere Stabilität und zweifelt mehr und mehr an ihrer Wahrnehmung. Gaslighting verhindert zum einen, dass Wunden gesehen und geheilt werden. Eine Verbindung erstickt, wenn wir nicht die Luft haben, um über Schmerzhaftes konstruktiv reden zu können. Zum anderen zerstört Gaslighting das Vertrauen in die eigene Wahrnehmung, die Augenhöhe und die emotionale Sicherheit.

Es war ein wichtiger Schritt für Jana, Paolos Verhalten benennen zu können. Doch diese Erkenntnis half Jana nicht, loszulassen. Im Gegenteil, jetzt war sie wütend und in ständiger Wachsamkeit infolge ihrer Erfahrungen. Wie schmerzhaft Lügen und Leugnen für sie waren, konnte ihr Partner Paolo zunächst nicht nachvollziehen. Für ihn waren es oft »White Lies« – weiße Lügen, die Schmerz verhindern sollten – und manchmal erinnerte er sich wirklich anders an die Begebenheiten. Außerdem kam es ihm bisweilen so vor, als wollte Jana Streit provozieren, indem sie immer wieder in der Vergangenheit wühlte. Er würde lieber in die Zukunft blicken und die Zeit miteinander genießen. Umso mehr aber Paolo den Effekt seines Handelns runterspielte, desto wütender wurde Jana. Es war das gleiche Muster in Grün.

Die nächste Frage scheint paradox und sie liest sich vielleicht ironisch. Tatsächlich stelle ich sie mit aller Ernsthaftigkeit. Unser Verhalten macht immer Sinn, auch wenn ich es als Außenstehende nicht sofort nachvollziehen kann. Ich fragte Paulo also, was er durch das Lügen und Leugnen gewann. Zunächst war Paolo wie erwartet von der Frage irritiert. Denn er sah durchaus ein, dass sein Verhalten Jana gegenüber nicht unbedingt nett war. Schließlich reflektierte er, dass er so sein Selbstbild schützen könnte. Er wolle von Jana in einem positiven Licht gesehen werden. Ein nachvollziehbares Bedürfnis. Selbst wenn uns bewusst ist, dass wir nicht perfekt sind oder dass unsere Partner:innen den intimsten Blick auf uns bekommen, möchten wir von ihnen begehrt und bewundert werden. Jana war eine der wichtigsten Personen in seinem Leben. Durch Paolos Aussage fühlte sich Jana bestätigt. Auch wenn dies keine Entschuldigung für sein Verhalten war, war sie dankbar über seine Ehrlichkeit ihr, aber vor allem sich selbst gegenüber.

Dann ergänzte Jana, dass es ihr nicht darum ging, dass Paolo ein schlechter Mensch sei, »denn sonst wäre sie längst gegangen«. Was sie brauchte, war nicht, dass Paolo den Rest seines Lebens sich selbst kasteie, sondern dass er anerkenne, welchen Effekt sein Verhalten auf sie hatte. Auch ihr Bedürfnis war nachvollziehbar: Wir brauchen das Verständnis für unseren Schmerz, um ihn loslassen zu können. Könnte er nachvollziehen, was sein – nicht böse gemeintes, aber doch schmerzhaftes – Verhalten in ihr auslöste, würde sie die Vergangenheit eher loslassen können. Solange Paolo allerdings nicht die Verantwortung übernommen hatte, hob sie die Steine der Vergangenheit immer wieder auf. Die Beziehung verlor ihre Leichtigkeit. Dadurch, dass sich Jana gesehen fühlte, wurden die Konflikte weniger und waren schneller zu lösen.

Doch dann brach der Frieden wieder ein. Als Paartherapeutin weiß ich: Heilung ist nicht gradlinig, und doch wollte ich nachvollziehen können, was sich geändert hatte. Es gab ein paar kleinere Konflikte. Die Themen waren austauschbare Bagatellen. Aber das, was bei Jana die Alarmglocken hatte schrillen lassen, waren Sätze, die sich eingebrannt hatten: »Das war so nicht«, »So schlimm war es nicht«, »Wenn du nicht das gemacht hättest, dann …«. Diese Sätze wurden zum Trigger und erinnerten sie daran, was in der Vergangenheit passiert war. Ihr alter Schmerz flammte auf. Diesmal kam aber auch noch Resignation dazu. Ihre Hoffnung und ihr Vertrauen wurden erneut erschüttert. Denn sie fühlte sich kurz so, als wären sie auf dem richtigen Weg, nur um dann zu merken, dass sie nicht so sicher war wie erhofft.

Vertrauen wiederaufzubauen braucht nicht nur Zeit, sondern auch einen Vertrauensvorschuss. Die Person, die sich gekränkt fühlt, geht das Risiko ein, wieder verletzt zu werden. Deswegen braucht Vertrauen auch eine tatsächliche Veränderung der anderen Person: ein Loslassen ihrer vergangenen Muster. Obwohl Paolo also derjenige war, der in die Zukunft blicken wollte, so hielten seine Verteidigungsmechanismen sie gefangen. Mein Learning als Paartherapeutin war, dass wir nur an der Vergangenheit festhalten, wenn es im Jetzt einen Grund dafür gibt. Manchmal sind wir sogar selbst diejenige Person, die sie unbewusst mit sich herumträgt und ihr altes, schmerzhaftes Verhalten wiederholt.

- Gibt es Situationen, in denen du dich in deinen Mustern gefangen fühlst? Welche sind das?
- Gelingt es dir schon, anders zu reagieren?
- Wie würdest du konkret reagieren, wenn du mehr emotionale Präsenz hättest?

Kerngedanken

- Meist zeigen sich die Verletzungen unserer Vergangenheit erst in unseren Beziehungen als Erwachsene.
- Es fällt schwer, eigene Glaubenssätze zu hinterfragen. Unsere Glaubenssätze haben uns in der Vergangenheit geholfen, um in einer komplexen Welt zurechtzukommen. Oft passen sie nicht mehr zu unseren heutigen Werten und Beziehungen.
- Nicht nur unsere Familie prägt uns, sondern auch kulturelle Vorgaben. Unsere Prägungen zeigen sich in unserem Verhalten.
- Unsere Wahrnehmung hat einen großen Einfluss darauf, was wir als sicher oder als gefährlich einstufen. Ändern wir unsere Wahrnehmung, können wir alte Muster durchbrechen.
- Demut, Kategorisierungen wie die fünf Sprachen der Liebe und Offenheit helfen uns, Dinge wahrzunehmen, die wir bisher nicht gesehen haben.
- Wenn wir die Vergangenheit nicht ruhen lassen können, liegt es meistens daran, dass sie noch präsent ist.

Wenn wir emotionale Verletzungen ignorieren, verzerren sie irgendwann unsere Wahrnehmung.

Unsichtbare Wunden:
Wenn wir Bindungstraumata nicht wahrnehmen, vertiefen wir sie

2004: In Deutschland wird ein Fernsehformat vor allem durch seine Erziehungsmethoden bekannt. Die *Super Nanny* und ihre Methode »die stille Treppe« wurden damals als innovativ angepriesen. Kinder, die zu aktiv oder unerzogen waren, sollten sich selbst beibringen, mit unbequemen Gefühlen umzugehen und sich selbst zu beruhigen. Die Kinder, teilweise erst zwei Jahre alt, sollten in Isolation reflektieren, warum ihr Verhalten falsch war. Die Idee dahinter war, Kinder so zu reflektierten Erwachsenen zu erziehen und ihnen Selbstregulation beizubringen. Es war eine Art Bestrafung, die in den Augen des damaligen Zeitgeists aber weniger gewaltvoll wirkte. Immerhin, es wurde niemand mit dem Rohrstock gezüchtigt. Es gab genug zu essen, ein Dach über dem Kopf und die Eltern waren im Nebenzimmer. Dass Kinder funktionieren mussten, sind Glaubenssätze, die schon lange vor der *Super Nanny* galten. Schließlich beruht die stille Treppe als Erziehungsmethode auf Idealen der Schwarzen Pädagogik. Im NS-Reich ging es nämlich darum, wie man Kinder zu idealen Soldat:innen erzieht.

2004 war ich weit davon entfernt, mich mit Erziehungsmethoden auseinanderzusetzen. Ich kannte niemanden, der auf die stille Treppe gesetzt wurde – aber vielleicht sprach auch damals niemand davon? Damals wusste man nicht, welche Auswirkungen auch fehlende Nähe, Schweigen oder Abwertungen haben könnten. Eine Erziehung ohne körperliche Gewalt erschien vergleichsweise milde. Doch wer hätte sich auch beschweren können? Kinder hinterfragen die Welt nicht, sie erfahren sie, sie vertrauen ihren Eltern und sie beginnen, eher sich selbst infrage zu stellen als ihre Eltern. Die Konsequenzen einer Erziehung bemerken wir vor allem in romantischen Beziehungen. Wir sprechen von Bindungstraumata.

Manche Klient:innen sind erleichtert, wenn sie den Zusammenhang zwischen ihren Beziehungsproblemen und ihrer Erziehung verstehen. Andere rollen mit den Augen, weil es so ein Klischee ist, dass unsere Kindheit der Grund allen Übels ist. Keine Sorge, es geht nicht darum, unseren Eltern und Bezugspersonen die Schuld an all unseren Beziehungsproblemen zu geben. Denn die wussten es meist auch nicht besser. Vielmehr geht es um Mitgefühl und Verständnis und Selbstreflexion. Denn nur damit können wir Kränkungen heilen, neues Verhalten erlernen und verstehen, warum wir uns manchmal auf eine Art zeigen, die überhaupt nicht zu unseren Werten und Vorstellungen von uns selbst passen.

Wenn wir auf eine Art reagieren, die anderen als übertrieben vorkommt, hat das oft eine Geschichte. »If it's hysterical, it's historical.« Besonders dann, wenn Konflikte nicht lösbar erscheinen, sind wir nicht in der passenden Zeitebene und brauchen die Offenheit, tiefer einzutauchen. Doch gerade weil die Worte »Trauma« und »Trigger« inzwischen inflationär verwendet werden, möchte ich hier Klarheit schaffen. Denn je weniger wir verstehen, was Traumata sind und wie sich diese in unseren erwachsenen Beziehungen zeigen, desto hilfloser, frustrierter und hoffnungsloser werden wir.

Bindungstraumata sind so normal, dass sie uns kaum auffallen

Die Symptome von Bindungstraumata sind inzwischen fast so alltäglich, dass sie unser heutiges Normal definieren. Sei es die Tendenz, sich zu überarbeiten und dadurch in einem Burn-out zu landen, seien es Süchte, psychische Krankheiten, die chronisch werden, oder psychosomatische Beschwerden. Viele von uns haben erlebt, dass die Menschen, die uns am meisten bedeuteten, auch diejenigen sind, die uns am tiefsten verletzt haben. Doch je tiefer eine Wunde sitzt, desto heftiger kann unsere Reaktion ausfallen, wenn diese Wunde wieder aufreißt.

Wir alle haben emotionale Kratzer aus unserer Kindheit, selbst wenn wir in einem liebevollen Zuhause aufgewachsen sind. Wir können sogar als Kind die Zeit als schön empfunden haben und als Erwachsene merken, wie uns manche Dinge negativ in unserer Entwicklung beeinflusst haben. Da können selbst aus beiläufigen Kommentaren Glaubenssätze werden: »Du bist eben die schöne und nicht die intelligente Schwester« oder »Du wirst einmal so ein Nichtsnutz wie dein Vater«. Viele von uns lernen durch den Spiegel unserer Umwelt, wer sie sind, ob sie Liebe verdient haben oder ob Anerkennung an Leistung gebunden ist. Wirkt unsere Umwelt genervt, überfordernd oder kalt, ziehen wir daraus eben Schlüsse auf uns selbst. Dabei reagieren wir natürlich unterschiedlich auf verschiedene Verletzungen und wir empfinden unterschiedliche Dinge als verletzend. Was eine Person verletzt, lässt eine andere kalt. Es gibt hier keine Generalisierung und kein Regelbuch.

Doch was passiert, wenn wir unsere eigenen Verletzungen herunterspielen? Es kommt zu Missverständnissen und Reaktionen, die wir uns nicht erklären können. Veränderung, geschweige denn Heilung, ist kaum möglich. Wären wir in der Sprechstunde bei einem Arzt oder einer Ärztin und würden erklären, dass uns nichts fehlt, würde man uns wahrscheinlich einfach wieder nach Hause schicken.

Ein Trauma ist die Veränderung in unserem Inneren und nicht das Ereignis

Wie die meisten dachte ich immer, dass ein Trauma und ein potenziell traumatisierendes Ereignis das Gleiche seien. In einer Zeit, in der Krieg und menschliche Katastrophen tagtäglich in den Nachrichten zu sehen sind, fühlt es sich zudem schnell übertrieben an, von Trauma oder Trigger zu sprechen.

Trauma ist nicht das Erlebnis selbst: weder die große Katastrophe noch die fehlende Liebe. Trauma ist das, was diese Ereignisse aus uns machen. So wie manche Menschen nach einem schweren Unfall mit nichts als Kratzern davonkommen, sind andere beim Weg in den Keller so doof gestürzt, dass sie noch Monate später auf Krücken angewiesen sind. Die Unsicherheit, mit der ab dann jeder Schritt gegangen wird, ist das Trauma. Nicht der Sturz.

Der Mediziner Gabor Maté vergleicht in seinem Buch *The Myth of Normal* die Entstehung von Traumata mit dem Heilungsprozess physischer Wunden. Solange eine Wunde offen daliegt, sind wir sensibel und vorsichtig. Nichts darf diese Wunde berühren, denn wenn etwas sie berührt, können wir vor Schmerzen nur schreien.

Irgendwann vernarbt die Wunde. Doch Narbengewebe ist »fest, hart, unflexibel, unfähig zur Entwicklung, eine Zone von Taubheit«. Von außen scheint es so, als wäre alles normal. Doch Narbengewebe ist rigide und unflexibel und geht manchmal mit Schmerzen einher. Eine vernarbte Psyche sucht Kontrolle, wo es keine geben kann, neigt zu Schwarz-Weiß-Denken oder fühlt sich innerlich taub an.

Vielleicht hat es uns verletzt, als »wütend« abgewertet worden zu sein, wenn wir doch in Wahrheit traurig oder einsam waren. Solange diese Wunde offen daliegt, werden wir laut, sobald jemand nur die Andeutung macht, wir wären »böse« oder »falsch«. Doch mit der Zeit reagieren wir nicht mehr auf diesen Vorwurf. Wir haben längst integriert, dass wir böse sind und wir eh in dieser Schublade feststecken. Wir halten Verachtung für ein passendes Werkzeug, um Bedürfnisse auszudrücken.

Vielleicht haben wir als Kleinkind stundenlang geschrien, weil niemand kam. Vielleicht waren die Menschen, die wir brauchten, so überfordert mit dem Alltag und damit auch mit unseren (normalen) Bedürfnissen. Also reagieren wir auf jede Form von Ausschluss so, als würde unser Leben davon abhängen. Wir wehren uns aus Angst vor dieser Bestrafung. Doch wenn alles Wehren nichts mehr nützt, vernarbt die Wunde. Wir verlassen unser Zimmer auch emotional nicht mehr. Wir mussten lernen, dass es weniger wehtut, wenn wir uns selbst ausschließen, als zu merken, dass sich niemand für uns interessiert.

Vielleicht war es das ständige Köcheln von Konflikten. Ein Streit jagte den nächsten. Jedes Wort war eine mögliche Mine in unserem Zuhause. Als Erwachsene, die nun selbst bestimmen dürfen, möchten wir in unserer Liebesbeziehung nicht einmal in die Nähe eines Konflikts geraten und neigen zu Harmoniesucht. Weil es lebensnotwendig ist. Doch vielleicht integrieren wir auch, dass wir für den Frieden verantwortlich sind; dass es gefährlich ist, anderer Meinung zu sein; dass es keinen Raum für unsere Bedürfnisse, Ängste und Wünsche gibt.

Dabei geht es nicht um den *einen* Abend alleine, den *einen* Streit, die *eine* Abwertung. Wichtiger ist, was diese Dinge mit uns machen. Ein Trauma entsteht, wenn diese Ereignisse uns in unserer Welt- und Selbstsicht fundamental verändern. Wenn unsere Rückschlüsse und Verhaltensweisen die besten Überlebensmechanismen in einer Welt sind, die gefährlich ist. Unser Schutzmechanismus ist unser Trauma.

Wenn wir ein Trauma an dem Ereignis messen, kann es sein, dass wir uns niemals darauf einlassen, dass wir Heilung bräuchten. Wir teilen unsere Geschichte mit niemandem, weil sie so nichtssagend und normal scheint.

Doch Traumata entstehen gerade, weil wir zu diesem Zeitpunkt alleine waren. Wir würden nicht uns selbst infrage stellen, hätte uns jemand erklärt, dass der Stress unserer Eltern ihre eigene Aufgabe sei. Wir könnten uns offener zeigen, wenn uns damals jemand beschützt hätte. Wir wären heute nicht so sehr von unseren eigenen Emotionen überfordert, hätte jemand uns geholfen, Wut oder Trauer besser einzuordnen. Deswegen kann es heilsam sein, wenn wir auch in unseren romantischen Beziehungen neugierig hinsehen, uns öffnen, uns ernst nehmen und neue Erfahrungen miteinander machen.

Heilung bedeutet, dass wir das ganze Repertoire an Gefühlen wieder zulassen und uns selbst spüren können. Dass wir uns komplett fühlen und entspannt bleiben, selbst wenn sich jemand dieser Wunde nähert.

Das Wissen, dass ein Trauma die Veränderung in unseren automatischen und unwillkürlichen Reaktionen ist, kann uns milder machen und Selbstmitgefühl aufkommen lassen. Meiner Meinung nach brauchen wir unbedingt mehr Güte und Verständnis. Denn wenn wir auf die Menschen, die uns einmal am meisten bedeutet haben, unbewusst abweisend oder übergriffig reagieren, wie sollen wir dann echtes Verständnis für Menschen haben, die weit weg von uns scheinen? Wenn wir

Angst haben, dass die Menschen, die uns lieben, uns nicht sehen, wertschätzen oder ernst nehmen – wie sollen wir dann darauf vertrauen, dass fremde Menschen keine Bedrohung sind?

Die Sache ist die: Nicht nur negative Ereignisse verändern uns. Auch das Fehlen positiver Dinge prägt uns in unserem Verhalten und Denken. Wenn die folgenden Erfahrungen fehlen und diese emotionalen Grundbedürfnisse dauerhaft nicht erfüllt wurden, kann es passieren, dass uns später auch Urvertrauen fehlt.

9 emotionale Bedürfnisse: Fehlen sie, können Bindungstraumata entstehen

1. Authentische Akzeptanz

Um uns geliebt zu fühlen, brauchen wir jemanden, der uns so sieht, wie wir wirklich sind, mit all unseren Stärken und Schwächen. In dieser Akzeptanz finden wir Trost und ein tiefes Gefühl der Zugehörigkeit. Doch Akzeptanz bedeutet nicht nur, dass wir sein dürfen, wie wir sind. Akzeptanz bedeutet auch, sich im Leben einer anderen Person willkommen zu fühlen. Wenn jemand uns auch in seine Familie oder seine Freundeskreise integriert, fühlen wir uns akzeptiert.

2. Liebevolle Anerkennung

Gesehen zu werden und positive Rückmeldungen zu bekommen, gibt uns Sicherheit. Die heutige Welt ist komplex, und wenn wir nie wissen, ob wir etwas richtig machen, bleiben wir unsicher und zögerlich. Vor allem wenn wir die Anerkennung für unsere Gedanken und Gefühle nicht als Kind bekommen haben. Wenn wir authentisch bestärkt werden, entwickeln wir

Selbstbewusstsein. Natürlich geht es nicht darum, alles über den Klee zu loben oder sich nur auf das Ergebnis zu fokussieren. Wenn andere unsere Intention oder unseren Aufwand anerkennen, kann uns das motivieren, weiterzumachen.

3. Emotionale Intimität

Liebe braucht ein Umfeld, in dem wir unsere Gefühle offen und ohne Angst vor negativen Bewertungen ausdrücken können. Nur wenn wir unsere tiefsten Gedanken und Gefühle mitteilen dürfen, fühlen wir uns wirklich gesehen und verstanden. Sonst zweifeln wir daran, ob man uns oder nur unsere nette Hülle, unsere überfreundliche Maske oder eine Projektion liebt. Intimität braucht Echtheit und Verletzlichkeit, auf einer körperlichen, mentalen oder auch emotionalen Ebene.

Zu emotionaler Intimität gehört auch, dass wir uns nicht ständig zensieren müssen. Wir wollen auch Wut, Trauer oder andere negative Gefühle auf die Art ausdrücken dürfen, wie wir sie fühlen. Ein offener Selbstausdruck ist eines unserer Grundbedürfnisse.

4. Echte Verbindung

Wir wollen wir selbst sein – und wir wollen, dass auch unser Gegenüber sich so zeigt, wie er oder sie ist. So beginnt echte Verbindung damit, dass uns jemand authentisch begegnet. Doch bei Verbindung geht es auch um das, was daraus entsteht: Manche haben erlebt, wie ein kreatives Miteinander, bei dem man durch die andere Person beflügelt und inspiriert wird, Verbindung schafft. Manche haben solche Momente echter Verbindung in schmerzhaften und schwierigen Momenten erfahren. Wenn jemand etwa eine hohle Floskel nutzt, um sein Beileid auszudrücken, stößt es uns ab. Wenn da aber jemand ist, der uns mit all unserem Schmerz annimmt und sich ebenso erlaubt, hilflos zu sein, fühlen wir uns in unserem Schmerz verbunden. Für andere wiederum geht es bei echter Verbindung um Loyalität: wenn wir gewählt werden, auch wenn lustigere oder spannendere Menschen da sind. Wenn Menschen zu uns halten, auch wenn wir nicht perfekt sind. Wenn unsere Geheimnisse bei ihnen sicher sind und nicht missbraucht werden, um andere zu unterhalten. Wir sehnen uns danach, nicht nur zu funktionieren und nebeneinander zu existieren. Genauso sehr hoffen wir, unsere Freude miteinander teilen und gemeinsam Schönes erleben zu können.

5. Einfühlungsvermögen und Mitgefühl

Manchmal ist es schwer, zu verstehen, was wir fühlen – und tatsächlich sind Gefühle ja zum Fühlen und nicht zum Zerdenken da. Doch viele von uns brauchen dafür einen empathischen Spiegel. Durch Mitgefühl fühlen wir uns in Zeiten der Not unterstützt und gestärkt. Empathie kann auch heißen, dass uns jemand Orientierung und Erdung schenkt, wenn wir von unseren eigenen Emotionen überwältigt werden.

6. Autonomie und Identität

Die Anerkennung unserer Entscheidungen, Makel und Gedanken ist wichtig, damit wir später selbstständig sein können. Wenn jemand uns aber Vorwürfe macht, weil wir unseren eigenen Weg gehen oder wir keine eigene Meinung vertreten dürfen, spüren wir uns selbst nicht mehr, sondern nur noch die Erwartungen und Ängste einer anderen Person. Auch von jemandem als peinlich oder deplatziert abgewertet zu werden, kann uns kränken.

7. Respektvolle Kommunikation

Gesunde Liebe erfordert eine respektvolle und ehrliche Kommunikation. Wir brauchen jemanden, der aktiv zuhört, unsere Sichtweise stehen lassen kann und seine eigene Meinung mit uns teilt. Besonders dann, wenn wir unterschiedliche Meinungen haben, braucht es Freundlichkeit und Respekt. Dieser Respekt darf nicht an unser Alter, Geschlecht oder an das gebunden sein, was einer anderen Person als nützlich erscheint.

8. Wachstum und Unterstützung

Sicherheit ist nicht Stillstand, im Gegenteil. Wenn jemand uns unterstützt, fällt es leichter, persönlich zu wachsen und seine Komfortzone zu verlassen. Persönlichkeitsentwicklung braucht Fehlerfreundlichkeit und die Erlaubnis, seinen eigenen Weg zu gehen, auch wenn es vielleicht leichtere, schnellere oder effektivere gäbe. Das Vertrauen, das andere in uns haben, kann uns Vertrauen in uns selbst geben.

9. Sicherheit und Schutz

Wir brauchen das Gefühl, uns bei jemandem sicher fallen lassen zu können. Wenn wir in ständiger Angst sind, dass etwas nicht okay ist, oder wenn wir ständig von Konflikten umgeben sind, verunsichert uns das. Es fällt schwer, in so einem Zustand offen zu bleiben.

Die wenigsten von uns haben Spaß daran, Grenzen zu ziehen, wenn sie Menschen gerne nah wären. Das Bedürfnis dahinter ist Schutz und Sicherheit – und dafür wiederum brauchen wir Grenzen. Schutz meint aber nicht nur uns selbst, unsere Psyche oder unseren Körper. Auch der Schutz unserer Beziehung oder etwa die Sicherheit für Menschen, die uns am Herzen liegen, sind wichtig.

Schutzmechanismen: Fight, Flight, Fawn und Freeze

Liebe und Bindung sind noch nicht sehr lange im Fokus der Wissenschaften. Bevor man menschliche Beziehungen untersuchte, lautete der Zeitgeist, dass Liebe zwar schön, aber nicht lebensnotwendig sei. Wichtiger sei für Babys etwa Nahrung. Harry Harlow, ein amerikanischer Psychologe und Verhaltensforscher, war in den 1950er-Jahren einer der Ersten, der die Bedeutung von Bindung und Berührung untersuchte.[9] Nur wenige Stunden nach der Geburt trennte er Babyaffen von ihren Müttern. Die kleinen Rhesusäffchen hatten dann die Wahl zwischen zwei »Ersatzmüttern«: einer Puppe aus Stoff und einer künstlichen Mutter aus Draht, die aber Nahrung lieferte. Die meiste Zeit wählten die Babyaffen die Stoffmutter, die ihnen Berührung schenkte.

Auch wir Menschen leiden, wenn uns Verbindung vorenthalten wird. In einem grausamen Experiment im 13. Jahrhundert wollte der in Deutschland geborene Kaiser Friedrich II. herausfinden, welche Sprache Kinder erlernen, wenn niemand mit ihnen spricht. Die Säuglinge wurden an Ammen gegeben, die zwei Regeln befolgen mussten. Erstens: keine Kommunikation. Zweitens: keine Berührung. Welche Sprache die Kinder lernen würden, fand der König nicht heraus. Alle Kinder starben frühzeitig. Die makabre Erkenntnis, die er stattdessen ziehen konnte: Wir Menschen sterben ohne sozialen Kontakt.

Auch in modernen, weniger furchtbaren Forschungen wird bestätigt, dass uns das Fehlen von Verbindung nachhaltig negativ beeinflusst. Studien zeigen beispielhaft, dass fehlende emotionale Verbindung sich für unser Nervensystem gefährlich anfühlt.

Wenn ich meinen Klient:innen von der Bedeutung emotionaler Bedürfnisse erzähle, erlebe ich unterschiedliche Reaktionen.

Manche müssen diese Informationen erst verdauen und auf sich wirken lassen. Wer sich damit auseinandersetzt, wie destruktiv das Fehlen von Nähe, Autonomie oder Anerkennung sein kann, beginnt oft auch, sich mit seiner eigenen Trauer auseinanderzusetzen. Die Geschichte von einem »Alles war gut« beginnt zeitweise zu bröckeln, und was einem davor nicht fehlte, weil man es nicht sah, fehlt nun umso mehr. In diesem Prozess können ganz unterschiedliche Emotionen hochkommen: Schwermut und Weltschmerz, aber auch Wut oder eine tiefe Verzweiflung. Schließlich können wir die Vergangenheit nicht verändern.

Doch manche fühlen sich auch erleichtert und verstanden. Sie können nun besser nachvollziehen, warum ihre Verlustangst sie so einnimmt, und bekommen damit die Erlaubnis, die eigenen Verletzungen ernst nehmen zu dürfen. Diese Erlaubnis kann sich wie ein erster Schritt Richtung Heilung anfühlen. Durch dieses Wissen dürfen wir aufhören, uns selbst als zu »bedürftig« abzuwerten. Und wir gestatten uns, unserer eigenen Intuition mehr zu vertrauen.

Nur wenn wir uns darauf verständigen, dass auch das Fehlen von Liebe, Anerkennung oder Nähe gefährlich scheinen, können wir einen Großteil der Beziehungskrisen nachvollziehen. Sobald uns Gefahr droht, schaltet unser Körper in einen von vier Verteidigungsmodi. Die »vier Fs« lauten auf Englisch: Flight, Fight, Fawn (manchmal auch Fiddle oder Flirt genannt) und Freeze. Auf Deutsch: Flucht, Kampf, Anpassung und Totstellen.

Zunächst versuchen wir zu fliehen und wegzulaufen. In diesem Modus verlassen wir bei einem Beziehungsstreit den Raum oder gehen einmal um den Block. Manchmal bedeutet Rückzug auch zu schweigen oder eine Eiseskälte um sich zu ziehen. Doch auch zu rationalisieren ist ein Weg, um weniger fühlen zu müssen.

Wenn wir nicht fliehen können, schalten wir in den Kampfmodus. Wir kritisieren und fordern. Wir streiten, schimpfen oder ballen die Fäuste. Manchmal werten wir Menschen auch ab oder versuchen, unser Gegenüber in langen Gesprächen niederzureden und mit Argumenten zum Schweigen zu bringen.

Die nächsten zwei Schutzreaktionen kommen vor allem bei komplexen, schwerwiegenden Traumata vor. Fawn bedeutet, dass wir »lieb Kind« spielen. Wir machen uns klein, wir spielen unsere Bedürfnisse runter oder passen uns an. Es zuerst allen anderen recht zu machen, nennen wir People Pleasing. Wenn wir dazu neigen, mussten wir wahrscheinlich lernen, dass weder kämpfen noch weglaufen funktioniert. Die beste Überlebensstrategie war Anpassung und Selbstkritik, bei der wir uns ja ebenfalls kleinmachen. Manche sprechen auch von Fiddle: falsche Spielaufforderungen, Lügen oder Ablenkungen.

Das vierte F nennt sich Freeze. Bei diesem Verhalten versteinern wir und unser Körper stellt sich tot. Zum einen in der Hoffnung, dass die Gefahr einfach an uns vorüberzieht. Zum anderen, weil dann ein möglicher Tod weniger schmerzhaft wäre.

Die letzte Möglichkeit, sich zu schützen, ist, Körper und Geist voneinander abzuspalten

Lady Gaga ist eine Musikikone unserer Zeit. Viele feiern sie für ihre Hits und ihre exzentrischen Kostüme und genauso viele kritisieren sie dafür. Und diese Kommentare überschreiten bisweilen die Grenzen des guten Geschmacks. Lady Gaga wurde Opfer von Cybermobbing. Auch Mobbing kann dazu führen, dass sich unser Blick auf uns selbst und auf unsere Umwelt verändert, es kann uns traumatisieren und wir entwickeln Gedanken wie »Wir sind nicht gut genug«, »Wir sind falsch«, »Andere Menschen sind nicht sicher«. In ihrer Single *Million Reasons* singt die Musikerin davon, wie es sich anfühlt, in dieser Traumaspirale festzustecken. Wegen dieser Millionen Gründe – unzählige schmerzhafte Kommentare, aber auch sexueller Missbrauch oder ständig über die eigenen körperlichen Grenzen gegangen zu sein – entschied ihre Psyche sich für eine Abtrennung:

> »Head stuck in a cycle, I look off and I stare
> It's like that I've stopped breathing, but completely aware
> Cause you're giving me a million reasons«

Lady Gaga singt davon, ins Leere zu starren, nicht mehr da zu sein und doch noch da zu sein. Trauma zeigt sich manchmal auch als Abspaltung von Kopf und Körper. Der Fachbegriff in der Psychologie heißt »Dissoziation«.

Sich nicht im eigenen Körper zu Hause zu fühlen, ist für viele erst mal abstrakt und etwas schwer Vorstellbares. Wie können wir denn nicht in unserem Körper sein?

Doch wer dazu neigt, sein Hungergefühl zu übergehen, oder eben nicht weiß, wann der eigene Körper satt und wann er müde ist, erlebt diese Abspaltung in kleinen Portionen. Auch sich nicht mehr erinnern zu können, so wie eben viele sich nicht an ihre »normale Kindheit« erinnern können, kann andeuten, wie ausgeliefert man sich als Kind bisweilen gefühlt hat. Denn damals war es zeitweise der beste Schutz sich von seinen Gefühlen abzutrennen, seine Stimme, den Bezug zu seiner Umwelt oder die eigene Identität zu verlieren. Es ist das Taubheitsgefühl, von dem der Mediziner und Trauma-Experte Gabor Maté in seinem Buch spricht.

Dieses Wissen ist ein wichtiger Baustein, um Beziehungsdynamiken zu verstehen. Ich habe bereits geschrieben, wie traumatisierend Stille und fehlende Nähe sein können. Doch manchmal schweigen wir, weil wir traumatisiert wurden. Wenn Menschen sich nicht mehr bewegen, in ihren Kopf fliehen oder ihre Empathie ausschalten, dann selten, um andere Menschen bewusst zu verletzen. Es kann sein, dass sie selbst zu sehr damit beschäftigt sind, in ihrem »Kopf Kreise zu drehen«, wie es Lady Gaga beschreibt. Wenn wir mehr Mitgefühl mit dem Umstand haben, dass manche Menschen in einem dysregulierten Zustand nicht mehr offen reagieren, können wir ihnen helfen, aus den schmerzhaften Endloskreisen auszubrechen. Wenn wir Rückzug, Wut oder Abspaltung als Zeichen für ein Trauma wahrnehmen, nehmen wir das Verhalten nicht mehr so persönlich.

Ich schreibe das, denn aus der Praxis weiß ich, dass wir uns manchmal jemanden wünschen, der nach einem Streit auf uns zugeht. Eine liebevolle Zuwendung würde die Situation vielleicht sogar sofort auflösen. Doch wenn diese Sehnsucht nicht erfüllt wird, dann ist dies für beide Seiten schmerzhaft. Denn die Person, die wartet, fühlt sich ohnmächtig und zurückgewiesen. Eine nicht erfüllte Sehnsucht ist schmerzhaft. Für die andere Seite kann dieser nachvollziehbare Wunsch eine Erwartung darstellen, an der sie scheitert. Doch Scheitern wirkt gefährlich und so ist jeder Schritt aufeinander zu unglaublich anstrengend. Wer gerade Kopf und Körper voneinander entkoppelt hat, kann diesen Schritt kaum aus eigenem Antrieb gehen.

Dadurch, dass wir so wenig Wissen über Traumata haben, interpretieren wir Verhalten schnell als Angriff auf uns. Eine kleine Verletzung wird so immer tiefer. Unsere Schutzmechanismen sind Automatismen, aus denen es schwerfällt auszubrechen. Und zugleich verletzen unsere Schutzmechanismen die Menschen, die uns am meisten bedeuten. Wenn wir uns mit dem auseinandersetzen, was sie in der Tiefe anstößt, haben wir eine Möglichkeit, die Automatismen zu durchbrechen.

Trigger: Wenn die Vergangenheit zum Jetzt wird

Es wäre natürlich schön, gemeinsam in einer Beziehung darüber reden zu können: Was ist dir passiert? Was hat es aus dir gemacht? Wie siehst du die Welt aufgrund deiner Erfahrungen? Es wäre so viel leichter, wenn wir uns am Anfang einer Beziehung – oder auch nach drei Monaten, sieben Jahren oder wann auch immer – hinsetzen könnten, um auf eine ruhige Art über Verletzungen in der Vergangenheit oder Glaubenssätze zu reden.

Aber oft ist es nicht so einfach: Zum Ersten haben wir manchmal Angst, für unser Trauma verurteilt zu werden. Wir haben bereits erlebt, wie Menschen allein bei Tränen überfordert sind und nicht wissen, wie sie darauf passend reagieren sollen. Wir haben Sätze gehört wie »Mach dir nichts daraus«, »Lach doch einfach« oder »Immerhin hast du noch dies oder jenes«, die zwar tröstend gemeint sind und uns doch einen Stich versetzen. Wenn allein Tränen andere überfordern, wie sollte es dann Platz für Geschichten von Gewalt, Missbrauch oder Vernachlässigung geben?

Zum Zweiten fühlen sich Erinnerungen manchmal wieder real an, wenn wir sie aussprechen. Wir fürchten selbst, von unseren Geschichten überrannt zu werden. Wenn die Vergangenheit uns überrollt, verlieren wir schnell unsere so hart erkämpfte Orientierung und Stabilität.

Zum Dritten sind wir uns oft nicht darüber bewusst, wie tief und mannigfaltig manche Erfahrungen (oder das Fehlen mancher Erfahrungen) uns verändert hat. Ganz oft haben wir Dinge schon in anderen Kontexten bearbeitet und sind überrascht, dass sie noch da sind.

Eine Klientin beschrieb ihre traumatischen Erinnerungen als Raum, in dem es dunkel und kalt ist. Sie habe die Tür dazu schon lange verschlossen und wer so oft an dieser verschlossenen Tür vorbeigeht, der vergisst irgendwann, dass sie da ist. Es lebt sich gut in den anderen Räumen, wozu das Unbehagen? Alles, was schmerzhaft ist, kommt einfach in diese dunkle Kammer. Türe zu, Schlüssel umdrehen und weggesperrt war die Erinnerung an Verlust, Konflikt und Leere. Doch triggerte sie etwas, sprang die Tür berstend auf. Für die Menschen, die sie liebte, war dieses Aufspringen überraschend oder auch unverhältnismäßig. Diese aufgerissene Tür versperrte den Weg in all die anderen Räume. Doch sie selbst fühlte sich durch dieses Aufspringen überfordert. Wieder machte sie die Erfahrung, dass sie einer Situation ausgeliefert war, in der sie auch wie in der Vergangenheit handlungsunfähig war.

Immer wieder höre ich, dass Menschen gerne frei von Triggern wären. Es ist nicht nur nachvollziehbar, dass wir die Kontrolle über unsere Reaktionen zurückgewinnen wollen – es ist ein Zeichen von Stärke und Selbstreflexion, dass wir bereit sind, neue Handlungsoptionen zu erlernen.

Doch Trigger sind für sich genommen nicht das Problem. Die Realität ist, dass Trigger uns vor Gefahren schützen, die wir tatsächlich erlebt haben. Nicht nur vor vermeintlichen Gefahren oder Krisen, die unangenehm waren. Unser Organismus hat die wichtige Aufgabe, eine Wiederholung auf jeden Fall zu vermeiden, damit wir sicher bleiben.

Deswegen sind Trigger Eingangspforten, um wirklich zu verstehen, was in den abgeschlossenen Räumen unserer Psyche liegt. Wenn wir unseren Blick auf Trigger verändern, verändern wir auch die Erfahrung. Wenn wir Trigger als Türen begreifen, können wir sie nutzen, um Licht ins Dunkel zu bringen.

Fühlen wir uns für unsere Trigger verurteilt, stehen wir hingegen mit unserem eigenen Überlebenssystem im Konflikt. Schämen wir uns für unsere Trigger, können wir alte Geschichten nicht auflösen. Hilft uns jemand, unsere Trigger zu verstehen – in dem Augenblick, in dem sie da sind –, können wir die Türen mutig öffnen und hineinschauen. Nur wenn sich unsere Wahrnehmung ändert, können wir heilen.

Doch wenn wir Trigger ernst nehmen wollen, können wir mit dem Begriff auch nicht achtlos um uns werfen. Oft höre ich so etwas wie: »Der Film hat mich getriggert.« Doch eigentlich soll dies bedeuten: »Der Film hat mich gestresst, es war anstrengend, ihn anzuschauen.« Oder jemand spricht davon, dass »mein Freund mich triggert«, obwohl sein Verhalten eher verärgert oder irritiert. Aber nicht jeder Stress und nicht jede unbequeme Emotion führen zu ungewollten Reaktionen und sind Reliquien eines Traumas.

Trigger können wir uns vorstellen wie den Abzug einer Pistole, der, kaum wurde er betätigt, unweigerlich und automatisch eine Reaktion – den Schuss – ausführt. So schnell, wie ein Schuss fällt, so schnell verfallen wir in unsere gelernten Reaktionen: Schweigen, Weglaufen, Einfrieren, Wut, Angriff, Kampf. Wir haben kaum noch Reaktionsflexibilität.

Durch emotionale Verletzungen verlieren wir die Flexibilität, anders auf Situationen zu reagieren

Traumata vermindern unsere Reaktionsflexibilität. Reaktionsflexibilität bedeutet, dass wir, wenn ein Reiz entsteht, eine mentale Pause machen können, um uns unsere Optionen vor Augen zu führen und die beste Option umzusetzen. Gleichzeitig verwundert es nicht, dass unsere mentale Flexibilität eingeschränkt wird, sobald wir uns verletzt fühlen. Haben wir uns etwa den Knöchel verstaucht, sind wir ebenfalls weniger beweglich und frei in unserem Handeln.

Je geringer unsere Reaktionsflexibilität ist, desto weniger haben wir die Kontrolle darüber, wie wir mit bestimmten Reizen umgehen wollen. Psychotherapeut und KZ-Überlebender Viktor Frankl beschrieb es in seinem Buch *Trotzdem Ja zum Leben sagen* so: »Zwischen Reiz und Reaktion liegt ein Raum. In diesem Raum liegt unsere Macht zur Wahl unserer Reaktion. In unserer Reaktion liegen unsere Entwicklung und unsere Freiheit.« Je früher es zu einem Trauma kommt, desto geringer ist diese geistige Flexibilität.

Reaktionsflexibilität gibt uns die Freiheit, Situationen neu zu bewerten und anders darauf zu reagieren, als wir es gewohnt sind. Allein dass wir Alternativen suchen, ist ein wichtiger Schritt, um zu heilen. Sie dann auch noch wahrzunehmen und umzusetzen, ist für unser Gehirn bahnbrechend.

Wenn meine Klient:innen mir nach ein paar Sitzungen erzählen, dass sie eine Eskalation abwehren konnten, indem sie sich daran erinnert haben, was wir erarbeitet haben, dann platze ich vor Stolz. Ich bin so begeistert von ihnen, denn sie haben ihre Reaktionsflexibilität trainiert. Das, was sich davor wie ein Automatismus angefühlt hat, haben sie erfolgreich durchbrochen. Konflikte wird es immer wieder geben, sie sind wichtig und gesund. Es ist unser Verhalten in Konflikten und unser Durchbrechen von Reaktionsketten, das bestimmt, wie friedlich oder verstörend unsere gemeinsame Zukunft aussieht. Eine mentale Pause setzen und mit unserem Verhalten anders abzubiegen, zeugt von einer unglaublichen geistigen Stärke.

Wie reagiert unser Gehirn auf ungefährliche Reize?

Wenn wir die Reaktionsketten in unserem Gehirn kognitiv nachvollziehen können und merken, was der Unterschied zwischen Trigger und Reiz ist, können wir meist mitfühlender und verständnisvoller mit diesen Situationen umgehen.

In unserem Alltag warten ständig und überall Reize auf uns. Berührungen, Geräusche und Gerüche umgeben uns permanent. Doch auch unser inneres System sendet uns Signale, etwa über unsere Atmung oder unseren Puls. All diese Sinneseindrücke landen als Erstes im Hirnstamm. Der Hirnstamm ist der älteste Teil unseres Gehirns. Der Hypothalamus, ein Teil des Hirnstamms, entscheidet, welchen Reizen wir Bedeutung geben und welchen nicht. Er arbeitet wie ein Filter und deswegen wird er auch »das Tor zum Bewusstsein« genannt.

Die gefilterten Informationen landen dann im limbischen System, das unter anderem aus der Amygdala und dem Hippocampus besteht. Alles, was ohne unsere bewusste Willenserklärung abläuft, wird im limbischen System gesteuert, zum Beispiel Sexualverhalten, Atmung oder Verdauung.

Die Amygdala sieht aus wie kleine Mandelkerne und wird deswegen auch »Mandelkern« genannt. So klein sie auch ist, so groß ist ihre Bedeutung für unser Überleben. Sie verknüpft die gesammelten Sinneseindrücke mit Gefühlen, allen voran Angst und Wut. Denn Angst aktiviert in uns eine Fluchtreaktion und Wut aktiviert Angriff. Die Aufgabe der Amygdala ist nicht, die Situation rational zu bewerten. Ihr geht es nur ums Überleben.

Deswegen sitzen dort auch Emotionen, emotionale Erinnerungen und überhaupt Bindung – denn auch diese sind existenziell für unser Überleben.

Von der Amygdala kommen die Informationen in den Hippocampus. Auch der Hippocampus ist Teil des limbischen Systems. Der Hippocampus ordnet Ereignisse zeitlich und räumlich. Der Hippocampus sortiert die Informationen nach Wichtigkeit, Neuigkeit und Dringlichkeit. Damit entscheidet der Hippocampus auch, welche Informationen vom Kurzzeitgedächtnis ins Langzeitgedächtnis wandern. Dazu interagiert er mit dem Neokortex.

Der Neokortex, die Großhirnrinde, ist der jüngste Teil unseres Gehirns. Er ist das, was uns Menschen ausmacht: rationales Denken, Sprache, Träume, Lernen, Entscheidungen, Kunst. Im Neokortex findet auch die Bedeutungszuschreibung statt. Wir entwickeln dort unsere Annahmen über die Welt und kreieren unsere Identität.

Veranschaulichen wir einmal diese Reaktionskette anhand eines einfachen Beispiels. Wir sind bei einem der ersten Dates. Unser Gegenüber, das wir als attraktiv wahrnehmen, berührt uns. Der einkommende Reiz ist eine warme Hand auf unserer Schulter.

Bei unserem Hypothalamus kommt die Information an: Wir werden berührt, es ist warm, unser Herz schlägt schneller, unser Atem ist flacher, wir blicken in ein freundliches Gesicht. Die Amygdala merkt: Es ist neu und aufregend, aber es ist keine Gefahr. Wir fühlen uns sicher, das ist schön. Unsere Bindung wird verstärkt.

Der Hippocampus speichert diese Informationen ab, denn die Berührung ist neu und, wer weiß, irgendwann eine wichtige Erinnerung. Wir kennen die Person zwar noch nicht so gut, doch es scheint in eine gute Richtung zu laufen. Also merken wir uns die Details. Es ist Juni, wir sitzen am See, die andere Person riecht angenehm nach Sommer.

Der Neokortex gibt dem Ganzen eine Bedeutung: Ich mag jemanden, mich mag jemand, das Leben ist schön.

Wie reagiert unser Gehirn auf einen Trigger?

Doch wenn wir bedrohlichen Situationen ausgeliefert sind, sieht die Reizverarbeitung anders aus. Denn ein gefährlicher Reiz ist ein Trigger, der eine Überlebensreaktion in unserem Körper auslöst.

Bei Schmerz oder der Erinnerung an einen Schmerz schütten wir Stresshormone wie Adrenalin und Noradrenalin aus. Adrenalin gibt uns Energie, Noradrenalin lässt unseren Blutdruck steigen und bewirkt, dass Informationsimpulse noch schneller durch unsere Nervenbahnen geschickt werden. Der Hypothalamus filtert alle Reize, die nicht zur Gefahr gehören, raus. Sie sind gerade irrelevant.

Die Amygdala ist in Alarmbereitschaft und übernimmt ab jetzt die Kontrolle. Doch die Stresshormone wirken auch auf die Nervenzellen in unserem Hippocampus. Je gestresster der Hippocampus, desto schlechter kann er die Informationen noch sortieren. Es ist, als würde er zu heiß werden und damit seiner Arbeit nicht mehr nachkommen können. So kann es zu einer »hippocampalen Amnesie« kommen. Wegen der hippocampalen Amnesie werden traumatisierende Situationen nicht mehr an Ort und Zeit geknüpft. Dieses Überhitzen ist auch der Grund, warum Traumata sich in Form von Flashbacks oder Albträumen so lange in unserem Alltag zeigen können. Der Psychiater und Traumatherapeut Bessel van der Kolk schreibt in seinem Buch *Das Trauma in dir* dazu:

»Traumatisiert zu werden bedeutet, dass man das eigene Leben fortan so organisiert, als fände das Trauma immer noch statt – unverändert und unveränderbar –, weil jedes neue Ereignis durch die Vergangenheit kontaminiert wird.«

Auch aus der eigenen Praxis kenne ich das: Wenn sich Klient:innen getriggert fühlen, dann beschreiben sie es oft so, als wären sie in zwei Zeitzonen gleichzeitig, der Vergangenheit und der Zukunft. Der Schmerz einer alten Erinnerung kommt hoch und die Angst, dass genau das noch mal passiert, gesellt sich dazu. Sie sind überall, aber nicht im Hier und Jetzt. Körper und Geist sind entkoppelt. Eine groß angelegte Metastudie mit insgesamt 1868 Teilnehmenden bestätigt das. Menschen mit einer posttraumatischen Belastungsstörung haben einen deutlich kleineren Hippocampus.[10] Unser »Sortiersystem« wird also durch Traumata stark beeinflusst.

Der Neokortex schaltet sich erst wieder ein, sobald die akute Gefahr vorüber ist, und speichert die fragmentierten Informationen ab. Dann verknüpft er die Situation mit einer Bedeutung, zieht seine rationalen Schlüsse und passt das Bild, das er von der Welt hat, an. Was ich hier fein säuberlich nach und nach beschreibe, passiert in der Realität innerhalb eines Augenschlags.

In dem vorherigen Beispiel wurde die Berührung positiv erinnert. Nehmen wir an, in der Vergangenheit kam es zu einer unangenehmen Verknüpfung bei Berührungen.

Auch in diesem Fall registriert der Hypothalamus einen äußeren Reiz, die Berührung. Diese Berührung löst in der Amygdala den Impuls für Gefahr aus und unser Körper schüttet die Stresshormone Adrenalin und Noradrenalin aus. Dass die Person, die jetzt berührt, eine andere ist, dass es damals Nacht und nicht Abend war, dass das damals ungewollt, das jetzige eigentlich gewollt ist, nimmt der Hypothalamus nicht mehr wahr. Die Details, die wichtig zur Unterscheidung wären, erscheinen unserem Gehirn unwichtig. Der Fokus liegt auf der Gefahrenquelle, in diesem Beispiel der Berührung. Wir alle haben schon einmal erlebt, wie wir in einem gefährlichen Moment einen Tunnelblick bekommen.

Auch der Hippocampus zieht alte Informationen aus der Schublade. Dinge, die er nicht sortieren konnte. Ob es ein lauer Sonntag im August ist, 1996 oder gestern – das spielt gerade keine Rolle.

Der ganze Körper wird ab jetzt von der Amygdala gesteuert und die entscheidet sich zwischen Flucht, Kampf, Anpassung oder Erstarren. Deswegen werden Menschen in so einem Moment vielleicht wütend und ungewöhnlich laut. Oder sie laufen weg. Oder sie erstarren. Oder sie machen mit, ohne sich selbst noch zu spüren.

Möglicherweise wirkt ihre Reaktion zu krass für den Reiz. Ihr Gehirn allerdings reagiert auf die beste Art und Weise: Es legt den Fokus auf das Überleben. Deswegen gilt auch hier: »If it's hysterical, it's historical.« – »Wenn es hysterisch wirkt, dann hat es eine Geschichte«. Versetzen wir uns in eine Person hinein, macht ihr Verhalten immer Sinn. Nur als Außenstehende haben wir nicht immer alle Informationen parat.

Später wird der Neokortex seine Schlüsse ziehen: Ich mag Berührung *wirklich* nicht. Menschen kommen mir *immer* zu nah, sie respektieren *nie* meine Grenzen. Ich muss *dauernd* funktionieren. Ich hatte *schon wieder* keinen Raum, um Nein zu sagen. Bei Berührung muss ich mich *unbedingt* schützen.

Wir lernen aus dieser Gegenüberstellung, dass unser rationales Denken, der Teil, der sagt: »Objektiv gesehen ist das keine Gefahr«, als Allerletztes eingreifen kann. Die Wahrnehmung, Bewertung und Handlung aufgrund eines Reizes sind Prozesse, die normalerweise automatisiert innerhalb weniger Millisekunden in unserem Gehirn ablaufen. Oft sind wir uns darüber nicht gewahr. Diese Reaktionskette soll unserem Überleben dienen. Doch manchmal scheint sie uns in unseren Beziehungen zu sabotieren.

Wenn wir getriggert sind, fühlen wir uns zunächst in unserer Vergangenheit gefangen. Wir hätten gerne mehr Kontrolle. Sich seinem eigenen Körper so ausgeliefert zu fühlen, kann sich anfühlen, als könnten wir unserem Körper nicht mehr vertrauen. Dazu kommen schmerzhafte Bewertungen wie »unzulänglich« oder »kaputt«. Deswegen ist es wichtig, sich bewusst zu machen: Niemand sucht sich freiwillig aus, getriggert zu sein.

Trigger sind wichtige Überlebenstools. Unser Körper und unser Gehirn haben Unmengen an Energie aufgewendet, um uns als Person bestmöglich zu schützen. Würden wir auf diese Trigger nicht reagieren – so haben wir es bereits erlebt –, passiert noch viel Schlimmeres. Trigger sind nicht das Problem. Das Problem ist, dass wir nicht gelernt haben, wie wir Menschen helfen können, aus diesem Überlebensmodus auszubrechen. Wir fühlen uns genauso hilflos wie die Menschen, denen wir helfen wollen, oder werten ihre Trigger als persönlichen Angriff.

Keine zwei Menschen auf dieser Welt haben die gleichen Erfahrungen gemacht und menschliches Verhalten kann unendlich komplex sein. Es wird immer mal vorkommen, dass das, was eine Person als angenehm empfindet, für eine andere Person unangenehm ist. Man kann in Beziehungen jeder Art nicht davon ausgehen, dass es die eine Wahrheit gibt oder dass die eigene Lebenswirklichkeit auch die »Normalität« darstellt. Die Kunst ist es, für unterschiedliche Lebenswirklichkeiten Platz in einer Beziehung zu finden.

Doch vielleicht kann dir dieser Perspektivenwechsel helfen: Mich erfüllt es mit Mitgefühl und Ehrfurcht, wenn ich sehe, dass jemand so schwer aus diesem Prozess ausbrechen kann. Die Person ist die geworden, die sie werden musste, um zu überleben. Indem ihr Körper auf einen Trigger reagiert, fühlt dieser Körper sich beschützt und weniger ohnmächtig. Dieses Schlimmere war einmal in ihrem Leben eine echte Gefahr. Gut, dass ihr Körper sie vor dieser real gewesenen Gefahr versucht zu beschützen. Gut, dass ich bei dieser Person bin und ihr helfen kann, im Hier und Jetzt zu bleiben. Auch wenn ihr Körper sie gerade in eine andere Zeitzone katapultiert, bin ich da. Mit meiner emotionalen und körperlichen Präsenz kann sie eher in der Gegenwart bleiben.

- Gibt es Dinge, die andere unbewusst tun, die dich verletzen?
- Wie zeigst du, dass du verletzt bist: Ziehst du dich zurück, wirst du wütend, passt du dich an oder frierst du ein?
- Was muss man über dich wissen, um deine Schutzmechanismen besser verstehen zu können?

9 häufige Trigger, die Beziehungen belasten

1. Zusammenbruch der Kommunikation: »Ich fühle mich ausgeschlossen.«

Wenn die Kommunikation ineffektiv oder unplanbar wird, kann dies in Missverständnissen, Frustration und dem Gefühl von Zurückweisung münden. Insbesondere dann, wenn wir nicht wissen, wie lange oder weswegen es zu dieser emotionalen Stille kam.

2. Vertrauensprobleme: »Ich fühle mich verraten.«

Fehlende Ehrlichkeit, Geheimnisse oder Verrat können tief verwurzelte Vertrauensprobleme auslösen. Wir sind bei einer Person nicht mehr sicher und das kann uns mit der Angst konfrontieren, erneut verletzt zu werden. Wir zweifeln an unserer Menschenkenntnis und stellen manchmal alles infrage, was wir mit einer Person erlebt haben.

3. Kritik und Schuldzuweisungen: »Ich fühle mich falsch.«

Abwehrhaltungen und Antipathien entstehen häufig durch Kritik oder gegenseitige Schuldzuweisungen. Selbst gut gemeintes Feedback kann in einer anderen Person das Gefühl auslösen, dass sie nicht richtig ist. Wer sich verurteilt fühlt, wird oft auch mit Verlustangst konfrontiert oder fühlt sich in seiner Selbstständigkeit eingeschränkt.

4. Emotionale Abwesenheit:
»Ich fühle mich unwichtig.«
Wenn eine Person sich ständig emotional verschließt oder Verletzlichkeit vermeidet, kann dies Gefühle der Einsamkeit, der Trennung und sogar Bestrafung auslösen. Insbesondere in romantischen Beziehungen sehnen wir uns nach Intimität und der Einladung, jemandem nah zu sein. Stattdessen Ausschluss zu erfahren, lässt uns daran zweifeln, ob wir wirklich eine gesunde Partnerschaft führen.

5. Grenzverletzungen:
»Ich fühle mich nicht respektiert.«
Die Missachtung persönlicher Grenzen – etwa dadurch, dass jemand uns körperlich zu nah kommt, Erwartungen an uns stellt oder unsere Entscheidungen niederbügelt – kann Gefühle des Eindringens, des Grolls und des Verlusts der Autonomie innerhalb der Beziehung auslösen.

6. Ungleichheit und Machtkämpfe:
»Ich fühle mich manipuliert.«
Ungleiche Machtverhältnisse können Frustration, Groll und Minderwertigkeitskomplexe auslösen. Im Alltag bemerken wir dieses Ungleichgewicht häufig bei Entscheidungsfindungen, bei finanziellen Angelegenheiten oder als emotionale Abhängigkeit.

7. Mangel an Intimität:
»Ich fühle mich einsam.«
Ein deutlicher Rückgang der körperlichen oder emotionalen Intimität kann in uns Verlustangst oder auch Gefühle der Ablehnung und Einsamkeit auslösen. Manche reagieren darauf vielleicht mit dem, was sie am meisten fürchten: Rückzug. Andere nehmen dies persönlich und suchen den Fehler bei sich.

8. Ungelöste Konflikte:
»Ich fühle mich zu Unrecht beschuldigt.«
Wenn Fehltritte immer wieder zitiert und benannt werden, wird aus Schuld Scham. Dann haben wir nicht nur etwas Falsches getan, wir als Person sind falsch. Wenn wir keinen Weg sehen, Fehler zu korrigieren oder Dinge wieder ins Lot zu bringen, überkommen uns Hoffnungslosigkeit oder Ressentiments.

9. Geringschätzung:
»Ich fühle mich übergangen.«
Wenn ein Partner die Grenzen, Meinungen oder Werte des anderen ständig missachtet, kann dies Gefühle von Wut, Frustration und einen Verlust des Respekts gegenüber dem anderen auslösen. Auch fehlende Anerkennung kann in uns Zweifel auslösen, denn wir wissen nicht, ob wir auf dem richtigen Weg sind.

Unser Bindungsstil baut auf erlebten Gefahren auf

Wenn wir uns darüber bewusst sind, was jemanden triggert und damit verunsichert, ist es natürlich leichter, eine liebevolle und glückliche Beziehung zu führen. Die meisten von uns nehmen gerne Rücksicht, um es den Menschen, die sie lieben, leichter zu machen. Doch oft fällt es uns schwer, zu verstehen, warum eine Person überhaupt getriggert ist. Denn in Beziehungen sind die wirklichen Gefahren keine giftigen Schlangen, Tiger oder Erdbeben. In Beziehungen können Dinge verunsichern, die wir eigentlich schätzen: nämlich Nähe und Selbstständigkeit.

Auch hier kann eine Kategorisierung uns helfen, unseren eigenen Horizont zu erweitern und uns leichter in andere hineinzuversetzen. Die Bindungstheorie gibt uns eine Matrix, um zu verstehen, warum manche Menschen Angst vor Nähe und andere Angst vor Verlust haben. Die Idee zu Bindungsstilen hatte ursprünglich John Bowlby, britischer Kinderarzt und Psychoanalytiker, und seit den 1950er-Jahren gibt es immer mehr Studien zur Bindungstheorie. Ursprünglich ging es in der Bindungstheorie vor allem darum, wie Kinder reagieren, wenn sie von ihrer Bezugsperson alleingelassen wurden. Sue Johnson, Psychologin und Begründerin der Emotionsfokussierten Paartherapie, übertrug dieses Wissen schließlich auf Paarbeziehungen.

Es gibt vier verschiedene Typen, die uns helfen, andere und uns selbst besser zu verstehen. Ich habe den ursprünglichen Bindungstypen, wie sie Bowlby und Johnson benannt haben, modernere Namen gegeben.

Leader: So bezeichne ich den ängstlichen Bindungsstil. Leader sind Menschen, die sehr romantisch, loyal und aufmerksam sind. Was sie triggert, sind Anzeichen von Verlust und Distanz. Es beunruhigt Leader, wenn jemand beispielsweise nicht antwortet oder sich nicht merkt, was sie erzählen. Auch Stille und Rückzug verunsichern sie. Leader haben oft ein weniger gutes Bild von sich selbst und neigen gerade deswegen zum Grübeln und Gedankenkreisen. Sobald jemand, der ihnen wichtig ist, vermeintlich auf Abstand geht, beziehen sie den Rückzug auf sich selbst. Fühlen sie sich zurückgewiesen oder alleine, können sie nörgelig oder fordernd wirken. Auch Kritik oder passiv-aggressive Abwertungen kommen als Reaktionen auf einen Trigger vor.

Rebels nenne ich Menschen mit einem vermeidenden Bindungsstil. Wenn Leader eher Angst vor Verlust haben, haben Rebels eher Angst vor Nähe. Das kann damit zusammenhängen, dass sie sich vor zu hohen Erwartungen schützen wollen oder sehr oft in Beziehungen enttäuscht wurden. Sie haben gelernt, dass sie sich nur auf sich selbst verlassen können. Manchmal ist ihre Bindungsangst auch eine verkappte Verlustangst: Wer sich gar nicht erst verliebt, kann auch niemanden verlieren. Was Rebels triggert, sind deswegen auch zu hohe Erwartungen, zu starke Emotionen, das Gefühl, Schuld zu haben, Kritik oder Abwertungen. Auch wenn ihre Autonomie und Entscheidungsfreiheit beschnitten wird, fühlen sie sich getriggert. Darauf reagieren Rebels klassischerweise mit Rückzug und Widerstand. Sie schweigen, sie gehen körperlich auf Abstand oder kapseln sich ab.

Artist: Wer sowohl Bindungs- als auch Verlustangst hat, ist oftmals ein Artist, ein Lebenskünstler oder eine Lebenskünstlerin. Artists, also Menschen mit einem ängstlich-vermeidenden Bindungsstil, sehen sowohl Signale von zu viel Nähe als auch von zu großer Distanz als Gefahr an. Artists sind oft Lebenskünstler, die erlebt haben, wie gefährlich Nähe sein kann. Die sich aber im gleichen Zug wünschen, sich verstanden, akzeptiert und geliebt zu fühlen. Gerade Fawn und Freeze, also Anpassung und Dissoziation, gehören zu ihren automatischen Schutzmechanismen. Artists neigen also zu People Pleasing und übergehen oft ihre eigenen Bedürfnisse, um Frieden zu wahren.

Durch die Kombination aus Bindungs- und Verlustangst ist es schwerer zu prognostizieren, was sie genau triggert. Ihre Schutzmechanismen können also sehr überraschend aktiviert werden.

Healer: Menschen mit einem sicheren Bindungsstil sind Healer, denn sie haben in ihrer Biografie gelernt, wie sie auf unbequeme Gefühle reagieren können. Ihre Bezugspersonen haben ihnen Werkzeuge mitgegeben, um konstruktiv mit Emotionen und emotionalen Bedürfnissen umzugehen. Dadurch, dass sie weniger Bindungstraumata erlebt haben, fällt es ihnen leichter, ruhig und gelassen zu bleiben. Selbst dann, wenn ihr Gegenüber zu seinen Schutzmechanismen greift.

Unser Bindungsstil ist kein Zufallsprodukt. Wir entwickeln einen bestimmten Bindungsstil aufgrund unserer Erfahrungen mit Menschen. Wer also ein Leader ist, hat erlebt, wie schmerzhaft Distanz, Trennung oder Abwertung ist. Und wer ein Rebel ist, musste Erfahrungen von Übergriffigkeit, Erwartungsdruck oder Einsamkeit machen. Verlustangst und Bindungsangst sind keine theoretischen Konstrukte, sondern (unterbewusste) Erinnerungen an bedrohliche Situationen.

Die Bindungstheorie gibt uns eine grobe Matrix, um auf andere und uns selbst verständnisvoll und liebevoll zu reagieren. Im Übrigen, warum ich den Bindungsstilen andere Namen gegeben habe, ob wir unseren Bindungsstil ändern können und vor allem, welche Dynamik sich zwischen den verschiedenen Bindungsstilen ergibt, habe ich ausführlicher in meinem ersten Buch *Smart Loving* beschrieben.

Kerngedanken

- Traumatisierende Ereignisse kreieren nicht zwangsläufig ein Trauma. Das Trauma ist die Veränderung aufgrund einer Erfahrung: Ein Trauma ist unser Schutzmechanismus, den wir nach einer erlebten Gefahr entwickelt haben.
- Durch unsere Unwissenheit über Traumata und Trigger entstehen weitere Verletzungen in unserer Beziehung.
- Selbst wenn die andere Person es nicht böse meint oder nicht besser weiß: Wir können nicht heilen, wenn jemand immer wieder in die Wunde sticht.
- Je früher oder je häufiger wir ein Bindungstrauma erleben, desto geringer ist unsere Reaktionsflexibilität. Unsere Reaktionsflexibilität gibt uns die Möglichkeit, anders auf Situationen zu reagieren und damit andere Erfahrungen zu sammeln.
- Der Blick in unser Gehirn kann uns helfen, von einem der häufigsten Vorwürfe und Streitthemen Abstand zu nehmen: dem Recht-haben-Wollen. Wir Menschen nehmen unterschiedliche Eindrücke wahr und verknüpfen sie mit Erfahrungen aus unserer Vergangenheit.
- Was für eine Person ein normaler Reiz ist, kann für eine andere Person ein Trigger sein.
- Trigger führen zu unwillkürlichen Reaktionen. Sie haben die Aufgabe, unser Überleben zu sichern. Reagiert jemand getriggert und greift an, dann tut er das nicht, weil er uns persönlich angreifen will. Wenn wir es schaffen, die Schutzmechanismen nicht persönlich zu nehmen und trotzdem offen zu bleiben, entsteht ein Raum für Heilung.

- Trigger und unsere Reaktionsketten sind kein Symbol unserer Schwäche oder unserer Zerbrechlichkeit. Sie sind ein Zeichen unserer Stärke: Wir haben etwas überlebt, das lebensbedrohlich für uns war – und das zeigt eher, wie stark wir sind.
- Die Bindungstheorie gibt uns eine Matrix, um zu verstehen, was Menschen im Beziehungskontext triggert und wie sie darauf reagieren.

Wie wir selbst unsere Schutzmechanismen sehen:

Wie andere unsere Schutzmechanismen wahrnehmen:

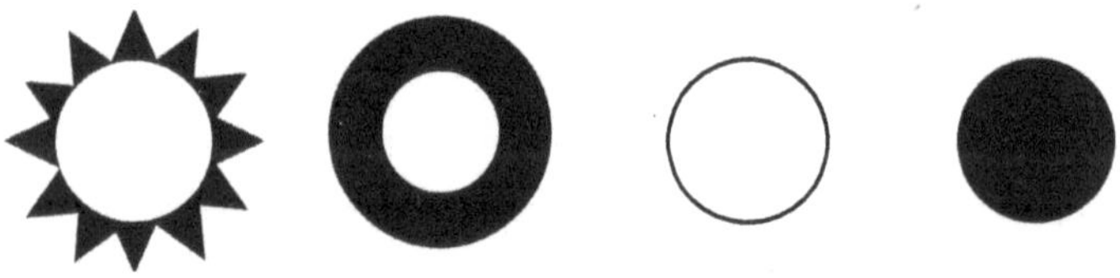

Fight
Es wirkt wie ein Angriff.

Flight
Es wirkt wie eine Mauer.

Fawn
Es wirkt, als gäbe es keine Verteidigung.

Freeze
Es wirkt, als wäre die Person abwesend.

Erwartungen – ein sensibler Balanceakt

Wie wir lieben, ohne uns selbst aufzugeben

In meinem Praxisraum steht eine dunkelgrüne Couch. Der Samtstoff ist weich – unsere Sinne steuern auch unser Innerstes und ich hatte irgendwo gelesen, dass flauschige Stoffe auch uns weicher werden lassen. Die Couch ist gerade so breit, dass zwei Personen gut darauf sitzen können, ohne sich zwangsweise berühren zu müssen. Aber sie ist so eng, dass Berührung fast automatisch passiert, wenn wir entspannt sind. Ich hatte viele gute Gedanken für dieses dunkelgrüne Sofa, aber nicht bedacht, dass meine Klient:innen eigentlich mehr Platz bräuchten.

Ganz oft mogelt sich nämlich ein Gast zwischen die Liebenden. Sein Name ist »Erwartung«. Mal verkleidet sie sich als Wunsch nach einem Blumenstrauß, ein anderes Mal als Wunsch nach mehr Unterstützung im Haushalt. Mal schimmert sie wie ein ferner Stern, der Erfüllung und Glückseligkeit verspricht. Und manchmal kommt sie um die Ecke, getarnt als unschuldige Frage: Wie viel Sex in der Woche ist denn nun normal?

Die meisten von uns möchten die Menschen, die sie lieben, glücklich wissen, und ihre Erwartungen zu erfüllen, ist ein Weg, um sie glücklich zu machen. Doch gleichzeitig können Erwartungen dazu führen, dass sich Beziehungen wie ein unsicherer Ort anfühlen und wir uns selbst oder die andere Person verlieren.

Der griechische Sagenheld Orpheus etwa zergeht vor Sehnsucht nach Eurydike. Seine Braut starb einen Tag nach der Hochzeit durch den Biss einer Schlange. Um seine Liebe zurückzuholen, reist Orpheus in die Unterwelt. Dort überzeugt er Hades und darf Eurydike wieder mit ins Reich der Lebenden bringen – unter einer Bedingung. Orpheus darf sich so lange nicht nach ihr umdrehen, bis sie es gemeinsam aus der Unterwelt geschafft haben.

Es wäre keine Sage ohne Drama, also wird Orpheus sich umdrehen und dadurch seine Geliebte verlieren. Die Tragödie ist nicht ihr wiederholter Tod. Tragisch ist, dass seine Sorge um Eurydike ihn dazu verleitete, sich umzudrehen. Auch diejenigen, die ungeduldig warten und klammern, tun das selten aus böser Absicht, sondern aus Liebe.

Säße Orpheus nun bei mir auf dieser dunkelgrünen Couch, was würde er wohl über seine Ungeduld und sein Umdrehen sagen? Er würde sicherlich bestreiten, dass er Druck machen oder Eurydike gar absichtlich verlieren wollte. Wahrscheinlich war er, wie auch wir Menschen, geplagt von einer nach Erfüllung schmachtenden Sehnsucht. Er konnte den ersten Tag ihres restlichen Lebens kaum erwarten (inspiriert von so manchem Poster-Spruch). Dieses Ziel war schon zum Greifen nah, da wurde er einfach ungeduldig. Auch ein griechischer Sagenheld verdient Mitgefühl, nicke ich, ja, es wäre nur logisch, dass er sich nach ihr sehnte, schließlich hatte er ja schon geglaubt, sie verloren zu haben, und ist extra für sie in die Unterwelt hinabgestiegen.

Vielleicht würde Orpheus dann erzählen, dass er sich unsicher war: Er hatte ihre Schritte nicht gehört. Flussnymphen wie Eurydike stelle ich mir nicht als besonders laute Wesen vor und vielleicht würde Orpheus diese Vorstellung bestätigen. Dann würde ihn vielleicht kurz die Erinnerung an sie überkommen. Glasige Augen, bevor er sich in ein anderes Gefühl flüchten würde. Wut zum Beispiel: Hades sei ja auch nicht der vertrauensvollste aller Götter. Was, wenn Hades ihn reingelegt hatte?

Natürlich hätte er prüfen müssen, ob es denn wirklich seine Eurydike sei. Und dann käme wohl auch die Wut auf sich selbst hoch und schließlich wäre da auch ein Teil wütend auf Eurydike. Er sei immerhin ein Risiko eingegangen und habe dafür gekämpft, dass sie wieder ins Reich der Lebenden darf. Hätte er da nicht *erwarten* können, dass sie sich mehr beeilt und ihm somit ihre Sehnsucht beweist? Wenn sie wollte, hätte sie doch, oder wollte sie einfach nicht?

7 Gründe für Erwartungen in unseren Beziehungen

1. Wir wünschen uns Bestätigung

Nähe kostet manchmal so viel und wie viel bist du bereit, für die Nähe zu ebendieser Person aufzugeben? Verbindung, Unterstützung, Interesse: Diese Wünsche pflegen wir nur, wenn wir unser Gegenüber wirklich schätzen und ihm unsererseits nah sein wollen. Selten wollen wir die andere Person verändern. Im Gegenteil, da ist eine große Liebe und Zuneigung für unsere Herzensmenschen – so, wie sie sind – wir würden nur gern die Bestätigung haben, dass sie genauso für uns fühlen.

2. Wir haben eine andere Normalität

Wenn wir damit aufgewachsen sind, dass unsere Mutter zu Hause bleibt und unser Vater jede Rechnung bezahlt, dann war das für uns normal. Wenn wir damit aufgewachsen sind, dass wir zum Geburtstag viele Geschenke bekommen, dann war das unsere Normalität. Wenn wir in vorherigen kürzeren Beziehungen immer begehrt wurden, dann war auch das unsere Normalität. Wir alle haben unser »normal«.

Doch unsere Illusion von Normalität ist ein Spiegelkabinett, in dem wir bald nicht mehr zwischen Ich und Du, Realität und

Vorstellung, Weg und nächster Beule unterscheiden können. Was für die eine Person möglich ist, kann auf eine andere Person unerreichbar, unnötig oder unverständlich wirken.

3. Wir fühlen uns einsam oder haben zu lange verzichtet

Einsamkeit treibt uns oft in Verzweiflung und Verzweiflung kann uns manchmal an unseren äußersten Rand bringen. Manchmal verzichten wir auf andere Wünsche, um mit der Person, die wir lieben, zusammen zu sein. Wir gehen Kompromisse ein, damit die Beziehung funktioniert. Doch je mehr wir verzichten, desto ungeduldiger werden wir. Wir fühlen uns, als würden wir emotional verhungern, und nach und nach werden die Zweifel größer: Was ist der Sinn einer Beziehung, wenn wir uns in ebendieser Beziehung ungeliebter und einsamer fühlen als alleine?

4. Wir halten unsere Wünsche für machbar

Häufig lieben wir andere so, wie wir gerne selbst geliebt werden würden. Wir teilen unsere Liebe und hoffen, dass unsere Liebe auch einen Weg zu uns zurückfindet. Deswegen wissen wir auch: Das, was wir uns wünschen, ist nicht unmöglich.

Manchmal sehen wir auch, wie unser Herzensmensch das, was wir uns wünschen, mit jemand anderem teilt. Dass für andere etwa Zeit ist oder Komplimente einfach über die Lippen kommen. Weil wir unsere Wünsche für machbar halten, machen wir sie zur Messlatte.

5. Unser Gerechtigkeitssinn fordert Ausgleich

Bisweilen treiben uns auch tiefe Werte wie Gerechtigkeit oder Fairness an. Unser Idealbild von modernen Beziehungen basiert auf Augenhöhe. Geben und Nehmen sind im Gleichgewicht. Doch wenn wir das Gefühl haben, wir übernehmen zu viel Verantwortung und kommen uns vor wie Mutter oder Vater, entstehen Verbitterung und Verachtung, Abhängigkeit und Überforderung. Wie schade, denn Gerechtigkeit ist ein wunderschöner Wert, und es gibt viele Wege, ihn zu leben.

6. Wir sehen das Potenzial im anderen

Wir erinnern uns an das Gute aus der Vergangenheit und ahnen manchmal sogar etwas, das unser Herzensmensch selbst noch in sich entdecken muss. Es kann eine Sehnsucht nach der Aufmerksamkeit aus der ersten Verliebtheitsphase sein oder nach der ungezwungenen Erotik vor der Kinderplanung. Wir sehen, wie liebevoll, aktiv oder gelassen unsere Herzensmenschen sein könnten, und möchten schon jetzt diese Version erleben.

Potenzial ist wie nach hell leuchtenden Sternen zu greifen und ich wäre nicht hier, würde ich dir das nun verbieten wollen. Doch darf es auch okay sein, diese Sterne erst mal nur leuchten zu lassen, ihr Strahlen brauchen wir vielleicht für unseren Weg nach Hause und nicht, weil wir Astronaut:in werden wollen.

7. Wir wollen miteinander verschmelzen

Wenn Paare sich zu nah sind, kann es zu einer Verschmelzung kommen. Verschmolzene Paare machen nichts mehr ohneeinander und treffen keine Entscheidung mehr ohne die Erlaubnis der anderen Person. Die Gefahr in dieser Verschmelzung ist, dass andere Meinungen, Ideen und Bedürfnisse bedrohlich wirken. Wir opfern persönliche Autonomie, vergessen unsere eigenen Bedürfnisse und unsere Identität.

Erwartungen entstehen aus Liebe

Wer Blumen möchte, kann sich in den meisten Fällen selbst welche kaufen. Wer einen Liebesbrief möchte, möchte selten einfach nur schöne Worte lesen. Wer eine Umarmung sucht, möchte nicht von irgendjemandem berührt werden. Bei den meisten romantischen (und auch pragmatischen) Erwartungen geht es nicht um die Sachebene. Meistens dreht es sich um die emotionale Bedeutung.

Jens wirft seiner Partnerin Egoismus vor: Sie lasse durch ihre Unpünktlichkeit andere warten. Bei gemeinsamen Projekten zeige sie nie die Initiative. Selbst beim Kochen vergesse sie regelmäßig seine Allergien. All das sind Beispiele, aus denen er irgendwann seine Schlüsse gezogen hat. Natürlich könne er alleine vorgehen, Projekte alleine umsetzen oder sich selbst um das Essen kümmern. Doch was ihn schmerzt, ist diese emotionale Enttäuschung: »Ich habe das Gefühl, dass ich in deinem Leben keine Rolle spiele. Oft frage ich mich, ob du an mich denkst. Deine Art, dich um dich selbst zu kümmern, lässt mich manchmal einsam und überfordert zurück. Es geht weniger um die Dinge, die du tust oder nicht tust. Es geht um deine Haltung mir gegenüber. Welchen Wert habe ich für dich? Wie wichtig bin ich dir?«

Wir alle wollen von der richtigen Person Zuwendung, Aufmerksamkeit oder Verständnis. Wenn unsere Erwartungen nicht erfüllt werden, interpretieren wir darin oft ein Desinteresse an uns als Person. Dadurch verwandeln sich unsere nachvollziehbaren Wünsche bisweilen in Kritik an unserem Gegenüber. Deswegen ist der Schritt zurück, die Suche nach der Beziehungsbedeutung, auch eine Möglichkeit, um Konflikte zu lösen und Kränkungen zu überwinden.

- Warum bedeuten dir Blumen/Nachrichten/Sex (oder was auch immer die Erwartung ist) so viel?
- Warum ist es dir wichtig, dies von deinem Herzensmenschen zu bekommen?
- Bei welchem emotionalen Bedürfnis brauchst du Unterstützung?
- Was gibt dir Sicherheit: Routinen, Interesse oder Klarheit?

Können wir wirklich zu bedürftig sein?

»Unsere Erwartungen sind Wünsche nach Kontakt. Wenn diese Erwartungen erfüllt werden, gibt uns das Sicherheit.« Als ich das meiner Klientin Janine erzähle, nickt sie stumm. Janine weiß längst, dass ihre Bitten eher nörgelig klingen und sie selbst wäre lieber die Version, in die sich ihr Partner verliebt hat: kreativ, offenherzig und charmant.

Janine geht es oberflächlich um den fehlenden Sex, doch schnell wird klar, dass es ihr um mehr geht. Sie möchte nicht, dass diese erste Verliebtheitsphase vorüber ist, sehnt sich nach der körperlichen Berührung, der persönlichen Bestätigung, der Zweisamkeit, dem erotischen Spiel.

Ein Teil von Janine will ihren Partner fragen und fragt nicht aus Angst vor Zurückweisung: »Es ist doch eine verkehrte Welt, wenn die Frau mehr Lust hat als der Mann. Ich fühle mich so falsch.« Ein anderer Teil in ihr will nicht fragen, denn sie will, dass ihr Partner sie will – und nicht nur Sex mit ihr hat, um sie glücklich zu machen: »Bin ich denn so unattraktiv, dass er mich nicht begehrt?«

Dieser innere Zwiespalt, gefüttert von beißender Selbstkritik, klingt laut ausgesprochen polternder und harscher, als es gedacht war: »Mir fehlt die Leidenschaft.« Daraus wird beizeiten auch ein »Du bist nicht leidenschaftlich genug«.

Doch warum behalten wir, so wie Janine, unseren Wunsch nach Nähe eher für uns? Warum werden unsere Erwartungen denn nicht als der Wunsch nach Kontakt verstanden, der sie im Kern sind? Warum werten wir uns ab, wenn wir nach Verbindung suchen, obwohl Verbindung erst unser Überleben als Menschen gesichert hat?

Auf die Frage, ob wir wirklich zu bedürftig sind, gibt es nicht die eine Antwort. Denn die Antwort liegt immer in dem Wechselspiel zwischen zwei Personen. Ein »Zuviel« entsteht immer durch den Kontrast. Wenn sich zwei Bedürfnisse ähneln, gibt es kein Zuviel oder Zuwenig. Wenn eine Person es liebt, berührt zu werden, und die andere Person es liebt, zu berühren, fühlen sich beide richtig und können den Moment einfach genießen.

Erst durch Differenz entsteht eine Bewertung. Wenn eine Person die körperliche Nähe braucht, die andere Person aber gerade nur sich selbst spüren möchte, sind dies gegensätzliche Bedürfnisse. Wir können sie nicht im gleichen Moment erfüllen, aber vielleicht erst das eine und später das andere.

Jemanden als »zu bedürftig« oder »zu sensibel« oder »zu anstrengend« zu bezeichnen, ist eine Abwertung. All dies sind keine Charaktereigenschaften oder Beschreibungen einer Situation. Sehr oft liegt diese Abwertung an Missverständnissen.

7 Gründe für Missverständnisse in Beziehungen

Wenn Missverständnisse auf einer Sachebene vorkommen, können wir diese meist schnell lösen: Sollten wir etwa einen Termin übersehen oder nicht das Richtige aus dem Supermarkt mitgebracht haben, finden wir dafür eine Lösung. Doch wenn

Missverständnisse schwerer wiegen, dann meist, weil es um unerfüllte Erwartungen geht.

1. Unser Ruf nach Nähe wird scheinbar nicht gehört

Manchmal äußern sich unsere unerfüllten Bedürfnisse als leiser Schmerz, als ein Flüstern tief in unserem Innersten. Ein anderes Mal brüllen sie wie ein Sturm und verlangen danach, SOFORT gehört und erfüllt zu werden. Als menschliche Wesen sehnen wir uns nicht nur nach Nahrung und Schlaf. Wir verlangen auch nach Verbindung, Liebe, Verständnis und Zugehörigkeit. Diese Bedürfnisse liegen in unserer menschlichen Natur.

Mit dem Vergehen von unbeantworteten Bitten und halb fertigen Aktionen wird aus dem Bedürfnis eine Erwartung. Der Ton kippt. Er wird drängender, klammernder, dominanter. Dann ist es so schwer, noch die Verbindung zu sehen.

2. Wir verbinden Gesten mit Bedeutung

Wir alle haben gelernt, bestimmte Gesten als Zeichen von Liebe, Akzeptanz, Wohlwollen oder Zärtlichkeit zu lesen. Aber diese Interpretation ist nicht universell. Es gibt kein Wörterbuch, in dem definiert ist, welche Geste wie viel Liebe bedeutet.

Außerdem geht es bei Liebesbekundungen ja nicht nur um die Geste. Es geht um das Interesse. Es geht um das Zuhören, Merken und Mitdenken: Liebt dein Herzensmensch alle Blumen, findet er rote Rosen kitschig, mag sie Sonnenblumen am meisten? Liebt er es zu kochen, findet aber den Abwasch anstrengend? Findet sie einen Klaps auf den Po übergriffig, liebt es aber, am Hals geküsst zu werden? Um Antworten auf diese Fragen zu finden, braucht es Gespräche, neugieriges Nachfragen und eine scharfe Beobachtungsgabe. Doch diese Dinge können wir lernen.

3. Wir wollen, dass die andere Person uns nah sein will

Vielleicht hast du schon einmal erlebt, dass dein Herzensmensch etwas tut, was du dir wünschst, aber dann fühlte es sich trotzdem falsch an – oder du warst die Person, die getan hat, was dein Gegenüber von dir erwartet hat, nur um trotzdem kritisiert zu werden? Das scheint natürlich widersprüchlich. Wir sollten doch glücklich und zufrieden sein, wenn wir bekommen, was wir uns wünschen.

Darin liegt das Missverständnis: Es geht weniger um die Sache (die Blumen, den Ring, die Umarmung) als um das Gefühl, gewollt zu werden. Es geht uns nicht darum, dass die andere Person unsere Wünsche wie Punkte auf einer To-do-Liste abhakt. Vielmehr geht es um Aufmerksamkeit, Großzügigkeit und Handlungsbereitschaft. All das sind Zeichen von Liebe.

Wir wollen niemanden in ein Korsett von Liebe hineinpressen. Viel eher geht es uns darum, dass die Person hinter die Fassade blickt. Wir suchen ein zartes Echo, um zu wissen, dass unsere Liebe auch erwidert wird.

Dann kann es natürlich sein, dass dieses Warten auf Liebe und Zuwendung kaum auszuhalten ist. In der Zeit, in der die andere Person noch prüft, ob sie uns nah sein möchte, fehlt uns ein Echo. Wir sind unsicher und aus dieser Unsicherheit heraus suchen wir nach noch mehr Zusicherung im Außen.

4. Wir sehen in dem Nicht-Erfüllen ein Zeichen dafür, dass wir nicht liebenswert sind

In dem Moment, in dem wir uns verletzlich machen, wird oft auch klar: Hinter unerfüllten Erwartungen sitzen auch Selbstkritik und fehlendes Vertrauen. Während wir warten, haben wir viel Zeit, um unsere negativen Glaubenssätze in die Leerstellen einzufügen: Wir lesen in der fehlenden Nachricht ein »Ich bin dir nicht wichtig«; die fehlenden Blumen sind ein Zeichen für »Du interessierst dich nicht für mich«; der fehlende Sex zeigt uns: »Ich bin nicht begehrenswert.«

Es kann helfen, sich daran zu erinnern, dass unerfüllte Bedürfnisse kein Spiegelbild unserer Wertigkeit oder Liebenswürdigkeit sind. Sie sind kein Zeichen für einen Fehler in uns, sondern vielmehr eine Chance für Wachstum und Selbstentdeckung in einer Beziehung.

5. Wir kommunizieren unsere Bedürfnisse nicht passend für unser Gegenüber

Manche sind so klar darin, wenn sie ihre Bedürfnisse ausdrücken, dass sie Konjunktive und zarte Bitten nicht als Wünsche wahrnehmen. Andere wiederum sind so weich in ihrem Ausdruck, dass es sie überfordert oder einschränkt, wenn der Ton messerscharf klingt.

Wenn wir unsere Bedürfnisse kommunizieren, müssen wir auch auf unser Gegenüber achten und es miteinbeziehen. Es liegt in unserer Verantwortung, an die andere Seite zu denken, wenn wir einen Wunsch an es richten.

6. Wir halten uns selbst für zu bedürftig

Oft halten wir uns selbst für zu bedürftig oder anspruchsvoll. Um also nicht abgelehnt zu werden, zögern wir unsere Bitten so lange hinaus, bis wir explodieren. Mit dieser Explosion wiederum können die meisten Menschen schwer umgehen.

Es ist kein Zeichen von Schwäche, frühzeitig die Hand auszustrecken und unsere Bedürfnisse mit vertrauten Menschen zu teilen.

7. Wir machen jemanden für unsere Bedürfnisse verantwortlich

Emotionale Bedürfnisse brauchen ein Gegenüber. Für die meisten zumindest macht es einen Unterschied, ob sie sich selbst Zuspruch, Anerkennung oder körperliche Berührungen geben oder ob sie dies von einem Lieblingsmenschen erhalten. Doch manchmal hat unser Gegenüber ein komplett anderes Bedürfnis und möchte sich zunächst um sein eigenes Bedürfnis kümmern. Es scheint, als würden zwei Bedürfnisse in Konkurrenz stehen.

Wenn wir uns eingestehen, dass in erster Linie wir selbst für unsere Bedürfnisse verantwortlich sind, kann unser Gegenüber uns auf Augenhöhe begegnen. Machen wir die andere Person dafür verantwortlich, kippt das Verhältnis.

Du bist nicht du, wenn du (emotional) hungrig bist

Die Wissenschaft zeigt in unterschiedlichen Studien, dass wir durch emotionale Kälte genau das Gegenteil erreichen von dem, was sich viele Eltern wünschen, nämlich gesunde, mutige und zufriedene Kinder. Fehlen Akzeptanz, Schutz oder Respekt, kann sich das in einem unsicheren Bindungsstil, einem geringen Selbstwertgefühl und Schwierigkeiten in sozialen Beziehungen zeigen. Doch auch emotionale Schwierigkeiten, das Risiko, an Depressionen, Angststörungen oder anderen psychischen Krankheiten zu erkranken, oder Verhaltensprobleme wie Impulskontrolle, Schwierigkeiten beim Konzentrieren oder Aggression als Folgen emotionaler Kälte wurden in Studien immer wieder bestätigt.

Je präsenter, konsistenter und schneller Bezugspersonen die Bedürfnisse ihrer Kinder ernst nehmen, desto selbstbewusster, widerstandsfähiger, kreativer und offener werden die Kinder später in ihrem Erwachsenenleben sein. Doch gleichzeitig gilt: Selbstständigkeit bedeutet nicht, alles alleine schaffen zu müssen. Selbstständigkeit zeigt sich darin, dass wir unterscheiden können, wann wir die Unterstützung anderer Menschen brauchen und wann wir selbst mehr ins Tun kommen dürfen. Und daran ändert auch unser Alter oder Abschluss nichts. Und ja, wir machen uns abhängig, wenn wir uns jemandem anvertrauen oder eine Person um Hilfe bitten – und das ist ein Geschenk. Damit sage ich nicht, dass wir unser weiches, pochendes, starkes Herz achtlos anderen zuschmeißen müssen oder dass andere für unser Glück verantwortlich sind. Aber ich wünsche uns, dass es normaler wird, sich miteinander verbinden zu wollen.

Verschmelzung und übersteigerte Unabhängigkeit: Können wir zu viel des Guten haben?

Martin suchte mich mit einem ungewöhnlichen Anliegen auf. Sein Partner hat sich von ihm getrennt, denn Martin hatte ihn betrogen. Warum er bei mir saß, klang zunächst ungewöhnlich. Nein, er wollte seinen Partner nicht zurückgewinnen. Doch dass er sich nicht nach der Beziehung zurücksehnte, war das, was sein Umfeld und ihn selbst irritierte. Denn er bereute seinen Fehltritt nicht. Doch wieso würde jemand, der emotional kalt ist, eine Therapiesitzung in Anspruch nehmen?

Natürlich tat es Martin leid, seinen Partner verletzt zu haben. Natürlich spürte er den Schmerz, die Scham, die Schuld. Doch das Gefühl, das Martin mehr als alles andere spürte, war Erleichterung. Die beiden waren lange Zeit so eng gewesen, dass sie miteinander verschmolzen waren.

Verschmelzen in einer Beziehung die Partner:innen, gibt es zwischen ihnen keine Grenze mehr. Dadurch fühlt sich eine Person oft verantwortlich für die Gefühle einer anderen Person und sie verliert eine gesunde Eigenständigkeit. Unterschiedliche Meinungen, eigene Freund:innen oder ein eigenes Hobby kann sich wie ein Betrug oder Beziehungsaus anfühlen.

Martin merkte im Laufe der Zeit, dass er sich selbst besser spüren konnte, wenn er für sich war. Doch je öfter er etwas alleine tun wollte, desto mehr musste er seine Liebe beteuern und Aktivitäten als Paar planen: Ein Samstag für sich allein bedeutete Paarzeit am Sonntag. Wenn er drei Tage mit anderen verbrachte, musste der gemeinsame Urlaub mindestens doppelt so lange dauern. Rational konnte Martin diese Wünsche absolut nachvollziehen. Emotional fühlte es sich an wie ein Gefängnis. Für ihn waren die kleinen Gesten der Liebe bald keine kleinen Gesten mehr, sondern To-dos. Denn erfüllte er sie nicht, so war sein Partner frustriert, einsam, wütend oder alles auf einmal.

Martin entschied sich über eine lange Zeit für das Funktionieren. Er trug eine Maske der Liebe, doch je länger er diese Maske trug, desto mehr zweifelte er an der Echtheit seiner Gefühle.

Die Fragen, die Martin seinem Partner nicht stellen konnte: »Kannst du mich auch lieben, wenn ich deine Erwartungen nicht erfülle? Gibst du mir die Erlaubnis, meine Zuneigung auf eine andere Weise zu zeigen? Siehst du, dass gerade mein Streben in die Unabhängigkeit ein Versuch ist, unsere Beziehung zu retten? Merkst du, dass deine Schuldzuweisungen so schwer wiegen, dass ich die Leichtigkeit einer Beziehung nicht mehr spüren kann? Darf ich meine Liebe so ausdrücken, wie ich sie fühle, oder muss sie deinen Erwartungen entsprechen?« Hätte Martin sagen können, was er fühlt, ohne die Angst vor Konsequenzen, so hätte er Folgendes mit seinem Partner geteilt: »Ich möchte dich glücklich sehen. Und zugleich hast du emotionale

Bedürfnisse, die ich alleine nicht stillen kann – oder zumindest weiß ich nicht, wie ich sie stillen kann. Diese Erwartung lässt mich gefrieren, sie nimmt mir meine Kreativität und mein Selbstbewusstsein und meine Liebe, denn alles, was ich noch spüre, sind deine Gefühle. Doch ich wünsche mir tief in meiner Seele, dass ich ausreiche oder dass du mir das Vertrauen geben kannst, dass ich dich liebe, auch wenn meine Aktionen nicht deinem Bild von Liebe entsprechen.«

In der Liebe brauchen wir sowohl Nähe als auch Autonomie

Wenn Verschmelzung das eine Extrem ist, dann ist Hyperindependenz, also eine übersteigerte Unabhängigkeit, das andere Extrem. So wie Verbindung gesund und wichtig ist, brauchen wir auch eine gesunde Unabhängigkeit und Selbstständigkeit als Erwachsene. Doch in einer Gesellschaft, die Unabhängigkeit feiert, kippen wir schnell zwischen den Extremen. Hyperindependenz hat den Effekt, dass wir nicht mehr um Hilfe bitten, dass wir auf Menschen herabblicken, die empathisch sind oder unsere Unterstützung suchen. Es bedeutet, dass wir uns von jeglicher Verantwortung für andere lossprechen – aber unser Verhalten hat nun mal einen Effekt auf unser Umfeld. Hyperindependenz bedeutet in Beziehungen, dass wir uns nie wirklich aufeinander einlassen. Und das blockiert uns wiederum darin, eine gesunde Beziehung zu führen.

Ich selbst kenne es gut, Dinge lieber ohne Hilfe umzusetzen, und habe lange nicht gewusst, dass es so etwas wie Hyperindependenz überhaupt gibt. Mir wurde schon früh zurückgespiegelt, wie selbstständig ich bin – und ich würde lügen, wenn meine Eigenständigkeit nicht auch viele Vorteile mit sich gebracht hat. Ich wuchs in einer Blase auf, in der es zugleich wichtig war, für andere da zu sein, und ich mich doch auf mich allein gestellt fühlte. Es war mein »Normal«, bis ich es in unterschiedlichen Beziehungen neu kennenlernte.

Meistens wissen wir, dass das Leben leichter ist, wenn wir die Hilfe von anderen bekommen. Aber der Teil in mir, der gelernt hatte, über die Maßen eigenständig zu sein, fand genau das beängstigend. Andere um Hilfe zu bitten, mich ihnen zuzumuten oder ihnen zu versuchen zu erklären, was ich denn bräuchte, hatte diesen Teil mehr Überwindung und Zeit gekostet, als die Dinge einfach selbst zu tun. Weil ich diesen inneren Zwiespalt kenne, möchte ich dich darin ermutigen, aus deiner Komfortzone auszubrechen. Auch mit dem Wissen, dass jede Veränderung, selbst eine positive, sich am Anfang so anfühlt, als wären wir auf dem falschen Weg. Wir zweifeln und es ist unbequem und für manche fühlt es sich sogar an, als würde ein Teil von ihnen sterben. All diese Gefühle sind normal, wenn wir uns verändern.

Die Balance zwischen Nähe und Autonomie brauchen wir für Wachstum

Die Schönheit von Beziehungen liegt nicht in ihrer Fähigkeit, uns einzuschränken, sondern in ihrer Fähigkeit, uns zu nähren und wachsen zu lassen. Beziehungen, die mit Intention und Authentizität geschmiedet werden, sind ein fruchtbarer Boden für Selbstentdeckung und Wachstum. Beziehungen gleichen einem Spiegel, durch den wir unser eigenes Wesen reflektiert sehen können und der uns einlädt, tiefer in unsere eigenen Gedanken einzudringen.

Wann etwa sind wir kreativer: dann, wenn wir Angst vor Kritik, vor sozialem Ausschluss, vor Fehlern haben, oder wenn wir wissen, dass wir nicht versagen können und liebende Menschen immer hinter uns stehen?

In den Armen eines geliebten Menschen finden wir Trost und Begleitung, die uns sanft zuflüstert: »Du bist nicht allein.« In seiner Gegenwart schöpfen wir den Mut, uns unseren tiefsten Ängsten und Schwächen zu stellen, im Vertrauen darauf, dass wir gehalten und unterstützt werden. Und wenn wir unsere Triumphe und Misserfolge, unsere Träume und Ängste miteinander teilen, werden wir daran erinnert, dass gegenseitige Bezugnahme der Schlüssel ist, der uns die Türen zu unserer individuellen Größe öffnet.

Durch Beziehungen lernen wir die Kunst des Kompromisses, das empfindliche Gleichgewicht zwischen Autonomie und Verbundenheit zu finden. Wir entdecken, dass wahre Freiheit nicht in der Isolation liegt, sondern im harmonischen Tanz von Geben und Nehmen, in dem Grenzen respektiert und Individualität gefeiert wird.

7 Ursachen für eine übersteigerte Unabhängigkeit

Dadurch, dass wir als Gesellschaft aber eher nach Unabhängigkeit und Freiheit streben, kippt die Waage oft Richtung Hyperindependenz. Deswegen ist es wichtig, reflektieren zu können, wann unser Sinn nach Freiheit uns mehr schadet als guttut und welchen tieferliegenden Ursachen er entspringt.

1. Wir sind es gewohnt, unabhängig zu sein

Auf andere angewiesen zu sein, kann sich manchmal anfühlen wie ein Gefängnis. Es liegt eine unbändige Freiheit darin, auf keine Meinung, auf kein fremdes Geld, auf keine fremde Hilfe angewiesen zu sein. Ein wenig so, als würde man nur mit Handgepäck reisen, und während alle anderen noch am Gepäckband warten, ist man selbst schon unterwegs ins nächste Abenteuer. Doch wenn wir aus Prinzip mit Handgepäck reisen und Dinge zurücklassen, die wir auf unserer Reise lieb gewonnen haben, dann beschneiden wir uns selbst.

2. Wir haben Angst vor Verletzlichkeit

Wir tragen Masken der Unverwundbarkeit und haben Angst, der Welt unser zerbrechliches, unvollkommenes Ich zu offenbaren. Um Hilfe zu bitten, sich auf andere einzulassen, überhaupt der Gedanke, mit einer anderen Person ein ganzes Leben aufzubauen, erscheint uns gruselig. Kalte Mauern um unser Innerstes zu errichten, schützt uns natürlich vor dem Blick von außen. Aber uns erreicht auch nichts mehr von dem Schönen und Guten dieser Welt.

Verletzlichkeit ist nun mal der Ort, an dem Magie geschieht. Es passiert in den rohen, unordentlichen, unvollkommenen Momenten, in denen wir echte Verbindung und Wachstum entdecken.

3. Wir sind überlastet

Wir mögen stolz darauf sein, niemanden zu brauchen, aber das hat seinen Preis. Die Ironie ist, dass uns dieser Anschein von extremer Unabhängigkeit oft ermüdet und isoliert. Denn je überlasteter wir sind, desto mehr flüchten wir in das, was funktioniert hat: unsere Unabhängigkeit. Wir versagen uns damit selbst die Gnade gemeinsamer Erfahrungen, den Trost von Verbindung und die Weisheit, die aus dem gemeinsamen Wachstum herrührt.

4. Wir haben Schwierigkeiten, anderen zu vertrauen

Anderen zu vertrauen, kann für uns als hyperunabhängige Menschen eine Herausforderung sein. Möglicherweise haben wir in der Vergangenheit Erfahrungen gemacht, wegen derer wir das Vertrauen in andere verloren haben. Das Resultat ist eine allgemeine Skepsis und ein Widerwillen, sich auf andere Menschen zu verlassen.

5. Wir haben Angst vor Intimität

Unterstützung zu suchen, um Hilfe zu bitten und anderen zu erlauben, zu unserer Entwicklung beizutragen, bringt uns Menschen näher. Und das kann uns manchmal vorkommen, als wären wir ihnen emotional ausgeliefert. Intimität ist ein mutiger Akt der Hingabe – und zugleich eine Voraussetzung, um sich lebendig und nah zu fühlen.

6. Wir haben ein starkes Bedürfnis nach Kontrolle

Auch als extrem unabhängige Menschen haben wir ein Bedürfnis nach Sicherheit. Doch wo kein Vertrauen ist, ist Kontrolle. Das kann bei der Planung des Urlaubs eine Rolle spielen genauso wie beim Fällen von Entscheidungen. Andere nicht in diese Prozesse miteinzubeziehen, kann dazu führen, dass sie sich ausgeschlossen fühlen. Wir vermitteln ihnen im schlimmsten Fall, dass wir sie nicht wollen – und nicht nur, dass wir sie nicht brauchen.

7. Wir wurden für unsere Bedürfnisse abgestraft

Wenn unsere emotionalen Bedürfnisse unerfüllt geblieben sind, lernen wir, sie zu ignorieren. Später entwerten wir all diejenigen, die Nähe oder Empathie einfordern. Es lässt uns regelrecht wütend werden, wenn andere Menschen Hilfe bekommen, wenn wir selbst nicht in unseren Bitten gehört wurden. Manchmal macht es uns bitter, wenn wir sehen, dass andere ihre Emotionen ausdrücken dürfen, weil wir selbst nicht den Raum dafür bekommen haben.

Unser Ruf nach Fairness und Gerechtigkeit kann darauf hinweisen, dass unsere emotionalen Bedürfnisse nicht gestillt wurden und wir daraufhin eine Weltsicht entwickelt haben, in der für emotionale Bedürfnisse grundsätzlich kein Platz sein durfte. Wenn nun aber jemand dafür eintritt – und auch noch gehört wird –, erschüttert das unsere Glaubenssätze und das Bild von einer fairen Welt.

Wie finden wir die Balance zwischen Erwartung und Eigenständigkeit?

Niemanden in seine Nähe kommen zu lassen und nicht für sich einstehen zu können, sind wie die zwei Endpunkte einer Skala. Beide Extreme werden von Ängsten angetrieben, die uns manchmal daran hindern, wirklich zu lieben und zu leben. Erwartungen, welche die andere Person zum Retter, zur Retterin aus unserer Einsamkeit machen, können dazu führen, dass wir zu hohe Ansprüche an die andere Person stellen. Dadurch spüren wir nicht mehr ihre Überforderung, ihre Liebe, ihr Bedürfnis nach Akzeptanz und Zeit für sich.

Nur für sich selbst zu sein, schließt andere selbstredend genauso aus. Beide Male sabotieren wir uns selbst und nehmen uns die Möglichkeit, Beziehungen als Kraftort zu erleben.

Nähe und Unabhängigkeit sind in gesunden Beziehungen weniger fixe Größen als vielmehr Zustände, die sich spielerisch abwechseln und ergänzen. So wie beim Tanzen. Stell dir vor, zwei Erwachsene, die auf eigenen Beinen stehen und sich auf eine gemeinsame Melodie einlassen. Jemanden für 3 Minuten und 34 Sekunden auf seinen Armen herumzutragen, ist kein Tanz. Wenn eine Person ungeduldig versucht, die Führung zu übernehmen, während die andere noch dabei ist, den Rhythmus zu finden, dann ist auch das kein Tanz. Und wenn jemand resigniert zur Bar geht, um sich einen Drink zu holen, dann ist das erst recht kein Tanz. Sicher, all das könnte in einem Tanzkurs vorkommen, aber es vermittelt nicht dieses gesunde, nachhaltige und spaßige Gefühl, das man beim Tanzen haben sollte.

Die Sache ist die: Die wahre Schönheit eines Tanzes liegt in der harmonischen Partnerschaft zwischen zwei Menschen. Es ist ein empfindliches Gleichgewicht aus Vertrauen, Verbindung und Synchronizität. Bei einem echten Tanz bewegen sich zwei Menschen miteinander.

Erst wenn beide Individuen in ihrer eigenen Stärke und Unabhängigkeit geerdet sind, wird ein Tanz zu einer faszinierenden Darstellung von Einheit. Es ist ein Tanz, bei dem keiner dominiert oder blind folgt, sondern beide in einen leidenschaftlichen Austausch von Energie und Ausdruck eintreten. Sie gleiten mühelos über den Boden, erforschen den Raum zwischen sich und reagieren auf die Bewegungen des anderen mit Anmut und Geschmeidigkeit.

Und ja, es mag Momente der Verletzlichkeit und Unsicherheit geben, in denen eine Person stolpert oder den Halt verliert.

Aber genau in diesen Momenten entfaltet sich der wahre Zauber des Tanzes. In diesen Momenten der Unvollkommenheit vertieft sich das Band zwischen den beiden, da sie sich gegenseitig mit Zärtlichkeit und Verständnis unterstützen und aufrichten.

Ein echter Tanz in einer Beziehung ist eine kontinuierliche Reise der Erforschung, des Wachstums und der gemeinsamen Freude. Es geht darum, die Spontaneität und das Unbekannte zu umarmen und zu wissen, dass sie gemeinsam etwas Außergewöhnliches schaffen können. Es geht nicht darum, sich starr an vordefinierte Rollen oder Erwartungen zu halten, sondern darum, sich die Freiheit zu nehmen, sich zu bewegen und sich authentisch auszudrücken.

Lass uns versuchen, Beziehungen zu schaffen, die Tänzen ähneln – wo Vertrauen, Respekt und gegenseitiges Verständnis die Leitprinzipien sind. Erinnern wir uns daran, dass ein wahrer Tanz nicht nur eine Abfolge von Schritten ist, sondern die optimale Mischung aus Individualität und Zweisamkeit.

Kerngedanken

- Erwartungen sind normal. Es geht darum, sie zu kommunizieren und abzugleichen.
- Manchmal ist das Problem hinter Erwartungen Verschmelzung. Wir sind so sehr miteinander verwoben, dass wir nicht mehr unterscheiden zwischen unseren Wünschen und den Wünschen einer anderen Person.
- Es ist nicht leicht, ein Gleichgewicht zwischen Nähe und Autonomie zu finden. Trotzdem brauchen wir für ein glückliches Leben und lebendige Beziehungen beides.
- Unser Bindungsstil verrät, wie wir mit unseren Bedürfnissen umgehen.

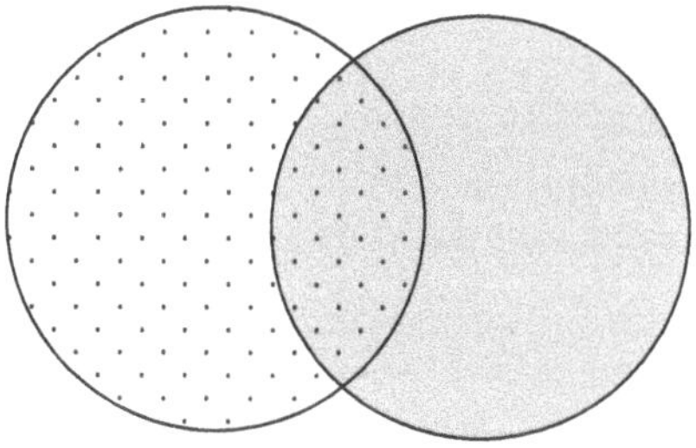

Ein gesundes Verhältnis aus Nähe und Eigenständigkeit. Zwei Menschen bereichern sich gegenseitig. Durch die Verbindung entsteht etwas Neues.

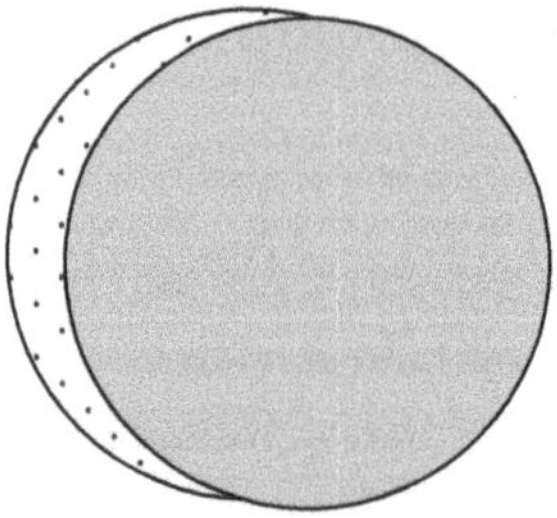

Verschmelzung: Eine Person verliert sich in der anderen. Ihre Besonderheiten sind nicht mehr sichtbar.

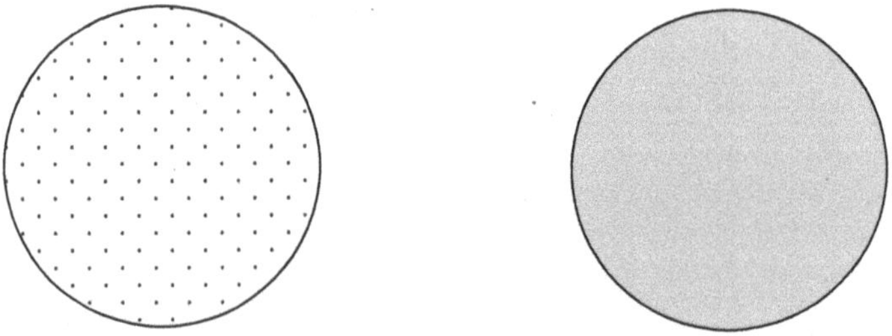

Hyperindependenz: Verbindung wird vermieden, selbst wenn dies beide bereichern würde.

Innere Blockade:
Scham hindert uns daran, etwas zu verändern

Wir müssen nicht jede Verletzung bis ins Detail besprechen. Aber es gibt emotionale Verletzungen, die so tief sind, dass wir richtig merken, wie etwas in uns sich verschließt. Mit einem Ex-Freund hatte ich so einen Konflikt. Das Absurde: Ich weiß heute nicht einmal mehr, was das Thema war oder was mich so verletzt hatte, dass ich noch Tage später immer wieder daran dachte. Ich erinnere mich an die tiefe Überzeugung, dass, wenn ich ihm nur mit Liebe und Verständnis und einem offenen Herzen von meinem Schmerz erzählen würde, er mich dann verstehen würde. Ich müsste nur Worte wählen, die ihm meine Sichtweise näherbringen könnten. Worte, die leicht und liebevoll klangen. Ich müsste noch mehr an mir und daran arbeiten, dass mein Herz sich nicht verschließt.

Ich schrieb meine wohlgewählten Worte auf. Sie bestanden aus 80 Prozent Liebe und 20 Prozent Schmerz, aus Ich-Botschaften. Und las ihm die Seiten vor. Darauf sagte er nichts. Eingefroren, sein Blick zum Boden. Ich fragte ungeduldig nach, so ein offenes Herz wiegt schwer.

»So ist das nicht gewesen.«

»Aber mich hat es verletzt und ich wünsche mir, dass wir was verändern.«

»Du bist zu sensibel.«

Mein Magen drehte sich um, kein Ton mehr aus meinem Hals. Das Gespräch zog sich in meiner Erinnerung über Stunden, obwohl es vielleicht gar nicht so war. Jeden Versuch, ihm meinen Schmerz zu beschreiben, erstickte er im Keim. Ich wusste nicht, wo ich falsch abgebogen war. In meinem Kopf rotierten Selbstzweifel (»Was hatte ich falsch gemacht?«), Wut (»Wie konntest du so auf mein Herz einprügeln?«), Irritation (»Wieso klappte das mit dem offenen Herzen so schlecht?«) und Ernüchterung (»Bei dir kann ich mich nicht verletzlich zeigen!«). Erst in meiner Arbeit als Paartherapeutin lernte ich, dass ich bei all den – teils spirituell angehauchten – Aufforderungen zur Authentizität etwas vergessen hatte: ihn – und was mein Schmerz mit ihm macht. Doch was das genau bedeutete, konnte ich erst mit etwas Abstand verstehen.

In diesem Kapitel geht es um Scham und Schuld. Denn insbesondere Scham ist eine Blockade, die uns daran hindert, etwas zu verändern und aus negativen Endlosschleifen auszubrechen. Gleichzeitig ist uns nicht immer klar, dass wir überhaupt Scham spüren, geschweige denn, wie wir dieses Gefühl auflösen können.

Olives Schmerz nahm die ganze Praxis ein. Sie versuchte mit allen Mitteln, ihrem Mann beizubringen, wie schmerzhaft die Situation für sie war. Wenn er alle Gläser außer ihrem abspülte. Wenn sie hörte, dass ihre beste Freundin einen Heiratsantrag bekam. Wenn das Abendessen kalt und ungenießbar war, weil er zu spät nach Hause kam. Maschinengewitter nannte er ihren Monolog. Sie fühlte sich ungehört, missverstanden und erneut verletzt: »Jetzt bin ich wieder die Böse.«

Währenddessen wurde ihr Mann, Ibrahim, immer kleiner. Er zog sich zusammen und wirkte plötzlich so klein wie ein 13-jähriger Junge, der nicht wusste, was er sagen sollte. Er legte eine Hand auf ihr Knie. Sie schob sie weg. Immer wieder setzte er an und begann mit den Worten, dass es nicht so schlimm sei, dass es nur eine Ausnahme sei, dass er sie doch lieben würde.

Sie sei die Einzige, die ein Problem mit dieser Beziehung hätte – er wäre glücklich. Eine gut gemeinte Aussage. Er traf damit in das Auge ihres Schmerzes. Denn sie fühlte sich einsam und alleingelassen und dass er diese Einsamkeit noch nicht einmal teilte, ließ sie noch tiefer sinken: »Ich bin das Problem. Ich bin zu anspruchsvoll. Ich bin zu emotional.« Er starrte den Boden an, als wäre dort eine Tür.

In diesem Augenblick konnte ich verstehen, was mit meinem damaligen Partner passiert war. Auch er starrte den Boden hilflos an – unfähig, die passenden Worte zu finden. Aus der Distanz erkannte ich in dem gekrümmten Rücken und den hängenden Schultern das Gefühl, auf der Anklagebank zu sitzen für ein Verbrechen, von dem sie nicht wussten, dass es eines war. Ich sah, dass es keine Absicht war. Sah die Unfähigkeit, die Zeit zurückdrehen zu können. Sah das Wissen, dass keine Worte diesen Schmerz heilen würden. Sah die Geschwindigkeit, mit der er zu einem Gefangenen seiner inneren Welt wurde. Die Emotion, die im Raum stand, war Scham.

5 Schutzmechanismen, die aus Scham geboren werden

1. Wir kritisieren uns selbst

Wenn wir gelernt haben, dass es keinen Raum für Fehler gibt, dann bedeutet jeder Fehler, dass wir selbst ein einziger Fehler sind. Scham trifft uns im Kern unserer Persönlichkeit. Sie lässt uns denken, dass wir schlecht sind, unzulänglich und weder Liebe noch Gnade verdient haben. Es geht nicht nur darum, einen Fehler gemacht zu haben. Wir sind der Fehler. Wenn wir uns zuerst kritisieren, trifft uns die Meinung anderer nicht so stark.

2. Wir fliehen aus der Situation

Meist versuchen wir erst mal, aus einer peinlichen Situation zu fliehen. Wir wollen, dass der Erdboden uns verschluckt, ziehen uns in uns selbst zurück und schweigen. Doch wir können uns auch in unseren Verstand flüchten, um die Emotion nicht mehr zu spüren. Dann beginnen wir zu rationalisieren und suchen nach Argumenten, um recht zu bekommen. Wir verneinen das, was passiert ist: »Ich soll das gemacht haben? So stimmt das nicht!« Oder wir reden die Dinge klein und beschönigen sie: »So schlimm war das nicht. Stell dich nicht so an.« Manchmal lügen wir auch: »Nein, ich hab das nicht gemacht. Das musst du dir einbilden.« Und natürlich finden wir viele »gute Argumente«, um eben nicht die Schuld zu tragen.

3. Wir suchen die Schuld woanders

Wenn es nicht klappt, zu fliehen, verteidigen wir uns, indem wir die Schuld umkehren. Projektionen sind ein schlauer Trick, um sich nicht für das Geschehene verantwortlich zu fühlen. Wir ordnen das Problem der anderen Person zu und sind frei von jeglicher Schuld. Manchmal rechtfertigen wir unser Verhalten auch mit dem Verhalten der anderen Person: »Wenn du nicht X gemacht hättest, hätte ich nicht so reagiert.«

4. Wir greifen an

Wenn die andere Person es wagt, trotz allem an ihrem Schmerz festzuhalten, greifen wir an. Wir suchen die Fehler bei der anderen Person: »Du hast mich neulich auch verletzt.« Oder: »Du hast doch selbst genau diesen Fehler auch schon gemacht – und ich hab es einfach runtergeschluckt.« Manchmal greifen wir an, indem wir die andere Person für ihre Verletzlichkeit kritisieren oder Nebenschauplätze aufmachen: »Nicht ich habe dich verletzt, du bist nur so leicht zu verletzen.« Auch schlaue, in anderen Kontexten sinnvolle Sätze werden nun zur Waffe: »Du bist verantwortlich für deine Gefühle. Ich kann nichts dafür, dass du dich so fühlst, wie du dich fühlst.« Manchmal beginnen wir auch, der anderen Person psychische Instabilität anzudichten oder ihre Vergangenheit als Grund für ihre Verletzlichkeit zu missbrauchen.

5. Wir überhöhen uns selbst

Scham greift unseren Selbstwert an und ein Weg, diesen wieder zu stabilisieren, ist Selbsterhöhung. Wir erzählen uns selbst, wie großartig wir sind, wie unfehlbar. Die andere Person müsste doch dankbar sein, mit uns zusammen zu sein: »Du kannst doch froh sein, mit mir zusammen zu sein. So jemanden wie mich findest du kein zweites Mal.« Oder: »Was willst du eigentlich noch von mir? Ich mach doch schon alles, was du willst.«

Wenn wir uns schämen, drehen wir uns um uns selbst

Der Antreiber hinter diesen destruktiven und selbstzerstörerischen Schutzmechanismen ist Scham. Während wir in unseren emotionalen Schützengräben kauern, ist es natürlich schwer, offen für Liebe und Neues zu sein. Ironischerweise verletzen wir andere durch unsere Schutzmechanismen erst recht. Durch Selbstüberhöhung, Schuldumkehr oder Angriff vermitteln wir anderen, dass sie falsch seien oder dass sie kein Recht darauf hätten, auf Veränderung zu hoffen.

So führen erst diese Schutzmechanismen zum Beziehungsabbruch: Wer darüber reden möchte, dass er oder sie sich verletzt fühlt, sucht nach Verständnis, Veränderung und Heilung. Die Person sieht das Gute in uns. Doch manchmal nervt uns genau dieses Gespräch. Wir möchten mit unseren Fehlern nicht im

Fokus stehen. Welches Gefühl unterdrücken wir mit unserer Gereiztheit: Scham oder Schuld?

Scham und Schuld sind zwei Emotionen, die oft miteinander verwechselt werden. Für unsere Beziehung macht es aber einen großen Unterschied, ob wir Scham oder Schuld spüren.

Gerald Fishkin beschreibt in seinem Buch *The Science of Shame and Its Treatment,* dass Schuld vor allem unseren präfrontalen Kortex aktiviert, also den Teil, in dem wir unsere rationalen Gedanken formen. Scham löst hingegen eine Stressreaktion in unserem Gehirn aus, und so aktiviert die Amygdala bei Scham auch wieder Kampf- und Fluchtreaktionen.

Studien zeigen, dass unser Gehirn sowohl bei Scham als auch bei Schuld Adrenalin ausschüttet.

Schamgefühle blockieren uns eher und versetzen uns in Alarmbereitschaft. Denn Scham macht Aussagen über uns als Person. Wir beginnen uns selbst zu kritisieren und sehen in uns nur noch das Schlechte. Doch das ist selbstvernichtend und zerstörerisch, denn für unser Gehirn ist es egal, ob die Abwertung von anderen oder uns selbst kommt. Wir hören den Ruf nach Wiedergutmachung, nach Reue, nach Veränderung nicht mehr. Denn wir als Person sind falsch, nicht nur das, was wir getan haben. Scham hindert uns daran, Verantwortung für unser Verhalten zu übernehmen. Selbstreflexion wird zur Gefahr – und das sabotiert glückliche und lebendige Beziehungen.

Schuld hingegen aktiviert uns eher und so können wir etwas verändern. Schuld lässt uns einsehen, dass wir einen Fehler gemacht haben, und gibt uns so viel Energie wie möglich, um diesen Fehler zu beheben. Das ist in den meisten Fällen gesund und für unser Zusammenleben nützlich. Schuldgefühle können zu persönlichem Wachstum und positiven Veränderungen führen. Schuld kann also ein echter Katalysator für Entwicklung sein. Wenn Schuld so viel gesünder und konstruktiver ist, warum fühlen wir dann eher Scham als Schuld?

7 Gründe, warum wir uns in Scham verlieren, anstatt Schuld zu empfinden

1. Emotionale Konditionierung

Wir wurden in der Vergangenheit so oft mit Abwertung bestraft, wenn wir einen Fehler gemacht hatten, dass wir irgendwann bei einem Fehler automatisch Scham fühlten. Inzwischen haben wir uns die Worte unserer Umwelt zu eigen gemacht und halten ihre Zuschreibungen für Fakten. Gerade als Kinder sind wir wie kleine Schwämme, die diese Phrasen aufsaugen. Wenn also unsere Bezugspersonen auf unsere Fehler mit harscher Kritik, Spott oder Ablehnung reagierten, ist es absolut nachvollziehbar, dass wir auch als Erwachsene in Scham ertrinken, wenn wir einen Fehler machen.

2. Religion oder Kultur

Religion und Kultur üben einen immensen Einfluss auf unser Gefühl für richtig und falsch aus. Diese Institutionen waren über Jahrhunderte ein nicht zu hinterfragender moralischer Kompass. Scham ist dabei eines der machtvollsten Manipulationswerkzeuge, um Menschen bestimmte Moralvorstellungen aufzuzwingen. Zwei Beispiele dafür sind Homosexualität und Abtreibungen. In beiden Fällen wird Scham als Instrument benutzt, um Menschen in Moralvorstellungen zu pressen, ungeachtet dem heutigen Zeitgeist, der jeweiligen Situation oder der individuellen Persönlichkeit.

Mach dir bewusst, dass Scham lange Zeit zur Kontrolle missbraucht wurde. Entwickle deinen eigenen Kompass aus deinen

Werten, indem du dich bildest, mit Menschen sprichst und die Welt beobachtest.

3. Mobbing und Ausschluss

Mobbing und Ausgrenzung hinterlassen Narben in unserem Selbstbild, die auch später immer wieder aufflammen können. Selbst dann, wenn wir rational wissen, dass wir nur eine Projektionsfläche waren.

Wenn andere sich über uns lustig gemacht oder uns gequält haben, rechtfertigen sie ihr Verhalten mit unserer Unzulänglichkeit. Sie bekämpfen einen Teil in sich, den sie in dir erkennen, oder sie können es nicht ertragen, dass du etwas lebst, das sie noch nicht leben können.

Es war ihr Schmerz, ihre Angst oder ihr Minderwertigkeitskomplex, warum du ausgegrenzt wurdest und dir psychische Gewalt angetan wurde.

4. Familiengeheimnisse

Familiengeheimnisse trennen uns vom Rest der Welt. Egal, ob es um Gewalt in der Familie, um Alkohol, um Schulden oder andere Tabus geht: Schweigen zu müssen, um andere zu schützen, kann uns innerlich spalten. Wir spüren das Erbe der Scham, selbst wenn es nichts gibt, für das wir uns objektiv schämen müssten. Sich anderen offen und ehrlich zu zeigen, würde einem Verrat an der eigenen Familie gleichkommen.

5. Traumata, die wir mit uns tragen

Es gibt kaum ein Trauma, das nicht mit Scham verbunden ist: Wer Opfer wurde und sich nicht (genug) wehren konnte, spürt sie manchmal. Manche Grausamkeiten sind so tabuisiert oder allgegenwärtig, dass es leichter fällt, die Schuld bei den Opfern zu suchen. Opfer-Beschuldigung ist immer auch eine Beschämung. In manchen Fällen schämen wir uns sogar dafür, dass wir überlebt haben. »Survivor's Guilt«, das Schuldgefühl der Überlebenden, ist etwas, das uns niederdrückt.

Eine Gesellschaft, in der wir noch heute über Hotpants-Verbote an Schulen diskutieren, hat noch viel über Schutz und emotionale Sicherheit, über Verantwortung und Trauma zu lernen. Erlaube dir, die Scham loszulassen, denn sie führt die Gewalt gegen dich weiter. Scham hindert uns daran, um Hilfe zu bitten und gehört zu werden.

6. Das gefährliche Spiel mit Vergleichen

Die Vergleichsfalle ist klebrig-tückisch. Auf der einen Seite wissen wir, wie toxisch sie ist und dass wir nicht alles glauben dürfen, was wir sehen. Auf der anderen Seite sind wir vom Wettbewerb besessen. Es gibt kaum eine Domäne in unserem Leben, in der wir nicht auch in Konkurrenz mit anderen stehen. Social Media hat einem toxischen Muster einen fruchtbaren Boden gegeben, denn der Vergleich ist älter als Instagram. Wenn wir fürchten, dass wir nie geliebt werden können, weil wir die Ziellinie nicht erreichen und sich diese Ziellinie permanent verschiebt, dann gibt es das Risiko, auch permanent in Scham zu ertrinken.

Wir müssen uns von diesem Spiel befreien und unseren eigenen, einzigartigen, chaotischen und schönen Marathon annehmen.

7. Das Gefängnis eines starren Selbstbildes

Ich wusste nicht, dass ich eine Wahl hatte, bis ich Carol Dwecks Buch *Selbstbild* gelesen hatte. Sie beschreibt, dass es Menschen gibt, die keinen Raum für ihre Entwicklung sehen. So wie sie geboren wurden, so sind sie. Zum Beispiel lernen sie früh, dass sie Talente haben und dass alles andere sowieso Zeitverschwendung ist. Und dann gibt es Kinder, die mit dem Gedanken groß werden, dass Fehler in Ordnung sind, dass Scheitern dazugehört und dass Herausforderungen Wachstum bedeuten. Sie definieren sich nicht durch ihre Talente, sondern durch das Meistern von Herausforderungen.

Ein starres Selbstbild ist ein Gefängnis, in dem selbst kleine Veränderungen nicht gesehen werden. Scheitern und Fehler werden zum Beweis für unsere angeborene Unwürdigkeit. Ein flexibles Selbstbild gibt uns Freiheit und die Möglichkeit, diese mentalen Grenzen unserer Identität zu sprengen.

Fehlerfreundlichkeit: Ein Ausweg aus dem Teufelskreis

Wenn wir verletzt wurden und das Gespräch suchen, wünschen wir uns Trost, Wiedergutmachung und auch Reue.

Wir wollen nicht, dass die andere Person sich abwertet, aber eben die Schuld annimmt. Denn nur wenn die Person Verantwortung übernimmt und ihr Verhalten ändert, wissen wir, dass sie uns nicht noch mal verletzt.

Doch wer Scham empfindet, fühlt sich in seinem Selbstwert angegriffen und greift zu bereits genannten Schutzmechanismen. Mit diesen Schutzmechanismen verletzten wir Menschen, die wir sowieso schon verletzt haben. Es beginnt ein Teufelskreis, der uns von der eigentlichen Verletzung abbringt. Dann geht es nicht mehr um das ursprüngliche Thema, sondern um den Umgang mit Verletzungen.

Beginnt jemand aus Scham zu verletzten, steht die eh schon verletzte Person vor einem Dilemma. Entweder sie gibt direkt auf, in den Kontakt zu treten. Doch das führt über kurz oder lang dazu, dass sie sich abwendet. Denn das Gegenüber ist schließlich nicht sicher und eine potenzielle Quelle von Schmerz. Der Kontaktabbruch verletzt aber genauso und lässt andere unwissend zurück.

Oder die verletzte Person versucht erneut, auf ihren Schmerz hinzuweisen. Doch wenn das Gegenüber mit der Emotion von Scham nicht gut umgehen kann, greift sie tendenziell zu Vermeidung, Rechtfertigung oder einem Gegenangriff. Scham möchte ein Vergehen vergessen und wegschieben. Scham in einem Teufelskreis kann uns weit auseinandertreiben und beide Seiten verletzt zurücklassen. Solange die Scham dominiert, können wir nicht gemeinsam heilen. Doch wie können wir aus diesen ewigen Zyklen ausbrechen?

Ein Weg wäre eine Beziehungskultur, in der Ehrlichkeit, Verantwortung und Fehlerfreundlichkeit wichtiger sind als Perfektion.

Fehlern mit Offenheit zu begegnen, bedeutet nicht, sie zu ignorieren oder kleinzureden. Vielmehr geht es darum, einen Fauxpas als Fauxpas stehen zu lassen, anstatt die ganze Persönlichkeit zu einem Fehler zu machen. Fehlerfreundlichkeit bedeutet, andere für ihren Mut, nun ehrlich zu sein, zu sehen und nicht auf dem Fehler rumzureiten. Es bedeutet, dass wir aus uns selbst heraus Verantwortung für unser Verhalten übernehmen, es verändern und uns nicht zu einer Änderung gezwungen fühlen. Und es kann bedeuten, dass wir auch mit uns selbst gnädiger sind und uns erlauben, auch mal zu scheitern.

Zu wissen, dass die Person aus ihrer Scham heraus reagiert, wie sie reagiert, ist eine erste Schutzweste für unser Herz. Dieses Wissen schwächt ihren Angriff auf uns ab. Denn sobald wir etwas benennen und verstehen können, verliert es seinen Schrecken: »Name it to tame it« – »benenne es, um es zu zähmen«. In ihrem Buch *Achtsame Kommunikation* geben Daniel Siegel und Tina Bryson diesen Leitsatz mit, um gerade Kindern bei unbequemen Emotionen Orientierung zu geben. Wenn wir unseren Emotionen einen Namen geben, verstehen wir sie besser und können leichter mit ihnen umgehen. Und das gilt nicht nur, wenn wir mit unseren eigenen Gefühlen in Kontakt kommen. Auch wenn die Emotionen anderer uns überrennen, kann es uns helfen, sie auszusprechen und zu sortieren.

Was Scham für unsere Beziehung bedeutet

Wenn wir auf Fehler mit Verständnis reagieren, kann dies unserem Gegenüber helfen, mehr Verantwortung für die eigenen Fehler zu übernehmen. Uns selbst wiederum hilft es, verständnisvoll zu bleiben, wenn wir den Kontext für das Schamgefühl kennen: Scham wächst nämlich mit der Wichtigkeit, die die Menschen für uns haben. Ist uns jemand egal, sind wir kurz peinlich berührt. Doch wenn wir jemanden lieben, kann uns das Gefühl überfluten. Gerade wenn wir jemanden enttäuschen, der uns viel bedeutet, ist die Scham kaum auszuhalten und die Angst vor Ausschluss viel größer. Wir möchten niemanden verlieren, der uns so viel bedeutet. Scham ist menschlich und sie löst bei uns allen erst mal Stress aus. Wir müssen uns für diese Reaktion nicht schämen. Ohne Scham wären wir Psychopath:innen.

Wenn Menschen einen Fehler begehen, machen wir ihre Fehler schnell zu ihrer Persönlichkeit. Begehen wir selbst einen Fehler, finden wir den Grund eher im Außen. Wir nennen diesen Denkfehler »fundamentaler Attributionsfehler«. Wenn wir selbst etwa ein Geschenk vergessen haben, waren wir einfach im Stress. Vergisst jemand anderes etwas, ist die Person unaufmerksam oder egoistisch. Wird eine Frau im Meeting lauter, ist sie »hysterisch«. Sind wir selbst laut, dann mussten wir uns in diesem Augenblick durchsetzen. Diese Zuschreibungen fördern ein Schamgefühl, denn Scham sagt eben, dass eine Person falsch ist und nicht, dass sie sich unpassend verhalten hat. Die Scham einer Person im Kontext unserer Beziehung zu sehen, ist ein Gegengewicht zu diesem Denkfehler.

Gleichzeitig bedeutet Fehlerfreundlichkeit nicht, dass wir unsere eigenen Gefühle herunterschlucken müssen. Milde und Großzügigkeit gehen in beide Richtungen, und so braucht es auch Verständnis dafür, dass Menschen eben auch emotionale Reaktionen auf Verletzungen haben.

In einer Situation, in der man selbst verletzt wurde, auch noch empathisch an die andere Person zu denken, ist anstrengend und unfair. Deswegen ist die Kenntnis der Bindungsbedeutung, also das Wissen darum, dass Emotion auch an die Beziehung zwischen zwei Menschen gekoppelt ist, eine Schutzweste. Aber Liebe sollte kein Ort sein, an dem wir dauerhaft Schutzwesten tragen.

Liebe kann auch ein Ort sein, um zu heilen. Wenn wir uns beide in der Verantwortung dafür sehen. Oft sind wir so von unserem Schmerz eingenommen, dass wir einen Schuldigen im Außen suchen und vergessen, dass auch wir selbst Verantwortung übernehmen müssen. Gemeinsam zu heilen bedeutet, gemeinsam zu wachsen. Dazu möchte ich eine meiner eigenen Erfahrungen mit dir teilen.

Etwas, das fast alle meine Expartner verbindet, war ihre Angewohnheit, zu spät zu kommen. Meistens waren es gediegene 15 Minuten, die akademische Viertelstunde, die ich gekonnt weglächelte. Aber ich habe auch schon drei Stunden auf Menschen gewartet. Zu spät kamen diese Männer nicht nur bei mir, es war wohl eher ihre Grundeinstellung. Auch in ihrem Bekanntenkreis waren sie als notorisch unpünktlich bekannt. Sie wagten es im Land der Kuckucksuhren, nach ihrer inneren Uhr zu leben. »Respektlos«, »faul«, »arrogant«, »egozentrisch«, »unorganisiert«, »verplant« waren so einige der Adjektive, mit denen dieses Kapitalverbrechen verurteilt wurde. Dabei stört es mich eigentlich wenig, wenn andere Personen zu spät kommen – denn das Leben hat sein eigenes Timing.

Warum Pünktlichkeit dann trotzdem zum Konfliktthema in unseren Beziehungen wurde? Mir persönlich war es schrecklich unangenehm, selbst zu spät zu kommen. Denn auch wenn ich diesen Maßstab nicht an andere stelle: Ich halte mich selbst, wenn ich zu spät komme, für eine furchtbare Person. Ich schäme mich und vor allem denke ich, dass ich andere mit meiner Unpünktlichkeit auch noch belaste. Sie müssten dann warten oder vielleicht noch mal aufstehen, um mir die Tür aufzumachen – das wäre natürlich furchtbar unangenehm. Ich wurde nicht mit der nötigen Wurschtigkeit und Selbstliebe ausgestattet.

Jemanden zu lieben, der notorisch unpünktlich ist, und gleichzeitig selbst ungern zu spät zu kommen, hat in mir einen unglaublichen Konflikt ausgelöst. Entweder ging ich das Risiko ein, nicht mehr geliebt zu werden, denn in meinem Kopf würde ich den Wartenden viel zu viel abverlangen. Oder ich ging das Risiko ein, nicht mehr geliebt zu werden, denn wie könnte ich meinem Partner zumuten, alleine die Scham der Unpünktlichkeit auf sich zu nehmen?

Meinen Lösungsvorschlag richtete ich erst mal an die andere Person: Ändere dich bitte. Sei pünktlich, dann muss ich mich nicht schämen oder diese innere Zerrissenheit spüren.

Ich versuchte lange, meine Partner also zu erziehen und in einer Gesellschaft, die Pünktlichkeit schätzt, hat man sehr viele »gute Argumente«: dass es mir gegenüber respektlos sei, dass es anderen gegenüber respektlos sei, dass Zeitmanagement zum Erwachsensein dazugehöre, dass ich nicht die Verantwortung tragen wolle, dass es arrogant wirke. Ich konnte mich ganz wunderbar auf die andere Person einschießen – das kulturelle Ideal gab mir ja recht – und damit ungeniert meine eigene Scham ignorieren. Immer wieder dachte ich, dass ich einfach lernen müsste, mein Bedürfnis nach Pünktlichkeit zu kommunizieren, und dass es ihre Lernaufgabe sei, pünktlicher zu werden.

Das war natürlich ein Erfolgsrezept für Konflikte.

Erst als ich gelernt hatte, meinem inneren Kritiker mit freundlichem Desinteresse und mir selbst mit mehr Gnade zu begegnen, stresste mich Unpünktlichkeit nicht mehr. Ich hörte auf zu kontrollieren, Vorgaben zu machen, Zeitpuffer einzuplanen, wütend zu sein, beleidigt zu sein, auf mein Recht zu bestehen. Stattdessen hatte ich Platz für Frieden und Leichtigkeit. Meine tatsächliche Lernaufgabe war also nicht, meine Partner umzuerziehen, sondern in mir die Angst zu heilen, dass ich ausgeschlossen werde, wenn ich anders bin. Es ging darum, meine eigene Scham zu heilen, indem ich mir erlaubte, Fehler zu machen und gleichzeitig mein Verhalten anzupassen.

Was ich mit dieser Anekdote sagen möchte: Selbst wenn wir glauben, im Recht zu sein, haben wir trotzdem Dinge zu lernen. Die meisten Konflikte in einer Beziehung bestehen aus Verletzungen auf beiden Seiten. Wären wir mit einem Thema schon »fertig«, könnten wir mit Wohlwollen und Güte auf die andere Person eingehen. Wir könnten ihr den Raum geben, ihre Scham zu heilen. Denn wir hätten das Vertrauen, dass wir gemeinsam aus diesem Schamzyklus ausbrechen werden.

Gemeinsam zu heilen bedeutet auch, gemeinsam zu lernen, die emotionalen Zustände unserer Herzensmenschen zu erkennen und anzunehmen. Vielleicht ist dies dann nicht mehr der direkte Weg, um Gehör zu finden, denn wir müssten uns auf die andere Person und ihre innere Welt einlassen. Doch je eher wir die emotionalen Hinweise einer Person lesen, desto zufriedener werden wir. Dieses Talent macht uns gesünder und wir bekommen seltener psychische Krankheiten.

Wie also können wir auf Scham reagieren und dadurch eine tiefere Art von Vertrauen entwickeln?

7 hilfreiche Wege, um aus Scham und Beschämung auszusteigen

1. Übe dich darin, Menschen nicht zu bewerten und zu verurteilen

Verurteilungen sind die Giftpflanzen unseres Alltags. Diese Giftpflanzen wirken so, als würden sie ins Bild gehören, und doch kann die falsche Menge Ausschlag, Schock oder Beziehungstod bedeuten. Wenn jemand lügt oder betrügt, dann ist die Person ein Lügner und Betrüger. Kritische Zuschreibungen und herabwürdigende Vergleiche verletzen. Sie machen aus Handlungen Identitäten und verunsichern alle, die sie hören – denn wer wirft keinen prüfenden Blick in den Spiegel, wenn über Dritte gelästert wird?

Frei von Verurteilung zu sein, befreit auch uns. Durch eine mitfühlende Einstellung und achtsame Worte erschaffen wir eine Kultur von Fehlerfreundlichkeit, Akzeptanz und Toleranz.

2. Nimm dich selbst und die andere Person ernst

Wenn wir Menschen die Scham nehmen wollen, ist unser erster Reflex oft, unsere eigenen Schmerzen kleinzureden oder ihnen zu versichern, dass sie gut sind, so wie sie sind. Wir meinen, damit jemand sein Gesicht wahren kann, müssen wir unseren Schmerz ignorieren. Doch damit verschließen wir auch die Augen vor der Person und verleugnen etwas von uns selbst.

Nur wenn wir auch unsere eigenen Schmerzen und Gefühle ernst nehmen, können wir die Scham der anderen Person ernst nehmen. Auch Scham ist eine Emotion, die durchlebt werden möchte.

- »Ich merke, dass du dich schämst. Was würdest du gerne anders machen?«
- »Ich bin verletzt und ich brauche keinen Schuldigen. Aber du kannst mir helfen, diesen Schmerz zu heilen, indem du mir einfach zuhörst. Ich brauche das Gefühl, dass es okay ist, dass ich mich verletzt zeige.«

3. Feiere auch die kleinen Veränderungen

Manchmal entsteht Scham dadurch, dass wir unser Schuldgefühl ignoriert und eben nichts verändert haben. Für die meisten Menschen ist Veränderung allerdings schwierig, gerade wenn es um eigene Verhaltensweisen oder Denkmuster geht. Wir müssen uns dazu raus aus unserer Komfortzone begeben und damit ist Veränderung für mich die schönste Form von Unsicherheit.

Der Blick von außen bestätigt uns, ob unsere Veränderungen wirklich in die richtige Richtung gehen. Die Anerkennung selbst kleiner Änderungen ist wichtig. In der Praxis erlebe ich immer wieder, dass eine Person etwas verändert, aber die andere Person skeptisch oder noch nicht zufrieden wirkt. Diese Skepsis kann verunsichern, Zuspruch hingegen kann uns motivieren und die nötige Sicherheit geben, um uns noch weiter aus unserer Komfortzone zu bewegen. Dafür müssen wir als Verletzte die Anklage nicht fallen lassen. Im Gegenteil: Je mehr wir den Prozess wahrnehmen, desto eher unterstützen wir unser Gegenüber auf seiner Reise. Es kann helfen, für die eigene Reaktion Verantwortung zu übernehmen.

- »Danke, dass du präsent bleibst und einfach nur zuhörst. Ich weiß, wie schwer es ist, sich nicht zu verteidigen.«
- »Auch wenn ich vielleicht skeptisch wirke, ich sehe, dass du etwas veränderst, und bin dankbar dafür.«

4. Pflanze einen Garten von Empathie

Manchmal verletzen wir unsere Liebsten, um mit ihnen in Beziehung bleiben zu können. Zum Beispiel setzen wir Grenzen, die andere erst mal ausschließen. Oder wir bitten um eine Veränderung, die anstrengend sein kann und tatsächlich sagt, dass nicht alles perfekt ist. Ein gesunder Egoismus kann andere für einen Moment ausschließen und das Gefühl vermitteln, dass sie nicht wichtig sind. Selbst wenn die Intention eine positive ist, können wir Menschen mit diesem Verhalten verletzen.

Empathie hilft uns anzuerkennen, dass wir alle diese Zwickmühlen und Entscheidungen kennen. Die meisten von uns haben in ihrer Vergangenheit Dinge getan, die ihnen selbst guttaten, und dafür in Kauf genommen, dass es anderen nicht so gut ging. Eine neue Perspektive einnehmen zu können und sich der eigenen Menschlichkeit bewusst zu werden, ist ein gutes Mittel gegen Scham.

- »Wenn Menschen sich nah sind, kommt es vor, dass sie sich verletzen.«
- »Auch ich habe schon einmal Dinge getan, die andere verletzt haben.«
- »Ich hätte vielleicht anders reagiert oder mir gewünscht, dass du mit der Situation anders umgegangen wärst – aber ich kann verstehen, warum du so gehandelt hast.«

5. Begegne dem anderen mit Geduld

Neue Wege gehen wir immer langsamer als gewohnte. Sich auf unbekanntem Terrain zu bewegen, lässt uns jedes Wort, jede Handlung, gar unsere Gedanken prüfend beobachten. Was es deswegen unbedingt braucht, ist Geduld.

Gespräche über alte Verletzungen beginnen manchmal zäh und vielleicht enden sie sogar zäh. Wir dürfen uns selbst Zeit geben, denn nicht immer haben wir die perfekten Worte sofort parat, selbst wenn wir davor schon das perfekte Skript geschrieben haben. Versucht in solchen Gesprächen, gnädig zu reagieren, nicht jedes Wort persönlich zu nehmen oder auf die Goldwaage zu legen. Wir dürfen uns erlauben, die Intention hinter den Worten zu sehen. In einem Leben, das zu schnell ist, ist es ein Akt der liebevollen Rebellion, geduldig zu sein und darauf zu vertrauen, dass Menschen es gut meinen.

- »Lass dir Zeit. Es ist okay, dass du nach Worten ringst.«
- »Versuch es einfach noch mal mit anderen Worten. Wir alle brauchen manchmal Zeit, bis wir die richtigen gefunden haben.«

6. Entdecke die Scham hinter den Schutzmechanismen

Im Alltag verbirgt sich Scham oft hinter lauten Schutzmechanismen. Wir sprechen das Gefühl der Scham nicht an, sondern leben es aus. Wir beginnen uns zu verstecken, zurückzuziehen oder zu verteidigen. Doch Verteidigung ist aus der Perspektive des anderen immer auch ein Angriff und ein Rückzug kann sich wie ein Liebesentzug anfühlen. Nicht unbedingt hilfreich.

Stattdessen kann es helfen, über die Scham zu sprechen, um der Beschämung zu entkommen. Entweder man selbst spricht das Gefühl der Scham aus. Oder die andere Person schafft es, hinter die Schutzmechanismen zu blicken, ohne ein Urteil zu fällen. Doch da wir nicht Gedanken lesen können, empfehle ich, vorsichtig nachzufragen, ob das die entsprechende Emotion ist. Mit Neugierde und Offenheit kreieren wir einen Raum für ehrliche Verbindung und Verantwortung.

- »Ich würde mich an deiner Stelle wahrscheinlich auch zu Unrecht verurteilt fühlen. Reagierst du deswegen mit Rechtfertigungen?«
- »Wenn du so laut sprichst, habe ich das Gefühl, dass du auf mich wütend bist, und möchte mich verteidigen.«

7. Entscheidet euch aktiv für eine Veränderung

Wenn jemand uns trotz unserer Fehler mit Empathie begegnet, kann uns das helfen, auch uns selbst in einem milderen Licht zu sehen. Verständnis lässt uns durchatmen.

Sicherlich können und sollten wir anerkennen, dass jeder Mensch eine Vergangenheit hat, die ihn auch negativ geprägt hat. Doch Verständnis für unsere Vergangenheit bedeutet nicht, dass andere auch in Zukunft unser Verhalten hinnehmen müssen. Es liegt in unserer Verantwortung, diesen Vertrauensvorschuss zurückzuzahlen. Wir dürfen unsere Vergangenheit nicht nutzen, um uns von Scham und Schuld freizusprechen.

Es liegt an uns, uns nicht mehr länger über unser Trauma zu definieren. Wir haben die Wahl, dass unsere Handlungen lauter für uns sprechen als unsere Erfahrungen.

Selbstakzeptanz: Wir sind mehr als unsere Scham, unsere Vergangenheit oder unsere Schutzmechanismen

Doch was passiert, wenn wir diejenigen sind, die sich schämen? Wie können wir uns einem Gefühl stellen, für das wir andere brauchen? Und wenn Vermeidung bis jetzt gut funktioniert hat, wie sollen wir über unseren eigenen schambehafteten Schatten springen?

Die Tür geht auf. Nur wenige Stunden vorher ein emotionales Pingpongspiel zwischen Lena und Claus. Die beiden waren bei Freund:innen. Sie meinte es gut mit ihrem Kommentar, doch Claus fühlte sich bloßgestellt. Er rollte mit den Augen. *Ping.* Durch seinen Blick fühlte sich Lena verurteilt und so, als hätte sie etwas falsch gemacht. Dabei war es weder schlimm noch wollte sie ihm etwas Schlechtes. Sie reagierte mit Schweigen und Rückzug. *Pong.* Ihre Kälte wiederum fühlte sich für Claus nach Bestrafung an. Er habe nichts Schlimmes gesagt und auch nichts Schlimmes getan, ihr Rückzug sei wenig hilfreich. *Ping.* »Dann muss ich wohl das Problem sein«, antwortete Lena. *Pong.* Claus versuchte, sie zu umarmen, doch für sie fühlte es sich an, als sollte sie sich wieder beruhigen. *Ping.* Von dieser Geschichte war ich ein wenig verwundert. Schließlich hatte ich bereits erlebt, dass beide zugewandt aufeinander zugehen konnten und viel präsenter und offener miteinander umgingen. Also musste mehr dahinterstecken.

Lena begann, aus ihrer Perspektive zu erzählen. Das Thema war Scham oder besser gesagt: Lena hatte das Gefühl, dass sich Claus für sie und durch sie schämen würde. Es verletzte sie, dass ihr gut gemeinter Kommentar so falsch bei Claus ankam. Ihre Kränkung wollte Lena aber auch nicht teilen, sie waren schließlich in der Öffentlichkeit. Das Beste, was sie also tun konnte, um nicht noch mehr Blicke auf sich zu ziehen, war Rückzug. Doch sobald sie sich zurückzog, wurde die Scham nur noch größer: Sie wusste insgeheim, dass dieser Rückzug die Situation nicht besser machen würde und dass sie selbst nicht so reagieren wollte. Sie wäre gern weiter in ihrer Entwicklung. Die Scham ließ sie nicht nur im Erdboden versinken, sondern in Selbstzweifeln.

Doch auch Claus schämte sich. Ja, der Kommentar war vielleicht gut gemeint, aber er setzte eine seiner nicht so schönen Eigenschaften ins Rampenlicht. Dass Lena sich dann auch noch sichtlich zurückzog, erinnerte ihn daran, wie er auf dem Schulhof vor allen anderen einen Korb bekommen hatte. Es war eine öffentliche Zurückweisung. Er wusste, dass Lena diesen Rückzug brauchte, um sich selbst zu regulieren. Aber zugleich wusste er auch nicht, was er sonst noch hätte tun können.

Scham blockiert unser Denken und Handeln. Und selbst wenn wir in anderen Situationen wüssten, was das Richtige wäre, können wir manchmal nicht aus unserer Haut. Doch gerade deswegen ist es wichtig, über Scham reden zu können. Vielleicht nicht am Abend, in der Öffentlichkeit. Aber später, in einem sicheren Rahmen.

In der Sitzung sprachen wir offen über Scham und welchen Umgang sie damit bisher kennengelernt haben. Beide erinnern sich an das konstante Gefühl, dass sie falsch seien, so wie sie sind. Und dass die Enttäuschung ihrer Eltern ihnen wenig Raum für Wiedergutmachung gab. Sie spürten also eher Scham als Schuld.

Lenas Eltern drückten ihr Missfallen über Gesten und korrigierende Worte aus. Sie kannte Augenrollen also recht gut – das war ihr Trigger. Und auf diesen Trigger reagierte sie mit Rückzug, denn wer wäre denn an ihrer Perspektive oder Intention interessiert gewesen?

Tat Claus etwas Unangebrachtes – und Kinder tun ständig Dinge, die nicht passen, weil sie all diese Regeln erst lernen müssen –, erlebte er Ausschluss und Silent Treatment. Niemand sprach mehr mit ihm und er spürte, wie die Scham ihn verschluckte. Er fühlte sich nicht nur missverstanden, sondern komplett übersehen. Schweigen war sein Trigger, lautes Augenrollen und Seufzen waren sein Schutzmechanismus. Es kommt so oft vor, dass die Schutzmechanismen der einen Person die Trigger ihres Gegenübers sind. Und es kommt häufig vor, dass wir ähnlich fühlen, aber eben ganz unterschiedlich mit einer unbequemen Emotion umgehen.

Echte Veränderung braucht neue Erfahrungen

Wenn wir ehrlich sind, wissen wir alle, dass Augenrollen, Rückzug, Kritik und andere Schutzmechanismen zum Streit führen können, und wir tun all das trotzdem. Es ist ein Automatismus und selten bewusst gewählt. Die meisten von uns wissen, wie es besser oder anders gehen könnte, doch nicht immer können wir unser Wissen umsetzen. Wenn wir wirklich eine Veränderung in unseren Beziehungen spüren wollen, müssen wir etwas anders machen.

Um Dinge auch in Zukunft anders zu machen, braucht es auch ein Erfolgs*erlebnis*. Wir müssen Veränderung wirklich *erfahren*. Erst durch neue Erfahrungen bilden sich neue neuronale Verknüpfungen in unserem Gehirn, die es uns ermöglichen, auf emotionale Reize anders als gewohnt zu reagieren.

Lena wusste nun also, wodurch sich Claus bestraft fühlen würde, und Claus wusste, was Lena verletzen würde. Mit ihren unwillkürlichen Reaktionen auf Verletzungen kränkten sie sich gegenseitig. Doch Wissen ohne Veränderung ist ein Risiko. Meiner Erfahrung nach kann es noch tiefer verletzen, wenn die andere Person verstanden hat, was uns verletzt. Denn wenn trotz Verständnis keine Veränderung entsteht, nehmen wir die Handlung als persönlichen Affront wahr. Also war es wichtig, ein neues Verhalten direkt zu üben und zu trainieren.

Ich fragte Lena, was sie nun mit ihrem jetzigen Wissen anders tun würde: »Ich verstehe, dass du das mit dem Augenrollen nicht böse gemeint hast«, setzte sie an und pausierte kurz. Sich jemandem zuzuwenden und sich verletzlich zu machen, braucht mehr Mut, als sich einer neutralen dritten Person zu öffnen. »Doch als du mich so kritisch angeschaut hast, da hat mich das an meine Vergangenheit erinnert und eigentlich dachte ich immer, dass du der Mensch bist, der mich eben nicht verurteilt. Und ich weiß, dass du das schon bist, aber der Blick, der macht was mit mir. Und gerade brauch ich noch Zeit, um mit diesen unbequemen Gefühlen fertigzuwerden. Ich ziehe mich nicht zurück, weil ich dir nicht nah sein will. Ich will nur nicht meinen Ärger an dir rauslassen und brauche noch Zeit, um mich wieder zu fangen.«

Oft verletzen wir mit unserem gelernten Verhalten und unseren Schutzmechanismen die Menschen, die uns am meisten bedeuten. Eine sichere Beziehung zu führen bedeutet, diese

Schutzmechanismen zu verändern und zu erleben, dass wir andere Möglichkeiten haben, mit unserem Schmerz oder unserer Angst umzugehen. Gerade weil Scham uns in die Sprachlosigkeit und Isolation drängt, braucht es Worte, die uns zeigen, so wie wir sind. Indem Lena von sich erzählt hat, hat sie sich verletzlich gezeigt und einen neuen Weg gefunden, um wieder Kontakt mit Claus herzustellen. Verletzlichkeit ist eine Lösung, wenn das Problem Scham ist.

Sich bewusst zu machen, dass Verletzlichkeit eine Lösung ist – dass es überhaupt eine machbare Lösung gibt –, ist so eine wichtige Erkenntnis. In anderen Worten: Wenn wir davon ausgehen, dass wir einen Konflikt lösen können, gehen wir anders damit um.

- Kennst du das Gefühl von Scham?
- Für was hast du dich geschämt: eine Eigenschaft von dir, dein Verhalten, für andere?
- Wie bist du mit diesem Gefühl umgegangen?
- Was haben deine nächsten Menschen getan, wenn sie sich für dich geschämt haben?

Kerngedanken

- Die Botschaft hinter Scham ist, dass wir als Person falsch sind. Die Botschaft hinter Schuld ist, dass wir etwas Falsches getan haben.
- Scham blockiert uns. Schuld gibt uns die nötige Energie, um etwas zu verändern.
- Oft steht Scham hinter Isolation, Rückzug und fehlender Kommunikation.
- Wir können Scham nicht alleine auflösen.
- Wir lösen Scham auf, indem wir liebevoll, offen und ehrlich miteinander in Kontakt treten.
- Aus Schuld entsteht ein Schamgefühl, wenn wir nicht Verantwortung für unser Handeln übernehmen.

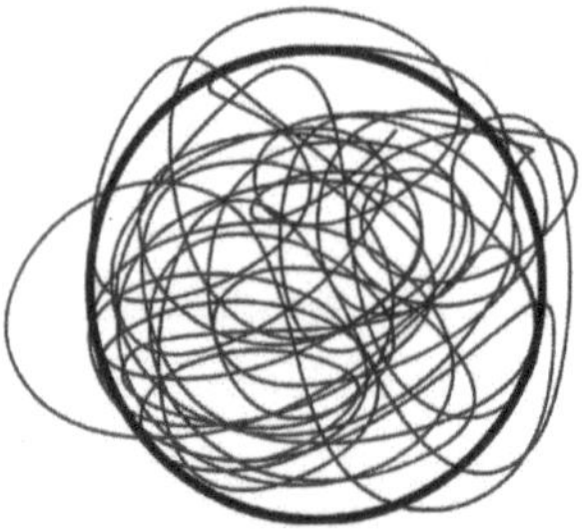

Wie Scham uns über Veränderung denken lässt

Wie Schuld uns über Veränderung denken lässt

In diesem ersten Teil ging es um die Blockaden. Wir haben uns angesehen, was uns daran hindert, Platz für die Liebe zu machen: Scham und Schuld, falsche Erwartungen und Unwissenheit. Und wir haben gesehen, welch hohen, schmerzhaften Preis diese Blockaden haben.

In einer glücklichen Beziehung zu sein, ist ein bewusster Akt. Es sind viele kleine Entscheidungen füreinander und gegen alte Programmierungen und Muster. Eine glückliche Beziehung passiert nicht einfach. Wir kreieren glückliche Beziehungen durch bewusste Gesten, Gedanken und Handlungen.

ZWEI

HERZ•RHYTHMUS

Wie Verbindung uns heilt. Und warum das unser Leben leichter macht.

Rhythmus ist immer schon eine bewegende und bewegte Verbindung. Wir brauchen Rhythmus, um miteinander zu tanzen. Das Nebeneinander von hoch und tief, eng und frei lässt Beziehungen lebendig schwingen. Erkennen wir den Rhythmus, entstehen Freiheit und Kommunikation.

Rhythmus gibt uns Klarheit und Orientierung, sodass wir sinnlich und leicht sein können. Rhythmus liegt uns auch im Blut. Je besser wir auf die Regungen unseres Körpers achten, desto leichter können wir im Takt zweier Herzen wippen.

Einstimmung – wie wir Verbundenheit lernen können

»Einfach positiv denken, einfach verzeihen, einfach lieben und sein Herz öffnen, sich einfach auf die schönen Dinge konzentrieren«, seufzt Maggy, was so untypisch ist für sie. Sie wirkt von außen eher kontrolliert und so, als hätte sie ihr Leben gut sortiert. Motivation ist für sie selten ein Thema. Auch Unangenehmes geht sie mit einem nüchternen Pragmatismus an. Ihr Mann Chung ergänzt, wie schön ihre Unterstützung ist, sie nickt. Trotzdem gibt es auf dem Weg ihres gemeinsamen Lebens einige Schlaglöcher. Sie schmunzelt süffisant. Wenn es ein Spiel wäre, möglichst viele Schlaglöcher zu treffen, hätten sie längst gewonnen. Das Paradoxe: Je mehr Maggy und Chung versuchen, diese Löcher zu umfahren, desto bitterer werden sie. Sie keifen sich im Alltag an. Der Ton ist rau und unwirsch. Beide haben das Gefühl, dass sie »die schlechtesten Seiten des anderen« nicht verdient haben – denn zum Rest der Welt sind sie nett und zugewandt. Auch über diese Unfairness können sie gut streiten. Nur um sich dann tagelang aus dem Weg zu gehen. Nicht miteinander zu reden, ist auch eine Lösung, um nicht miteinander zu streiten. Scheinbar. Und sie schweigen nicht nur sich an. Auch ihr Umfeld ahnt nicht, wie es um die beiden bestellt ist.

Die Verletzungen, die in unseren Beziehungen passieren, sind manchmal so derb, dass sie uns peinlich sind. Nicht immer teilen wir mit, wie es um unsere Beziehung wirklich bestellt ist. Teils, um die andere Person und die Beziehung vor Bewertungen zu schützen. Teils, weil wir uns selbst nicht wiedererkennen. Teils, weil es leichter ist, den Schmerz zu verdrängen. Dabei muss es nicht immer um Konflikte gehen. Auch wenn Schönes fehlt, fehlen uns manchmal die Worte.

Je mehr Probleme sich in unserer Beziehung häufen, desto schwerer können wir uns auch anderen öffnen. Doch je weniger wir uns anderen anvertrauen, desto einsamer sind wir und desto größer ist der Wunsch, dass die Schlaglöcher in unserer Beziehung mit Liebe gefüllt werden. Der Wunsch ist da. Aber wir scheitern trotz aller guten Intentionen. Und je mehr wir scheitern, desto mehr kritisieren wir uns. Wir sollten uns einfach mehr Mühe geben. Ein Teufelskreis.

Wir können nicht auf die gleiche Weise heilen, wie wir verletzt wurden. Und so beginnt der Heilungsprozess oft erst mit dem Moment, in dem wir uns eingestehen, dass wir Hilfe brauchen. Nicht, weil wir schwach wären. Eher weil wir nachholen, etwas Wichtiges zu lernen: Verbundenheit heilt.

Die Sprache des Herzens: *Wie Emotionen zu mehr Verständnis führen*

Als Elfjährige tanzte ich zu *Fallin'* von Alicia Keys durchs Wohnzimmer und badete in Liebeskummer. Natürlich ohne ihn schon wirklich erlebt zu haben. Trotzdem riss mich Alicia Keys Stimme mit: »How do you give me so much pleasure, and cause me so much pain?« Ich dachte mir, dass Liebe eine seltsame, wunderschöne Sache sein müsste. Und genauso seltsam fand ich es im ersten Augenblick, als ich dieses Geständnis von Alicia in ihrer Biografie *More Myself: A Journey* las:

> »Ich wollte den Leuten nie die Gelegenheit geben, meine Gefühle auszunutzen, also habe ich sie immer versteckt. Ich habe mich nie wohl dabei gefühlt, vor anderen zu weinen. Ich habe gesagt, dass es mir gut geht, obwohl es mir nicht gut ging.«

Wie kann jemand, der mir einen so sicheren Raum für meine Emotionen gab, selbst mit seinen Emotionen hadern? Meine Antwort als Paartherapeutin ist, dass Emotionen auf der einen Seite die Sprache unseres Herzens sind. Das klingt erst mal etwas kitschig, ist aber durchaus auch wissenschaftlich belegt. Obwohl wir es als Gesellschaft inzwischen besser wissen, unser Verhältnis zu unseren Gefühlen bleibt paradox. Wir schämen uns für sie, auch wenn sie uns bei anderen nicht stören. Wir meinen, sie kontrollieren und wegschieben zu müssen, nur um dann noch mehr von ihnen absorbiert zu werden. Wir erklären sie zum Feind, obwohl sie doch ein Teil unserer menschlichen Erfahrung sind.

Der feine Unterschied zwischen Emotionen und Gefühlen

Vielleicht ist dir bisher aufgefallen, dass ich keinen Unterschied zwischen »Emotionen« und »Gefühlen« gemacht habe. Wenn wir aber genauer hinsehen, haben die beiden Begriffe unterschiedliche Nuancen. Dieser feine Unterschied hilft uns allerdings, mit Emotionen zu arbeiten. Die Neurowissenschaftlerin Sarah McKay betont in ihrem Buch *Demystifying The Female Brain*, dass Emotionen sich im »Theater des Körpers« abspielen, während Gefühle sich im »Theater des Geistes« abspielen. Wenn wir sagen, dass wir uns nicht gesehen, geliebt oder akzeptiert fühlen, beschreiben wir Gefühle. Gefühle sind die Geschichten, die wir mit einer bestimmten Emotion verknüpfen, und diese Geschichten können dazu führen, dass wir die Verbindung zu anderen verlieren. Groll, Furcht oder Zufriedenheit sind Emotionen. Wir spüren sie also in unserem Körper und sie sind Teil unserer Realität. Wir erleben sie, doch die Interpretation dahinter ist eben ein Gefühl.

Die Gefahr von Geschichten liegt darin, dass wir uns zum Beispiel selbst in die Rolle des Opfers versetzen und die andere Person als Täter oder Täterin betrachten, ohne uns dessen bewusst zu sein. Wir bewerten sie dann als »unsensibel« oder »zu sensibel«, als »eigensinnig« oder »meinungslos«, als »unachtsam« oder »unempathisch«. Auch wenn dies unbewusst geschieht, können wir andere durch unsere schmerzhaften Geschichten verletzen: Wir machen sie eben zum Täter oder zur Täterin.

7 Gründe, warum es sich so anfühlt, als wären Emotionen der Feind

1. Wir bewerten Emotionen

Wir unterteilen unsere Emotionen gerne in »gut« und »schlecht«, in »positiv« und »negativ«. Solche Bewertungen geben uns schließlich Sicherheit. Wir meinen, wenn wir uns an diese Schubladen halten, dann wäre unser Zusammenleben aufgeräumter. Den Wunsch nach Einfachheit kann ich absolut verstehen.

Das Problem ist: Wenn Menschen unsere Emotionen verurteilen, fühlt es sich an, als würden sie zugleich uns verurteilen. Wir sind so eng mit unseren Emotionen verbunden, dass wir die Bewertung persönlich nehmen und uns verteidigen wollen. Nicht die Emotion, sondern die Bewertung der Emotion entfacht Konflikte. Denn Bewertungen lassen keinen Platz für Mitgefühl und Ausnahmen, und so fühlt es sich schnell nach Kampf an. An was wir uns erinnern dürfen: Bewertungen führen generell dazu, dass wir uns verteidigen wollen, und das gilt nicht nur für unsere Gefühle, sondern auch für unsere Gedanken, Werte und Erfahrungen.

2. Wir schieben Emotionen weg

Um eine negative Bewertung unserer Gefühle zu vermeiden, unterdrücken wir sie. Dieser Mechanismus ist manchmal auch nachvollziehbar. Nicht immer ist es der richtige Zeitpunkt, sich verletzlich zu zeigen.

Doch durch dauerhaftes Unterdrücken bleiben Emotionen in unserem Körper und wir können sie nicht auflösen. Also explodieren wir in Situationen, die mit der ursprünglichen Situation wenig zu tun haben. Es ist die Explosion, die zu Verletzungen führt – nicht die Emotion.

In den meisten Fällen gilt: Wenn wir etwas früher angesprochen hätten, würde sich nicht so viel aufstauen und es käme nicht zu diesem emotionalen Vulkanausbruch.

3. Wir verstecken unsere Emotionen unter anderen Emotionen

Wir lächeln unsere Wut weg. Wir ertränken unsere Trauer in Zorn. Wir überspielen unsere Liebe mit Desinteresse. Ja, es fühlt sich manchmal verletzlich an, die echten Gefühle preiszugeben, und deswegen schichten wir andere Gefühle darüber, so wie wir vielleicht einen Kuchen glasieren, wenn er nicht so aussieht, wie er aussehen sollte.

Um fair zu sein: Manche unserer Emotionen werden auch nicht so ernst genommen. Dann fühlen wir uns regelrecht dazu gezwungen, sie lauter, gar schärfer auszudrücken. Während Trauer leichter zu ignorieren ist, fällt es schwer, auf Wut nicht zu reagieren.

Doch jede Emotion ist mit bestimmten emotionalen Bedürfnissen verbunden und so kann es zu Missverständnissen kommen. Denn Trauer sucht Trost und Nähe, Wut setzt Grenzen und fordert Abstand. Erfahren wir Distanz, wenn wir Trost brauchen, wird unser emotionales Bedürfnis nicht gestillt.

4. Wir verletzen andere mit unseren Gefühlen

Tatsächlich können Gefühle, die ja unsere Geschichten und Zuschreibungen sind, manchmal wie ein Vorwurf klingen, selbst wenn wir es nicht so meinen. Wenn wir sagen, dass wir uns nicht gesehen oder ausgeschlossen fühlen, kommt manchmal beim Gegenüber an, dass er oder sie unachtsam und gemein sei. Es gibt auch so etwas wie vorwurfsvolle Tränen, die zwei gegensätzliche Botschaften gleichzeitig ausdrücken. Damit will ich nicht sagen, dass wir uns nicht so ausdrücken dürfen, aber darauf hinweisen, dass es eben besonders wichtig ist, auch Empathie für die andere Seite aufzubringen und keine perfekte Reaktion zu fordern.

5. Wir agieren unsere Emotionen aus, anstatt sie wahrzunehmen

Manchmal reagieren wir aus unseren Emotionen heraus, anstatt darüber zu sprechen. Wenn jemand zum Beispiel eine Tasse gegen die Wand wirft, nimmt die Person selten ihre Emotionen bewusst wahr – andere aber sehen durchaus den Zorn. Wenn jemand lauter spricht als sonst, bemerken andere meist eher die Wut als die Person selbst. Doch es reichen auch leisere Signale.

Wenn wir uns unserer eigenen Emotionen nicht bewusst sind, wie sollen dann andere unsere Gefühle verstehen und wissen, was wir brauchen? Denn sie sehen die Emotion, können sie aber nicht einordnen. Das führt zu weiteren Missverständnissen und Konflikten.

6. Wir übertreiben mit unseren Gefühlen, um gehört zu werden

Manchmal erlebe ich, dass wir unsere Gefühle aufbauschen: Wir ziehen krassere Vergleiche, benennen eine Armada an Beispielen und unser Ton wird so scharf, dass er Glas schneiden könnte. Wenn unser Gegenüber unseren Schmerz kleinredet, machen wir unseren Schmerz groß.

Wer sich nicht verstanden fühlt, wird lauter. Wenn uns ein Tourist nicht versteht, reden die meisten von uns ja auch lauter. Dabei wäre es wahrscheinlich am besten, wenn wir langsamer sprechen würden. Das Gleiche gilt auch für Emotionen. Damit jemand uns emotional verstehen kann, müssen wir die Emotionen nicht lauter rüberbringen, sondern klarer und verständlicher.

7. Wir nutzen Gefühle, um andere zu erpressen

Manchmal werden negative Emotionen benutzt, um bestimmte Ziele zu erreichen. Wir erwarten ein bestimmtes Verhalten und fühlen uns zu bestimmten Gesten der Zuneigung berechtigt. Viele zweifeln etwa an dem Sinn einer Beziehung, wenn tiefe Gespräche oder Sex oder gegenseitige Unterstützung ausbleiben. Doch sobald sich unsere Frustration in Schuldgefühlen, unfairen Vorwürfen, angedrohter Trennung oder übertriebenen Vergleichen ausdrückt, löst dies Druck bei der anderen Person aus. Wenn Emotionen zum Machtinstrument werden und wir uns erpresst fühlen, verschließen wir natürlich unser Herz.

Wir verlieren uns selbst, wenn wir unsere Emotionen unterdrücken

Wenn Emotionen der Feind sind, hat das für unser zwischenmenschliches Zusammenleben ziemlich ungünstige Auswirkungen: Wir streiten mehr. Wir fühlen uns unverbunden, verurteilt und einsam. Schnell entstehen weitere Verletzungen, das Vertrauen schwindet und die sichere emotionale Basis bröckelt.

Auch unsere persönliche Gesundheit leidet unter der Verteufelung von Emotionen: Angststörungen und Depression, Bluthochdruck, Magen- und Darmbeschwerden (unser Darm ist unser emotionales Gehirn), Kopfschmerzen und Autoimmunerkrankungen werden häufig durch psychische Probleme verstärkt. Einige Studien zeigen sogar einen Zusammenhang zwischen Brustkrebs und unterdrückter Wut auf. Frauen, die ihre Wut chronisch weglächeln, seien anfälliger für diesen Tumor.[11]

Zudem verlieren wir immer mehr unsere Identität und unser Selbstbewusstsein, wenn wir unsere Emotionen verstecken. Ich erinnere mich an einen Klienten, der einmal Schluss machte, weil er sich nicht mehr wiedererkannte. Er war gemein, permanent wütend und verbittert. Er wollte nicht, dass diese Worte ihn beschrieben. Für die Emotionen, die er wirklich fühlte, wie Trauer, Einsamkeit und Hilflosigkeit hingegen fand er keinen Raum.

Emotionen zu unterdrücken, bedeutet so oft eine Trennung zu sich selbst und zu anderen. Dabei nehmen wir all diese negativen Konsequenzen natürlich nicht leichtfertig hin. Wir haben uns nicht bewusst ausgesucht, uns selbst zu verlieren oder krank zu werden. Emotionen wurden eben lange Zeit – und teilweise werden sie das immer noch – als Problem gesehen.

Aus diesem Grund ist es überhaupt schon heilsam und eine korrigierende Erfahrung, sich über die positiven Effekte von Emotionen bewusst zu werden. Je mehr wir über die positive Macht von Emotionen wissen, desto mehr Lust haben wir, den Umgang mit ihnen zu lernen.

6 Gründe, weshalb Emotionen uns als Wegweiser dienen

1. Emotionen sind Boten von Veränderung

Emotionen, so definiert es der Duden, sind eine »psychische Erregung, Gemütsbewegung; Gefühl, Gefühlsregung«. Ein Gefühl, »(1) (durch Nerven vermittelte) Empfindungen; (2) psychische Regung, Empfindung des Menschen, die seine Einstellung und sein Verhältnis zur Umwelt mitbestimmt; (3) gefühlsmäßiger, nicht näher zu erklärender Eindruck; Ahnung«. Regungen sind Veränderungen in uns.

Und in uns verändert sich etwas, weil wir etwas wahrgenommen haben. Sowohl bewusste als auch unterbewusste Faktoren spielen eine Rolle. Unsere Sinne – sehen, schmecken, hören, riechen, spüren – beeinflussen, was wir fühlen. Doch auch Temperatur- und Gleichgewichtssinn, unser Herzschlag, unser

Puls, unsere Hormone, unsere Erfahrungen, unsere Werte, unsere Wünsche sind Teile eines Mosaiks. Alle Teile zusammen ergeben ein Gefühl. und deswegen sind Gefühle aus der Perspektive der jeweiligen Person immer logisch.

Je schneller ich eine Veränderung registriere, desto besser kann ich mich auf sie einstellen. Emotionen helfen uns also, im Alltag flexibel und souverän zu reagieren. Sie geben uns die Möglichkeit, uns auf unsere Umwelt einzustellen und uns an sie anzupassen.

2. Emotionen geben einer Situation Sinn

Lisa Feldman Barrett promovierte an der Schnittstelle zwischen Psychologie und Neurowissenschaften. In ihrem Buch *Wie Gefühle entstehen* beschreibt sie, wie sie sich auf ein Date mit einem Kommilitonen einlässt, den sie anfangs gar nicht so attraktiv findet. Doch im Laufe des Gesprächs spürt sie doch immer mehr dieses Kribbeln. Körperliche Empfindungen wie ein flauer Magen und zittrige Knie, gepaart mit einem attraktiven Gegenüber, interpretierte ihr Körper als »verliebt«.

Als die Forscherin nach Hause kam, bekam sie eine weitere Information, die das Date in ein komplett anderes Licht rückte. Sie merkte nämlich, dass ihre körperlichen Symptome weniger daher rührten, dass ihr Kommilitone ein passender Partner wäre, sondern dass sie einfach krank wurde. Emotionen sind logisch, nur manchmal fehlen unserem Bewusstsein noch die Informationen, um sie zu verstehen.

Alle Eindrücke fassen wir zu einer Emotion zusammen. Emotionen geben uns also eine Möglichkeit, unsere innere Welt zu erkunden und mit anderen zu teilen. So bauen wir Intimität und Nähe auf. Es bedeutet auch, dass Emotionen einer bestimmten Logik folgen, die wir nachvollziehen können. Wir müssen uns dafür aber mit der Emotion beschäftigen.

3. Emotionen verdeutlichen Bedürfnisse

Emotionen lassen tief in unser Innerstes blicken und zeigen, welche Wünsche und Bedürfnisse wir haben. Glück zeigt etwa, dass wir zufrieden sind. Ekel, dass unser Bedürfnis nach Sauberkeit, Ordnung oder Unversehrtheit in Gefahr ist. Überraschung bedeutet, dass wir gerade etwas Neues lernen oder unser Bedürfnis nach Inspiration erfüllt wurde.

Gerade in romantischen Beziehungen geht es um emotionale Bedürfnisse – das unterscheidet sie etwa von Arbeitsbeziehungen. Je verständlicher wir diese Bedürfnisse ausdrücken, desto besser kann unser Gegenüber auf uns reagieren und desto glücklicher und leichter sind unsere Beziehungen.

4. Emotionen sind Ausdruck unserer Werte

Der portugiesische Neurowissenschaftler António Damásio beschreibt die Geschichte von seinem Patienten »Eliot«. Aufgrund eines Hirntumors wurde Eliots Frontallappen beschädigt, ein Teil im Gehirn, der für Emotionen zuständig ist. Seine kognitiven Fähigkeiten blieben zwar erhalten, aber er konnte keine Gefühle mehr fühlen. Obwohl der Eingriff nichts an seiner Intelligenz änderte, konnte Eliot keine Entscheidungen mehr fällen. Ohne emotionales Feedback war es eine Unmöglichkeit für Eliot, Dinge zu priorisieren, Entscheidungen zu fällen oder langfristige Ziele zu fassen. Unsere Emotionen helfen uns also, Dinge zu gewichten und uns für etwas zu entscheiden. Sie sind also Ausdruck unserer gelebten Werte.

5. Emotionen sind unser individueller Ausdruck

Lange Zeit dachte man, dass Menschen immer das gleiche Repertoire haben, um ihre Emotionen auszudrücken. Man meinte, wenn Menschen die Mundwinkel nach oben ziehen, dann freuen sie sich, und wenn sie etwa die Augenbrauen hinunterdrücken, sind sie verärgert.

Heute wissen wir, dass Menschen einen sehr individuellen Ausdruck haben. Und noch persönlicher sind die Geschichten hinter einem Ausdruck. Nicht immer wird Freude durch ebendieses Lächeln gezeigt – man denke nur an die vielen lächelnden Gesichter bei Social Media. Nicht immer ist der Grund, warum jemand lächelt, von außen sofort ersichtlich.

Jemanden in seinem ganz eigenen Ausdruck an Emotionen kennenzulernen und ernst zu nehmen, vermindert Missverständnisse und emotionale Verletzungen. Außerdem kann es sich nach einer besonderen Art von Nähe anfühlen, jemanden gut lesen zu können.

6. Emotionen sind ein Kommunikationsmittel

Gerade weil Emotionen zeigen, was wir brauchen oder wovon wir uns abgrenzen können, sind sie wichtige Werkzeuge, um im Alltag mit anderen in Kontakt zu treten. Je besser wir jemanden kennen, desto eher können wir zum Beispiel einen Blick deuten und unser Verhalten an die Person anpassen.

Je mehr wir annehmen, dass Emotionen uns etwas sagen wollen (anstatt uns zu verletzen), desto eher sind wir offen für die Information. Wollen wir uns schützen, verschließen wir uns. Sind wir neugierig, bleiben wir offen. Denn Neugier ist die andere Seite von Angst.

Emotionale Probleme brauchen emotionale Lösungen

Mariam und Jenny haben sich online kennengelernt. Obwohl Jenny sich selbst nicht als oberflächlich bezeichnen würde, muss sie zugeben, dass ihr erster Eindruck von Mariam war, dass er ein großer und attraktiver Mann ist. Sie fand es süß, dass er bei ihren Treffen immer Blumen mitbrachte – das war irgendwie altmodisch, aber auf eine angenehme Art und Weise.

Mariam erzählte, dass es ihm nicht schwerfiel, an Blumen zu denken. Jenny freute sich jedes Mal so sehr darüber, dass es wiederum ihn glücklich machte, ihr diese Freude zu bereiten. Außerdem gefiel Mariam Jennys lebendige Art und ihre Sichtweise auf die Dinge. Jenny schien ihm eine völlig neue Welt zu zeigen, ohne ihn zu verurteilen. Veganes Sushi? Konzerttickets für Billie Eilish? Die Idee, mit einem Van um die Welt zu reisen, anstatt in die Fußstapfen seiner Eltern zu treten? Zwar ungewohnt, aber spannend.

Beide fühlten sich in dieser Beziehung angekommen: Jenny, weil sie zum ersten Mal jemanden traf, der ihre Intensität und Individualität akzeptierte. Mariam, weil er in Jenny jemanden fand, die er in seiner eher konservativen Heimat lange vermisst hatte. Ihre Beziehung erfüllte sie auch sexuell.

Mariam mochte Jennys Sohn und zusammen verbrachten sie großartige Urlaube. Eigentlich eine Traumbeziehung. Doch wie so oft steckt hinter dem »eigentlich« noch mehr.

Obwohl alles in ihrer Beziehung schön war, spürte Jenny, dass etwas fehlte. Sie versuchte, diese Leerstelle in Worte zu fassen, ohne Druck auf Mariam auszuüben. Als sie ihm sagte, dass sie sich manchmal nicht gesehen fühlte, reagierte Mariam tröstend. Er wollte keinesfalls den Eindruck erwecken, sie nicht wahrzunehmen, aber er verstand auch nicht genau, was sie damit meinte. Er konnte sein Gefühl von Irritation nicht konkret benennen und schob es beiseite, ohne es weiter zu beachten.

Jenny versuchte, es mit Beispielen zu erklären, darunter das Thema Haushalt. Das hörte Mariam und so übernahm er mehr Aufgaben, besorgte einen Staubsaugerroboter und erstellte einen Putzplan. Zunächst fühlte sich das für beide gut an, aber trotz der Veränderungen verschwand Jennys Gefühl nicht, dass Mariam sie nicht wirklich sah. Erneut teilte sie ihre Gefühle mit ihm, und erneut suchte er nach praktischen Lösungen.

Trotz unzähliger Versuche, Dinge zu ändern und zu verbessern, spürte Jenny eine nicht zu deutende Unzufriedenheit, und Mariam gab irgendwann resigniert auf. In seiner Resignation formten sich Geschichten. Er erzählte sich, dass Jenny einfach gerne nörgelte, nie mit etwas wirklich zufrieden war und er ihr ohnehin nicht gerecht werden konnte. Er zweifelte an sich als Partner und fürchtete, dass er Jenny nicht abenteuerlich und wild genug war. Diese Geschichten behielt er für sich. Nicht aus böser Absicht, sondern weil er vermeiden wollte, Jenny zu verletzen und ihr das Gefühl zu geben, angegriffen zu werden.

Doch Jenny spürte, dass er ihr nicht alles sagen konnte. Unter seinen freundlichen Augen war ein gezwungenes Lächeln. Das machte sie schließlich wütend und Mariam wollte sich das nicht gefallen lassen. Er sei doch kein Pudel, den man einfach dressieren könne, wie es einem passt.

Diese Dynamik begegnet mir fast täglich und versetzt meinem Herz einen winzigen Stich. Nicht, weil es mich persönlich betrifft, sondern weil es so schade ist, wenn zwei Personen gute Absichten haben und dennoch Konflikte entstehen. Weil zwei Menschen, die so vieles richtig machen, trotzdem das Gefühl haben, als ob sie scheitern. Dabei leisten sie schon einen großen Beitrag, sonst würden sie gar nicht an diesem Punkt stehen.

Besonders in der Anfangsphase des Konflikts redeten sie miteinander wie aus einem Beziehungsbilderbuch. Sie verwendeten Ich-Botschaften, suchten ruhige Momente, um offen zu kommunizieren, und setzten ihre Pläne um. Keiner von ihnen wollte dem anderen etwas Schlechtes oder hatte unausgesprochene Erwartungen.

Es war auch hilfreich, dass Mariam Jennys Bedürfnisse nicht herunterspielte oder sie als hysterisch abtat. Das hätte die Situation sicherlich nur verschlimmert. Ebenso wertvoll war es, dass Jenny ihr Gefühl nicht unnötig lange unterdrückte, denn das hätte sie zu einem wütenden Vulkan werden lassen können. Anstatt ihre Gefühle in Kritik und Vorwürfen zu verpacken, hat sie sich respektvoll Mariam geöffnet. Und auf Jennys Gefühl hätte Mariam mit Gegenvorwürfen, Ignoranz und anderen Schutzmechanismen reagieren können. Was er nicht tat. Wenn wir ein Problem nicht über praktische Dinge lösen können, geht es um ein emotionales Bedürfnis, das noch nicht oder nicht genug gestillt wurde.

Hinter Emotionen steht immer auch ein emotionales Bedürfnis

Mariams Frustration kommt daher, dass all seine Lösungsversuche Jennys Unzufriedenheit nicht mindern. Wenn Jenny unzufrieden wirkt, fühlt er sich dafür verantwortlich und möchte die Situation verändern. Doch je mehr er tut und je weniger sich Jennys Gemütszustand verändert, desto frustrierter und resignierter ist Mariam. Wäre Jenny Mariam egal, wäre Mariam weniger frustriert. Würde Jenny ihm weniger bedeuten, könnte er sich auch leichter von ihrer Unzufriedenheit abgrenzen. Ihre Beziehung ist der Boden seiner Frustration. (Was nicht bedeutet, dass dies schlecht ist, im Gegenteil.) Dadurch, dass Jenny Mariams Frust auf seine Liebe zurückführen konnte, wurde sie weicher und verständnisvoller. Und das ermöglichte beiden, sich verletzlich zu zeigen. Sie bestätigten sich damit, dass sie zusammenbleiben möchten. Das war wichtig. Denn sehen wir, wie jemand von uns frustriert ist, kann das auch unsere Verlustangst ankurbeln.

Das Wissen, dass Gefühle und Emotionen nicht dasselbe sind, ließ die beiden ab dann immer aufhorchen, wenn Jenny sagte: »Ich fühle mich nicht gesehen.« Auch Sätze wie »Mir fehlt die Wertschätzung« oder »Ich brauche meinen Raum« waren fortan Einladungen. Diese Sätze verstand Mariam nicht mehr als Feststellung oder als zu lösendes Problem. Mariam hatte in der gemeinsamen Arbeit also gelernt, dass sich Gefühle im »Theater unseres Kopfs« abspielen und sie die Geschichten sind, die wir uns erzählen. Und so fragte er eher nach dieser Geschichte, anstatt direkt weitere Pläne zu schmieden. Er wollte wie Sherlock Holmes verstehen, was die Indizien waren, die zu diesem Fehlschluss führten, und bewegte sich zunächst in Jennys Welt.

Im Fall von Jenny und Mariam war dieses Interesse und Nachfragen schon eine Lösung. Denn unter dem »Ich fühle mich nicht gesehen« lag auch Einsamkeit. Kontakt und Interesse sind ganz wunderbare und sehr logische Gegenmittel gegen Einsamkeit. Jenny konnte dieser Leere einen Namen geben, der sich weniger wie ein Vorwurf anhörte, und Mariam konnte Mitgefühl zeigen.

Einsamkeit ist ein Signal für Veränderung. Doch was genau führte zu dieser Einsamkeit? Beide gaben zu, dass sich etwas in ihrer Beziehung verändert hatte – ohne dass irgendjemand daran Schuld trug. Es war einfach der Alltag, der sich dreist zwischen sie drängte: Mariam ertrank in Deadlines und Überstunden, dann gab es Jennys Sohn und bei alldem wollte Jenny mehr Zeit in ein neues Projekt investieren. Mariam und Jenny sahen sich also weniger und wollten sich unterstützen, indem sie sich Freiraum gaben. Gegenseitiger Support und Akzeptanz waren wichtige Werte ihrer Beziehung. Doch damit spürten sie sich auch weniger, lagen weniger Haut an Haut, lachten weniger über die Unsinnigkeiten dieses stressigen Alltags miteinander. Die Beziehung hatte sich verändert.

Was Jenny bewusst war, aber Mariam erst in den Gesprächen lernte: Jennys individueller Ausdruck von Einsamkeit war kein Jammern und kein Nörgeln. Jenny hatte die Einsamkeit schon früher gespürt und versuchte anfangs, Mariam zu motivieren, gemeinsam etwas Schönes zu unternehmen. Je schwerer er sich motivieren ließ, desto mehr zog sie sich in sich selbst zurück. Mit dem Ruf »Ich hab das Gefühl, du siehst mich nicht« streckte sie die Hand aus ihrem Kokon, ein letzter Versuch, der Einsamkeit zu entkommen.

Jenny wusste das für sich. Doch Mariam kann, wie die wenigsten Menschen, keine Gedanken lesen. Leise flüsterte er: »Mir musst du das ganz einfach sagen. Du weißt doch, wie ich bin.« Und ja, das wusste Jenny, aber hier war wieder eine dieser Blockaden. Denn Emotionen sind auch ein Ausdruck unserer Werte.

An Jennys Einsamkeit war auch der Wert Gleichberechtigung geknüpft. Sie hatte keine Lust mehr, ihrem Partner erklären zu müssen, wie Care-Arbeit aussieht. Das hatte sie lange mit dem Vater ihres Sohnes versucht, ohne dass sie Erfolg hatte. Jenny fühlte sich so, als wäre sie in der Pflicht, sich um die Beziehung zu kümmern: Gespräche initiieren, Ausflüge planen, selbst ein Kartenspiel, bei dem sich Paare Fragen stellen, hatte sie gekauft. Das Spiel stand auf dem Tisch im Wohnzimmer und sie wartete wortlos, dass Mariam von sich aus dazu griff. »Natürlich kann ich all das machen – es stört mich nicht, diese Dinge zu tun. Aber ich will, dass es von dir kommt.« Sie ringt mit den Worten: »Es geht mir um Wertschätzung.« Mariam schaut sie skeptisch an: »Du lässt auch kein gutes Haar an mir.«

Wer nun verwirrt ist, ist dies zu Recht. Denn zu Beginn scheint Jenny doch mehr Aktivität und Unterstützung zu fordern. Was soll nun der Wunsch nach Wertschätzung? Während Jenny versucht, ihr emotionales Bedürfnis auf den Punkt zu bringen, sucht Mariam nach konkreten Lösungen.

Ich interveniere kurz: Die beiden starteten bei der Emotion Einsamkeit. Jede Emotion ist an ein emotionales Bedürfnis geknüpft. Wertschätzung ist ein solches emotionales Bedürfnis. Wertschätzung ist ein absolut berechtigtes Bedürfnis. Wertschätzung ist oft die emotionale Währung in unseren Beziehungen. Im Beziehungskontext geht es bei Wertschätzung oft darum, den eigenen Einsatz anerkannt zu sehen oder zu sehen, dass die andere Person ähnlich viel in die Beziehung investiert. Durch den fehlenden Kontakt ist es nur nachvollziehbar, dass Jenny Mariams Beitrag nicht gesehen hat. Jenny ist also nicht per se zu bedürftig. Doch Mariams Verteidigung »Du lässt kein gutes Haar an mir« muss auch einen guten Grund haben. Mariam fühlt sich in die Ecke gedrängt, beschuldigt und beschämt. Dass er Jenny nicht schätzen würde oder dass Gleichberechtigung in der Beziehung fehlen würde – das kann er mit dem Bild, das er von sich hat, nicht vereinbaren. Es kommt ihm unfair vor, dass Jenny nicht sieht, was er für die Beziehung tut. Dass er sie unterstützt, dass er ihr stundenlang zuhört oder ihr sagt, wie stolz er auf sie ist. »Mir fehlt auch die gemeinsame Zeit, aber ich zeige meine Liebe eben anders. Ich zeige dir, dass ich dich liebe, weil ich akzeptiere, dass du das ganze Wochenende unterwegs bist, und indem ich dir allen Raum gebe, den du brauchst, um dich zu entfalten.«

So wie die beiden ihre Einsamkeit unterschiedlich ausdrücken, so zeigen sie auch ihre Liebe unterschiedlich. Als Jenny Mariam zuhörte, nickte sie. Er hatte recht, doch sie hatte all diese Dinge nicht als Liebesbeweise gesehen. Wir alle drücken unsere Liebe auf unterschiedliche Weise aus. Nicht immer fällt es leicht, zu akzeptieren, dass wir nicht immer auf die Art und Weise geliebt werden, die wir uns vorstellen. Und doch braucht es Raum für diese Unterschiedlichkeit.

Durch dieses offene Gespräch über emotionale Bedürfnisse bekam Jenny nicht nur eine Antwort auf ihre Einsamkeit. Sie selbst machte die Erfahrung, aus dem Teufelskreis auszubrechen. Denn davor galt ja: Je einsamer sich Jenny fühlte, desto mehr zog sie sich in ihre Welt zurück um Mariam nicht zu belasten. Doch je mehr sie sich in ihre Projekte flüchtete, desto mehr wollte Mariam sie unterstützen und ihr über Freiraum seine Liebe zeigen. Je weniger Mariam Zeit einforderte, desto weniger gesehen fühlte sich Jenny.

Nun wusste sie, dass Mariam sich auch mehr Nähe wünschte, aber sie nicht einengen wollte. Ein wichtiger Perspektivenwechsel. Mariam wiederum verstand, dass es bei der Forderung um mehr Mitarbeit im Haushalt nicht um einen Saugroboter ging, sondern dass er auch seine Bedürfnisse nach Nähe und Verbundenheit teilen darf.

Das Paar machte außerdem die Erfahrung, dass nur Liebe zu mehr Liebe führt, aber aus Angst selten Liebe wird. Als Jenny erfährt, dass Mariam ihr nur auf eine andere Art seine Wertschätzung zeigt (sie dachte schließlich, er sähe sie nicht), wirkt sie erleichtert. Und durch diese Erleichterung öffnet sich Mariam für weitere Lösungen. Er fühlt sich weniger angegriffen und fragt zaghaft nach: »Also wärst du weniger einsam, wenn ich mich mehr dafür einsetze, dass wir Zeit miteinander verbringen? Selbst am Wochenende, obwohl du so beschäftigt bist?« Jenny nickt: »Wenn du mir Kaffee ans Bett bringst, bleib ich da.«

Wir haben hier nur eine Seite beleuchtet. Denn auch auf Mariams Seite gab es ganz zu Beginn ein Gefühl, das wir zu häufig übersehen und übergehen: Irritation. Auch Mariams Gefühl ist ein Schlüssel, um raus aus der Situation zu kommen. Doch oft drücken wir auch Gefühle wie Irritation weg und nehmen die Irritation einfach hin. Das Bedürfnis hinter Irritation ist: verstehen wollen. Dieses Gefühl bedeutet uns, nachzufragen.

11 herausfordernde Emotionen und ihre verborgenen Botschaften

Emotionen sind Kommunikation. Sie sind logisch und nachvollziehbar. Und so, wie wir die Bedeutungen von Wörtern erst lernen müssen, müssen wir auch lernen, was uns Emotionen erzählen wollen. Es geht also nicht nur darum, Emotionen wahr- und ernst zu nehmen, sondern auch darum, sie übersetzen zu können. Hier sind einige Emotionen, die mir in der Praxis immer wieder begegnen, und ihre emotionalen Bedeutungen in einer Beziehung. Trotzdem möchte ich unbedingt dazu raten, über die ganz persönlichen Bedeutungen zu reden, nachzufragen und ins Gespräch zu gehen.

1. Einsamkeit

»Mir fehlt es, mit dir zu reden.«
»Ich habe das Gefühl, nicht zu dir durchzukommen.«
»Mir fehlt Berührung.«
»Mir fehlt der Austausch mit anderen Menschen.«
»Ich fühle mich seltsam und wünsche mir für die Dinge, die ich anders mache, trotzdem akzeptiert zu werden.«
»Begehrst du mich?«
»Bin ich nicht wertvoll genug, als dass du mit mir Zeit verbringen möchtest?«

2. Scham

»Bitte erlaube mir, nicht perfekt zu sein.«
»Bitte höre auf, nur meine Fehler und Schwächen zu sehen.«
»Bitte bestrafe mich nicht mit Liebesentzug, wenn ich etwas anders mache, als du es von mir erwartest.«
»Ich weiß nicht, wie ich es wiedergutmachen kann. Mit tut unendlich leid, was passiert ist.«
»Ich zweifle daran, dass ich gut genug bin, so wie ich bin. Ich muss hören, dass du meine Mühe siehst.«
»Ich fühle mich falsch und fürchte Verurteilung. Deswegen brauche ich Zeit, um die richtigen Worte für meine Gedanken und Gefühle zu finden. Bitte sei geduldig mit mir.«
»Ich fühle mich wie gelähmt, weil ich keinen weiteren Fehler mehr machen möchte.«

3. Wut

»Du hast meine Grenzen überschritten. Hör auf, mir so nah zu kommen, mich zu kritisieren, so laut zu sprechen oder Dinge von mir zu erwarten, die ich nicht erfüllen kann oder möchte.«
»Ich fühle mich von dir abhängig und möchte nicht von dir abhängig sein. Auf dich zu warten oder mich an dir orientieren zu müssen, nimmt mir meine Autonomie und Unabhängigkeit.«
»Du erwartest von mir Dinge, an die du dich selbst nicht hältst. Wenn du unterschiedliche Maßstäbe ansetzt, geht das gegen meine Werte.«
»Du siehst mich nicht, wenn ich freundlich bin. Ich will aber gesehen werden. Ich möchte mit meinen Bedürfnissen ernst genommen werden.«
»Ich habe gelernt, dass nur meine Wut ernst genommen wird. Mein Bedürfnis ist dringlich.«

4. Frustration

»Ich habe so viel versucht, und es ändert sich trotzdem nichts.«

»Ich brauche Trost und Hoffnung.«

»Ich trage so einen sehnlichen Wunsch in mir. Das nicht zu erleben – obwohl ich alles dafür gebe –, lässt mich aufgeben. Ich brauche deine Hilfe.«

»Wenn du etwas anderes möchtest als ich, ist das okay. Aber mich hinzuhalten, hält mich wie gefangen. Ich brauche Klarheit.«

»Ich bin nicht gut genug, so wie ich bin.«

5. Angst

»In der Vergangenheit habe ich die Erfahrung gemacht, dass ich dich verlieren könnte oder dass du meine Grenzen überschreitest. Ich möchte diese Erfahrung nicht noch einmal machen.«

»Für mich ist dieses Verhalten gefährlich. Mit den Informationen, die ich habe, bekomme ich Angst. Bitte versteh meine Sorge und nimm sie ernst.«

»Mir geht das zu schnell und dadurch verliere ich die Kontrolle. Bitte gib mir Zeit, Dinge zu verstehen und nachvollziehen zu können.«

»Mich überwältigt die Situation und am liebsten möchte ich fliehen. Wenn ich das körperlich nicht kann, dann ziehe ich mich in mich selbst zurück. Bitte gib mir Erdung und Stabilität.«

6. Sehnsucht

»Ich sehe etwas in dir. Ich sehe etwas in uns. Und ich vermisse es, dies mit dir zu leben.«

»Ich bin gerne in deiner Nähe, aber ich spüre dich nicht. Das macht mich traurig.«

»Es ist schmerzhaft, dass wir uns etwas verloren haben.«

»Ich dachte, dass ich mit dir etwas Besonderes gefunden hatte. Mit dir hat es sich so angefühlt, als wäre all der Schmerz davor es wert gewesen. Wenn es nun doch so ist wie immer, verzweifle ich.«

7. Irritation
»Ich verstehe nicht, was hier passiert.«
»Mich überrascht, dass wir hier eine unterschiedliche Perspektive haben.«
»Ich hatte eine andere Erwartung und muss mich noch auf diese neuen Informationen einlassen.«
»Ich kann noch nicht nachvollziehen, was dich bewegt – bitte gib mir mehr Informationen und erzähle mir mehr.«
»Ich dachte, ich kenne dich, und merke, dass ich das doch nicht tue. Das verunsichert mich. Ich zweifle an mir und dir.«

8. Verletztheit
»Etwas hat mir emotional, körperlich, seelisch oder auf einer anderen Ebene wehgetan.«
»Ich habe einen Schmerz und brauche Trost.«
»Dieses Verhalten führt dazu, dass ich mich nicht mehr sicher fühle. Bitte höre damit auf. Sonst muss ich mich zurückziehen.«
»Was du getan hast, verletzt mich. Ich bin aber davon überzeugt, dass du es nicht absichtlich getan hast. Deswegen mache ich dich darauf aufmerksam. Meine Hoffnung ist, dass du diese Unachtsamkeit verändern kannst.«

9. Hilflosigkeit
»Ich habe nicht die nötigen Kräfte oder Ressourcen, um etwas zu verändern.«
»Ich möchte mit dir an der Beziehung arbeiten, aber ich kann und will dich nicht zu etwas zwingen, was du nicht möchtest.«

»Ich würde gerne etwas verändern, damit es für dich, mich oder uns beide besser wird. So, wie es ist, kann es nicht bleiben.«
»Ich brauche dein Engagement, deine Unterstützung, deine Gedanken, deine Energie, deine Aufmerksamkeit für uns.«

10. Ekel
»Meine Psyche und mein Körper haben gelernt: Das, was du tust, ist giftig und ungesund für mich. Bitte lass es sein oder geh auf Abstand.«
»Ich nehme etwas wahr, das nicht zu meiner Vorstellung von ›normal‹ passt.«
»Ich sehe in dir etwas, das sich unsicher anfühlt. Mir fehlt die Sicherheit. Ich kann nicht ignorieren, was du getan hast. Mich graust es davor.«

11. Schuldgefühle
»Mir tut leid, was ich getan habe – ich möchte gerne etwas verändern.«
»Ich möchte dich nicht verlieren und möchte dazu die Verantwortung für mein Verhalten übernehmen.«
»Das, was ich getan habe, passt nicht zu meinen Werten oder hat nicht das Ergebnis gebracht, das ich erhofft hatte.«
»Ich bin von mir selbst enttäuscht.«
»Ich sehe, dass es dir mit meinem Verhalten nicht gut geht. Ich wünschte, es wäre anders. Bitte gib mir die Chance, etwas zu verändern.«

Emotionen können ganz unterschiedliche Bedeutungen haben. Sie können etwas über uns aussagen oder eine Aussage über die andere Person sein. Manchmal sind sie einfach eine Information und manchmal ein Appell. Der deutsche Psychologe Friedemann Schulz von Thun spricht in seinem Werk

Miteinander reden über die vier Seiten einer Nachricht und natürlich gilt dies auch für Emotionen. Auch Emotionen sagen etwas über uns aus oder über unsere Beziehung, sie können eine Aufforderung sein oder beschreiben einen Sachverhalt.

Was eine Emotion aber genau bedeutet, hängt von der Situation und unserem Gegenüber ab. Wenn wir neugierig und offen für die emotionalen Übersetzungen unseres Herzensmenschen bleiben, wird unsere Beziehung lebendig. Wenn wir selbst bereit sind, unsere Emotionen in Worte zu fassen, entsteht Leichtigkeit.

Doch weil Emotionen auch eine Appell-Seite haben – also einen Wunsch an unser Gegenüber –, bekomme ich oft die Frage gestellt: Wer ist denn nun verantwortlich, dass eine Emotion entsteht?

Wer ist verantwortlich für unsere Emotionen?

Wenn Emotionen im Raum sind, höre ich oft die Frage, wer dafür verantwortlich ist. Sind wir selbst dafür verantwortlich, weil uns niemand ein Gefühl in die Hand drücken kann und wir in unserem Inneren aufgeräumter sein müssten? Oder ist die andere Person für unseren Schmerz, unsere Einsamkeit oder unsere Verletztheit verantwortlich, wenn sie der Auslöser war?

Stell dir vor, du wärst ein Windhauch. Du wehst über die gesamte Welt. Vielleicht wehst du gerade in Portugal und pustest den Menschen sanft über den Nacken. Die Menschen dort freuen sich über deine kühlende Art. Du lässt sie vor Wohlwollen seufzen, wenn die Luft in der Stadt nur so steht. Die Menschen sind dir dankbar und sehnen sich nach dir, wenn du nicht da bist.

Du ziehst weiter und gelangst in den hohen Norden Norwegens. Du siehst unter dir Schnee und Eisberge und auch hier möchtest du den Menschen etwas Gutes tun. Also pustest du auch ihnen sanft über den Nacken. Doch dieses Mal frösteln sie und sie ziehen sich ihre Krägen weiter zu. Sie versuchen, sich vor dir zu schützen, und suchen Zuflucht. Wahrscheinlich kämen wir alle zu dem Schluss, dass dieser Windhauch dazu beiträgt, dass Menschen frösteln.

Doch es ist absurd, dem Wind dafür die Schuld zu geben, dass Menschen frösteln. Oder den Menschen vorzuwerfen, dass sie keine dickere Haut haben. Oder sich dafür einzusetzen, diesen Wind von der Welt zu verbannen.

Ähnlich verhält es sich mit unseren Emotionen. Erstens hat jede Emotion ihr Gutes. Wut etwa hilft uns, uns zu schützen und unseren eigenen Wert zu erkennen. Eifersucht zeigt uns, welche Potenziale wir noch entfalten wollen, und gibt uns die nötige Energie. Und erkennen wir, dass jemand einsam ist, haben wir Mitgefühl mit ihm. Jede Emotion hat in Maßen einen wichtigen Nutzen. Denn unser Körper würde uns die Anstrengung einer Emotion nicht ohne guten Grund schicken.

Zweitens sind auch Emotionen stark an unsere Umgebung und unseren Kontext gebunden. So wie ein Windhauch uns an einem Ort aufseufzen und am anderen Ort frieren lässt, so kann uns selbst Dankbarkeit – eine Emotion, von der wir eigentlich alle mehr wollen – in manchen Momenten unpassend vorkommen. Dankbarkeit ist nicht nur eine Freude über eine Sache, sondern auch das Wissen, dass diese Sache nicht selbstverständlich ist. Doch manchmal kann uns Dankbarkeit auch irritieren oder schmerzen. Wer etwa Dankbarkeit empfindet, nachdem jemand gestorben ist, den er/sie lange gepflegt hat, fühlt sich zunächst schuldig oder falsch. Wenn wir genauer hinsehen, werden tieferliegende Bedürfnisse deutlich. Vielleicht ist es Dankbarkeit für die letzten gemeinsamen Momente, aber auch Dankbarkeit, sein eigenes Leben wieder mehr leben zu dürfen.

Drittens sind Emotionen eine unglaubliche Ressource. Sie sind kein Ballast oder etwas, für das wir uns grundsätzlich schämen müssen. Es geht eher darum, das richtige Maß zu finden. Eifersucht wird oft mit Kontrolle verbunden. Wir denken an Streit und daran, dass jemand seine Ängste auf eine andere Person projiziert. Doch in einem gesunden Maß kann sie ein Bindungskleber sein. Denn Eifersucht gibt uns ganz schön viel Energie. Sie kann uns daran erinnern, auch in eine Beziehung zu investieren. Spaß, Spannung, Inspiration sollten nicht nur im Außen stattfinden, sondern unbedingt auch innerhalb einer Beziehung. Nutzen wir die Energie von Eifersucht für Verbindung und nicht für Kontrolle, bleibt unsere Beziehung auch langfristig lebendig. Ähnlich verhält es sich mit Stolz. Stolz kann uns arrogant wirken lassen oder der Grund sein, warum wir nicht über unseren Schatten springen. Doch eine gesunde Portion Stolz kann uns helfen, uns selbst zu spüren oder unsere Erfolge zu feiern. Emotionen helfen uns, unsere Beziehung zu leben. Sie beziehen unsere Mitmenschen mit ein.

Viertens spielt auch unsere Reaktion auf Emotionen eine Rolle. Meistens kommt sie uns wie ein Automatismus vor. Wenn es kalt ist, ziehe ich die Jacke zu – wenn jemand wütend ist, ziehe ich mich zurück. Doch so selbstverständlich und normal uns unsere Reaktion vorkommt, so wenig ist sie das. Wir sind unseren Emotionen nicht ausgeliefert. Im Gegenteil, wir haben die Verantwortung, zu lernen, wie wir mit Emotionen umgehen wollen. So können wir mit ihrer Hilfe Verbindungen schaffen.

Emotionale Granularität: Die Kunst, zwischen Gefühlen zu unterscheiden

Auf dem Bildschirm sehe ich zwei Augenpaare. Leonie und Oskar stehen kurz vor dem nächsten Schritt: Hochzeit. Wer diesen Schritt geht, möchte sich oft sicher sein. Denn obwohl sie vertraut und liebevoll miteinander umgehen und auch einige Meilensteine gemeinsam gemeistert haben, plagen Leonie Zweifel. Oskar erzählt von seinem Autismus und Leonie ergänzt: »Wir sprechen unterschiedliche emotionale Sprachen. Er hat schon viel gelernt und weiß jetzt besser, wie er auf mich zukommen kann. Aber manchmal ...« Sie zuckt mit den Schultern, sein Blick geht zum Boden. Ansonsten regt sich wenig in seinem Gesicht. Autismus kommt aus dem Griechischen. *Autos* für »selbst« und *ismos* als Zustand oder Ort. So verbinden wir mit Autismus, dass Menschen in ihrer eigenen Welt leben.

Ein negatives Vorurteil ist deswegen oft, dass Menschen mit Autismus gefühlskalt oder unempathisch seien. Doch das deckt sich nicht mit den Erfahrungen, die ich als Paartherapeutin machen durfte. Auf mich wirkt es so, als hätten sie eher eine andere Art, ihre Emotionen auszudrücken. Ihre Ausdrucksweise ist statischer und nimmt weniger Raum ein. Es sei denn, sie fühlen sich sehr lange unverstanden. Dann kann diese Intensität sie selbst und andere überwältigen. Viele von uns haben die Tendenz, ihre Emotionen lauter auszudrücken, wenn sie sich nicht verstanden fühlen.

Für Leonie und Oskar ist es aber nicht nur, dass Oskar seine Emotionen nicht so ausdrückt wie die meisten Menschen. Manchmal fehlt es Leonie, dass Oskar auf sie zugeht, wenn sie sich zum Beispiel traurig oder verletzt fühlt. Ich würde gerne verstehen, was in Oskars Welt passiert, was er wahrnimmt und auch was nicht.

Oskar erklärt, dass er ihren Schmerz zwar nicht spüre. Doch natürlich will er nie, dass sie traurig ist. Vor allem nicht, wenn sein Autismus der Grund dafür ist. Und er merkt an ihrem Abstand, dass sie verletzt ist. »Außerdem sage ich es ihm«, wirft Leonie ein. Dann ein Schweigen, das wie ein Suchen wirkt. Also biete ich Oskar Wörter an für Gefühle: »Wenn du sie nicht verletzen möchtest und ihren Schmerz wahrnimmst … ich könnte mir vorstellen, dass du Scham verspürst oder Trauer darüber, sie verletzt zu haben.« Er nickt. Ich kenne selbst die Erleichterung, wenn etwas stimmig ist. Dieses Suchen nach einer Emotion kann anstrengend sein. Manchmal wissen wir nicht, nach was wir suchen, bis wir es gefunden haben. Ihr einen Namen geben zu können, lässt auch mich immer wieder durchatmen.

Eine der schönsten Dinge in meinem Beruf ist zu merken, dass Verbundenheit nicht groß oder kitschig oder perfekt sein muss. Im Gegenteil, oft geht es eher darum, dass wir authentisch unsere Gefühle teilen, das gesprochene Wort zu unserem Charakter passt. Oskar muss also kein Poet sein, damit Leonie berührt ist. Dadurch, dass Leonie nicht immer eine emotionale Reaktion bekommt, fühlt sie sich einsam. Auch wenn sie Oskar das nicht zum Vorwurf machen möchte. Für ihn sind die folgenden Worte Selbstverständlichkeiten: »Ich will nicht, dass sie traurig wegen mir ist. Das macht mich traurig. Denn natürlich liebe ich sie und will, dass sie glücklich ist. Ich möchte sie besser verstehen und ein besserer Partner für sie sein.« Er sagt es ruhig, unaufgeregt. In ihren Augen sehe ich Tränen. Mitgefühl ist auch eine Art Liebeserklärung. So zart und präsent fühlt sich emotionale Sicherheit an.

In diesem Augenblick macht Oskar so vieles richtig. Er zeigt, dass ihn Leonies Schmerz berührt, dass er ihn sieht. Wenn wir den Schmerz anderer ernst nehmen, dann geben wir damit auch einer anderen Person die Erlaubnis, diesen Schmerz zu empfinden. Und manchmal ist allein dieser emotionale Spiegel heilsam.

Doch es geht nicht nur darum, gesehen zu werden, sondern auch darum, sich eingeladen zu fühlen. Leonie weiß, dass es ein Geschenk ist, in Oskars Welt zu Gast zu sein. Während er von seinen Gefühlen spricht, ist sie ruhig und zugewandt. Sie beobachtet ihn aufmerksam und saugt jedes Wort auf. Sie – wir alle – brauchen auch eine Verbindung, die wir spüren können, und nicht nur eine, die wir uns erdenken.

Doch so heilsam so ein kleiner Moment für Leonie sein kann, so heilsam ist er auch für Oskar. Denn zu merken, dass er etwas richtig macht – dass es sogar schön sein kann, wenn er seine Emotionen teilt –, ist eine neue Erfahrung für ihn. Er hat oft erfahren, dass er eine Maske tragen muss, damit andere ihn verstehen oder nicht durch ihn irritiert werden. Zu merken, er tut Leonie gut, indem er teilt, was er für sie empfindet, stärkt auch sein Selbstbewusstsein. Denn anscheinend braucht es nicht viel, damit Leonie sich von ihm gesehen fühlt. Ihre soziale Interaktion, die Art, wie sie in diesem Augenblick miteinander umgehen, schenkt beiden emotionale Sicherheit. Und diese emotionale Sicherheit wiederum gibt ihnen die Möglichkeit, sich verbunden zu fühlen. Eine positive Spirale beginnt, denn je sicherer sie sich fühlen, desto offener können sie ihre Innenwelt miteinander teilen. Je mehr sie das Schöne und Schwere miteinander teilen können, desto kreativer werden sie und desto leichter ist es auch im Alltag, in echten Kontakt zu treten. Denn natürlich darf Verbindung nicht nur im Therapiezimmer stattfinden.

Was sich so einfach und leicht und fast magisch anfühlt, baut auf dem Konzept der »emotionalen Granularität« oder »emotionalen Differenzierung« auf. Wenn etwas granular ist, können wir die vielen kleinen Körner sehen, die das Ganze ausmachen. Und so bedeutet emotionale Granularität, dass wir zwischen verschiedenen Emotionen unterscheiden können.

Im Alltag hat Oskar seine Emotionen oft gar nicht ausgedrückt. Und wenn doch, dann hat er eher etwas Oberflächliches gesagt. Viele von uns antworten auf die Frage, wie es uns geht, mit »Passt schon« oder »Mir geht es gut/schlecht/okay.« Er hat nicht mit Leonie geteilt, dass er traurig war, wenn er sie verletzt hatte, sondern war versteinert und hat geschwiegen. Viele von uns kennen die Sprachlosigkeit, wenn jemand starke Emotionen durchlebt. Floskeln wie »herzliches Beileid« bei einem Todesfall oder »Du findest schon noch jemanden« nach einer Trennung zeigen, wie schwer es ist, emotional eine Verbindung aufzubauen. Dass wir aber zu Floskeln greifen, bedeutet nicht, dass wir nichts fühlen. Im Gegenteil. Wir haben nur nicht gelernt, wie wir unsere Emotionen wahrnehmen, unterscheiden und schließlich ausdrücken können. Doch dafür brauchen wir andere Menschen, die uns helfen, dieses neue Vokabular aufzubauen.

Indem ich vorsichtig geteilt habe, wie ich mich in dieser Situation fühlen würde, habe ich Oskar Worte für seine Gefühle angeboten. Ob ich mit meinen Vermutungen richtigliege, weiß ich erst durch die Rückmeldung meiner Klient:innen. Die Idee dahinter ist, dass wir auch als Erwachsene noch lernen können, Worte zu finden, ja dass es sogar eine Form von Selbstliebe und Heilung ist, seine innere Welt zeigen zu dürfen. Sich in sich selbst auszukennen und stolz auf seinen Wortschatz zu sein.

In dieser Sitzung mit Leonie und Oskar lag der Fokus auf Trauer als einer Grundemotion. Wut, Ekel, Angst und Freude sind weitere sogenannte Basisemotionen. In den nächsten Sitzungen ging es darum, auch die verschiedenen Nuancen dieser Emotionen besser wahrzunehmen: War er in Rage oder nur ärgerlich? Hatte er Panik oder nur Sorge? War er frustriert oder hilflos? Jede Facette hat eine leicht andere Bedeutung und Wirkung. So wie wir eben die Primärfarben Rot, Gelb und Blau haben. Doch ein realitätsnahes, wunderschönes Bild entsteht oft erst, wenn wir verschiedene Farbtöne benutzen.

Je präziser wir unterscheiden können, desto mehr Freiheit bekommen wir und desto leichter können wir unsere Emotionen handhaben. Wir können dadurch unsere Gefühle besser regulieren, weil wir passende Bewältigungsstrategien wählen können. Wer zufrieden ist, braucht schließlich etwas anderes als jemand, der gerade positiv aufgeregt ist. Auch wenn beide zur Emotion »Freude« zugeordnet werden. Hoffnungslosigkeit und Melancholie zählen zur Emotion »Trauer« und doch stehen dahinter sehr unterschiedliche Bedürfnisse.

Ein besseres Bewusstsein für unsere Gefühlswelt zu haben, lässt uns auch fundierte Entscheidungen fällen, schwierige Situationen besser meistern und unsere Reaktionen besser managen. Dadurch können wir Probleme leichter lösen. Dann verstehen wir zum Beispiel, warum wir bleiben, obwohl wir allen anderen in diesem Moment raten würden zu gehen: Wenn wir beispielsweise Angst UND Zuneigung zugleich fühlen.

Wenn wir uns selbst besser verstehen, können auch andere uns besser verstehen. Die eigenen Emotionen und die Emotionen anderer wahrzunehmen, ist außerdem ein wichtiger Baustein von Empathie und Verbundenheit.

Eine Möglichkeit, emotionale Granularität zu entwickeln, ist mithilfe von anderen Menschen. Wer nicht durch seine Eltern schon ein emotionales Vokabular mitbekommen hat, kann dies durch Therapie oder seine Herzensmenschen aufbauen. Doch auch Emotionskarten oder das sogenannte Emotionsrad können helfen, besser unterscheiden zu lernen. In der Praxis dürfen meine Klient:innen einfach durch diese Karten blättern und die für sich passenden Emotionen raussuchen. Einige Emotionen habe ich in der vorderen Buchklappe bereits in »Emotionswolken« gebündelt. Sobald wir unsere Emotionen als Worte vor uns sehen, fühlen wir uns oft erleichtert. Nutze die Klappe gerne, um deine innere Welt in Worte zu fassen.

Das Spannungsgefühl, das aus der Überforderung durch zu viele Emotionen entsteht, verschwindet dann. Wir als Begleitende können noch mehr Verständnis spüren. Es sind Aha-Momente. Und wenn meine Klient:innen aufgrund dieser Aha-Momente das Fazit ziehen: »Wir müssen mehr miteinander reden«, schmunzle ich. Das Statement kommt meistens von sehr rationalen Personen, die noch wenig Bezug zu ihren Emotionen hatten. Dieses Fazit bedeutet mir: Auch sie konnten die Schönheit von Emotionen spüren. Sie konnten spüren, was es bedeutet, emotional sicher zu sein.

- Wo spürst du die Emotion am stärksten?
- Wenn diese Emotion ein Geräusch machen würde, welches wäre es? Hat die Emotion eine Farbe oder Form?
- Kannst du die Emotion benennen und, wenn ja, welche ist es?
- Spürst du noch weitere, tieferliegende Emotionen?

Die Kraft der Verbundenheit bedeutet, dass wir die tieferliegenden Emotionen auf eine sichere Weise betrachten können. Dadurch können wir uns selbst besser verstehen und andere uns besser begreifen. Sich wieder ganz und vollständig zu fühlen, bedeutet oft, dass wir mit unseren Emotionen gesehen und akzeptiert werden.

7 bewährte Strategien für den Umgang mit Emotionen

1. Die andere Person entscheidet, wie sie sich fühlt

Wir sind so eng mit unseren Emotionen verbunden, dass wir direkt wütend werden, wenn wir mit unseren Emotionen missverstanden werden. Denn manchmal ist das, was wir innerlich fühlen, nicht das, was wir nach außen zeigen. Es kann helfen, sich in die andere Person hineinzuversetzen und zu teilen, was man selbst an dieser Stelle spürt. Ob jemand so fühlt oder nicht, kann nur die Person selbst wissen.

2. Jede Emotion ist richtig und wichtig

Auch wenn uns manche Emotionen angenehmer vorkommen als andere: Jede Emotion hat ihre Berechtigung. Auch wenn wir es als Außenstehende nicht sofort begreifen, bedeutet das nicht, dass es keine Gründe für diese Emotion gibt. Unsere Aufgabe ist es nicht, die Emotionen einer Person zu bewerten, sondern ein mitfühlender Spiegel zu sein, der hilft, sich selbst besser zu verstehen.

3. Emotionen in Worte packen

Wenn ich bei meinen Klient:innen nachfrage, ob sie sich wütend, traurig oder hilflos fühlen, erhebe ich nie den Anspruch auf Vollständigkeit oder Richtigkeit meiner Interpretation. Stattdessen ist es eher ein Angebot und eine Unterstützung dabei, seine innere Welt in Worte fassen zu können. Wer das mit seinen Eltern nicht gelernt hat, darf das einfach später lernen, ohne sich deswegen schlecht zu fühlen.

Deswegen ist es mir wichtig, dass meine Klient:innen mir unbedingt sagen, wenn ein Wort nicht passt. Wenn etwa »Wut« zu stark klingt, dürfen sie es gerne abmildern. Dabei geht es mir nicht nur um emotionale Granularität oder ein größeres Vokabular. Es geht mir auch um die emotionale Sicherheit, Nein sagen zu dürfen oder für sich selbst einzustehen. Ohne dass ich als außenstehende Person mich verteidige oder es persönlich nehme. Das allein kann eine neue Erfahrung sein.

4. Emotionen nicht als Angriff werten

Ich hatte davor geschrieben, dass wir uns manchmal für die Gefühle einer Person verantwortlich oder sogar schuldig fühlen. Und so wie der Wind uns frösteln lassen kann, so können wir der Grund für eine bestimmte Emotion sein. Doch das muss kein Angriff sein. Im Gegenteil, es kann helfen, nach der »Bindungsbedeutung« zu suchen. Mit Bindungsbedeutung meine ich, dass eine Emotion auch an die Beziehung zwischen zwei Menschen gekoppelt ist.

Wir würden keine Trauer empfinden, wenn wir jemanden nicht verlieren könnten. Frustration ist etwa daran gekoppelt, dass man sich etwas wünscht, was das Gegenüber nicht geben kann, UND wenn man trotzdem die andere Person nicht verlieren möchte. Schmerz entsteht, weil wir der Person so nah sind und uns ihre Meinung wichtig ist.

5. Wir drücken Emotionen auf unterschiedliche Weise aus

Zwei Dinge führen zu Missverständnissen. Erstens drücken wir unsere Emotionen nicht alle auf die gleiche Weise aus. Zweitens spüren wir im Alltag oft einen Mix aus Emotionen.

Diese Unklarheit kann nicht nur uns selbst überfordern. Auch die andere Person kann uns weniger gut lesen. Was ich deswegen gerne mitgebe: Wir müssen nicht das emotionale Repertoire der ganzen Welt zu lesen lernen. Wir müssen nur die Emotionen unserer Herzensmenschen dechiffrieren und entziffern können.

6. Einen sicheren Raum für Emotionen schaffen

Wenn wir befürchten, für unsere Emotionen verurteilt zu werden, zeigen wir unsere echten Emotionen nicht. Wenn wir jemanden fragen, wie es ihm/ihr geht, und wir das gereizt, passiv-aggressiv und verständnislos tun, wird die andere Person das merken. Sie wird sich eher zurückziehen und so tun, als wäre nichts los. Wenn wir hingegen aus freundlicher Neugierde, Offenheit und Souveränität fragen, schaffen wir einen sicheren Raum.

7. Es braucht Wärme

Manchmal erzählen mir Paare, dass sie nach einem heftigen Streit an den inneren Kern vorgedrungen sind. Anstatt über eine Sache weiter zu diskutieren, können sie sich irgendwann verletzlich machen und tieferliegende Sorgen, Gedanken oder Wünsche teilen. Doch wenn sich ein Konflikt über Stunden und Tage zieht, kann uns das so zermürben, dass wir irgendwann aufgeben. Ungefähr so, als würden wir mit einem Eispickel unbedingt etwas aufbrechen wollen, was fest im Eis verankert ist.

Doch es gibt auch einen anderen Weg, um die Emotionen einer anderen Person sehen zu dürfen. Wir können auch mit Wärme und Geduld das Eis zum Schmelzen bringen.

Wie Verletzlichkeit zu Mut wird und Mut zur Heilung führt

Für manche von uns ist es leichter, tieferliegende Emotionen nur dann zu zeigen, wenn niemand im Raum ist. Wir brechen erst dann vor Herzschmerz, Überforderung oder Trauer zusammen, wenn niemand uns sieht. Durch Trauma oder akuten Stress verdrahtet sich unser Gehirn anders und es gilt »wired for protection«. In diesem Modus können und wollen wir uns nicht mehr verbinden und sind stattdessen so sehr mit Verteidigung beschäftigt, dass wir selbst freundliche Signale fehlinterpretieren. Wir reagieren gereizter, sind weniger kreativ und es fällt uns schwerer, uns mit unseren authentischen Emotionen zu zeigen.

Doch würden wir schon als Babys unser Innerstes verstecken, würden wir wahrscheinlich nicht überleben. Unsere Emotionen zu verbergen, ist nicht unsere Werkseinstellung. Denn wir Menschen sind »wired for connection« – unser ganzes System ist darauf ausgelegt, in Verbindung zu sein. Gemeinschaft und Verbindung hatten in der Menschheitsgeschichte Vorteile für unser Überleben: die Wärme anderer Menschen, der Schutz, das Teilen von Essen und Ressourcen und natürlich das Zeugen von Nachkommen und ihre Aufzucht (Menschenbabys brauchen vergleichsweise lange Zeit).

Auch heute hat es viele Vorteile, seine Emotionen mit Menschen zu teilen, bei denen wir sicher sind. Dies wird in ganz unterschiedlichen Studien immer wieder bestätigt. Und ich erlebe es jeden Tag in meinen Sitzungen.

In einer Sitzung beschreibt eine Klientin, wie sie gelernt hat, wie wohltuend es ist, sich anderen anzuvertrauen. Sie hatte ihre Themen als Teenager wie so viele Teenager mit sich selbst ausgemacht. Sie dachte, dass sie die einzige Person sei, der es so ginge. Als sie dies mit ihrer späteren besten Freundin teilte, merkte sie, dass sie damit nicht alleine war. Jemand verstand sie. Sie fühlt sich nicht nur weniger allein, auch die Themen sind plötzlich so viel kleiner.

Ein anderer Klient möchte daran arbeiten, Dinge im Streit nicht so persönlich zu nehmen und so schnell in eine Fluchtreaktion zu verfallen. Wenn seine Partnerin ihn nicht zu verstehen scheint, kommen bei ihm direkt Zweifel an der Beziehung hoch. Mit seinen Emotionen nicht verstanden zu werden, so merkt er, ist bedrohlich und eben das Gegenteil von einem »emotionalen Zuhause«.

Eine andere Klientin beschreibt, wie sie ohne nährende Verbindungen den Druck in der Arbeit schlechter bewältigen kann. Je weniger Verbindung sie fühlt, desto negativer wird ihr Blick auf die Welt, sie ist nicht in ihrer Balance, ist gereizt und beginnt mit Over-Eating, Over-Thinking, Over-Spending. Sie isst mehr, weil sie sich emotional leer fühlt. Sie grübelt nächtelang, anstatt zu schlafen. Sie gibt zu viel Geld für Dinge aus, um sich selbst wieder zu spüren.

Wenn wir Menschen gefunden haben, denen wir uns anvertrauen können, und den Mut gefunden haben, es auch wirklich zu tun, können wir unsere tiefsten Emotionen verarbeiten. Wir merken, dass wir eben nicht alleine sind, und fühlen uns verbunden und verstanden. Es kann allein heilsam sein, dass jemand nicht geht, selbst wenn wir gerade »negative Gefühle« durchmachen.

»Nur« mitfühlend zuzuhören, empfinden viele hingegen oft nicht als »genug«. Denn sie würden gerne schlaue Ratschläge geben und eine Lösung für die andere Person finden.

Doch wenn wir in uns hineinhorchen, wissen wir: Wir teilen unser Innerstes nicht, damit jemand unsere Probleme für uns löst. Auch ein Ratschlag kann ein Schlag sein. Was wir uns stattdessen wünschen: Zuspruch, Vertrauen und Verständnis. Denn indem jemand bei uns ist und uns emotional auffängt, können wir selbst besser auf den rationalen Part in unserem Gehirn zugreifen. Wir werden kreativer, wir fühlen uns geerdet, wir finden selbst Lösungen und vor allem das Vertrauen in unsere Fähigkeiten.

Reframing: Verletzlichkeit als Tor zu neuen Perspektiven

Es gibt noch einen zweiten wichtigen Vorteil, seine Gefühle mit anderen zu teilen. Denn manchmal drehen und wenden wir die Gedanken, die mit unseren Gefühlen verbunden sind, von links nach rechts. Wir drehen uns im Kreis und finden keinen Ausweg. Eine Perspektive von außen kann uns helfen, auch unsere eigene Perspektive zu verändern.

Ich habe tatsächlich etwas Angst vor Prüfungssituationen. Einen flauen Magen, einen trockenen Mund und ein pochendes Herz habe ich lange damit verbunden, dass ich nicht nur begutachtet, sondern direkt als ungenügend bewertet werde.

Als ich mal wieder nervös war, nickte eine gute Freundin mitfühlend. Sie selbst kenne diese Angst und Nervosität. Was ihr geholfen hatte, war das Wissen über eine Studie. Bei diesem Versuch wurde den Testpersonen erklärt, dass ihre körperlichen Reaktionen bedeuten, dass sie einfach nur erregt seien. Das Adrenalin würde ihnen helfen, sich zu konzentrieren, und ihr Körper sammle gerade alle Ressourcen, um die Situation bestmöglich zu meistern. Diejenigen, die dieses Wissen hatten, schnitten sogar in Tests besser ab als diejenigen, die einfach nur »nervös« waren. Seitdem läuft ihre Erzählung immer in meinem Kopf ab, wenn ich nervös einer Prüfungssituation entgegensehe. Meine Freundin hat mir durch Mitgefühl eine neue Perspektive auf meine Nervosität gegeben. Wir nennen das als Technik »Reframing«. Reframing bedeutet, dass wir Emotionen, Gedanken, Dingen eine neue, hilfreichere Bedeutung geben.

In einer Sitzung erwähnt Marcella fast beiläufig, dass sie sich nicht traut, ihrem Partner Simon mitzuteilen, wenn sie krank wird. Simon wird rot. Es war ihm peinlich, denn seine Gereiztheit stand im starken Kontrast zu seiner sonst auch fürsorglichen Art. Wie kann jemand, der sonst so liebevoll ist, auf Krankheit alles andere als verständnisvoll reagieren?

Simon überlegt, wann er gelernt hat, dass Krankheit auch bedrohlich war. Er erinnert sich daran, dass seine Mutter chronisch krank war und er sehr früh die Verantwortung für sich und sie übernommen hatte. Eine schmerzhafte und zugleich prägende Erfahrung auf drei Ebenen.

Erstens bedeutete Krankheit für Simon als Kind auch immer Verlust. Seine Mutter war nicht spürbar. Doch auch sie endgültig zu verlieren, war eine ständige Angst.

Zweitens war es überfordernd, so viel Verantwortung übernehmen zu müssen. Als Kind war dies zwar seine Normalität, aber rückblickend kostete ihn diese Verantwortung und Sorge auch seine Kindheit. Er konnte nicht so unbeschwert spielen wie andere Kinder. Während seine Klassenkamerad:innen etwa im Schullandheim unbeschwert waren oder Heimweh hatten, kreisten in seinem Kopf ständig Gedanken an den Zustand seiner Mutter.

Drittens hatte Simon nicht erlebt, dass ihm mit Mitgefühl oder Liebe oder Zuwendung begegnet wurde, wenn er selbst krank war. Ein Schnupfen wog immer weniger als die Krankheit seiner Mutter.

Es war aus Simons Perspektive logisch, dass sein Körper gelernt hatte, Stresshormone auszuschütten, wenn jemand krank wurde, der ihm wichtig war. Seine Emotion machte aus seiner Biografie heraus Sinn. Doch Marcella war nicht seine Mutter und ihre Erkältungen waren meist nach wenigen Tagen vergangen. Das, was er also als Kind gelernt hatte, machte in der heutigen Situation keinen Sinn mehr.

In der Sitzung arbeiteten wir schließlich gemeinsam an einem Reframing. Reframing ist ein Perspektivenwechsel. Wir verändern unseren Blickwinkel auf Situationen, die wir nicht verändern können, damit wir uns ihnen nicht mehr ausgeliefert fühlen.

Das Reframing in Simons Fall sah so aus, dass es gerade ein Akt der Selbstfürsorge war, wenn Marcella ihm erzählte, dass sie krank war. Schließlich könnte sie sich dann zurückziehen, sich in Ruhe auskurieren und wäre noch schneller wieder genesen.

Perspektivenwechsel und Reframings können uns in vielen Situationen helfen, eine Sichtweise zu finden, die uns eher nützt, empowert und stärkt. Unsere Einstellung und unsere Gedanken sind wichtige Tools, die wie die Klinge eines Messers entweder verletzen können oder uns helfen zu essen.

Wenn wir jemandem eine neue Perspektive anbieten wollen, ist es wichtig, die Person erst mal dort zu treffen, wo sie emotional ist. Im Fall von Simon ging es zunächst darum, zu verstehen, woher dieses alte Muster kam. Es braucht Verständnis, Interesse und auch den nötigen Raum für diesen alten Schmerz. Wenn wir eine Emotion spüren, die mit Stress verbunden ist, dann nimmt unser Körper eine Gefahr wahr. Vor unserer Tür sitzt ein bedrohlicher Tiger – auch wenn es für die anderen nur eine Miezekatze ist.

Erst wenn wir uns verstanden, ernst genommen und akzeptiert fühlen, sind wir bereit, neue Informationen aufzunehmen und eine alte Perspektive loszulassen. Dieses Reframing hilft uns dann, eine passendere Reaktion auf eine alte Verletzung zu finden.

Kerngedanken

- Emotionen spielen im »Theater des Körpers«, während Gefühle im »Theater des Geistes« laufen. Unsere Gefühle sind also oft Geschichten, die wir uns erzählen.
- Emotionen haben teils einen schlechten Ruf. Wenn wir aber ihre Bedeutung oder die Bedürfnisse dahinter verstehen, werden Partnerschaften leichter und es entsteht Verbindung.
- Es geht nicht darum, wer Schuld an Emotionen hat. Denn Emotionen entstehen durch äußerliche Reize und gemachte Erfahrungen.
- Wenn wir ein Problem nicht praktisch lösen können, geht es wahrscheinlich um ein emotionales Bedürfnis, das nicht gestillt wurde.
- Wenn wir Menschen eine neue Perspektive eröffnen wollen, müssen wir sie dort treffen, wo sie gerade sind. Es ist wichtig, auch unbequeme Emotionen zu akzeptieren.

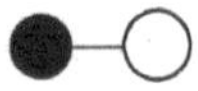

Wenn wir Emotionen als Feind betrachten, reicht unser Verständnis nicht tief. Wir sind im Konflikt.

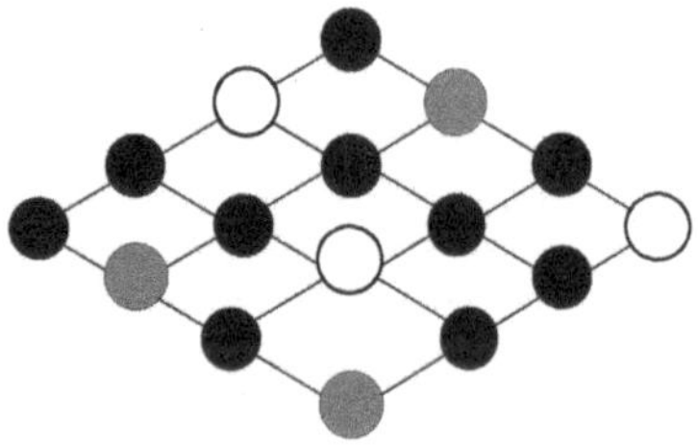

Wenn wir Emotionen als Informationen betrachten, lernen wir mehr über uns und andere.

Co-Regulation:
Wie wir unbequeme Emotionen leichter auflösen können

Eines der Geheimnisse glücklicher Beziehungen ist meiner Meinung nach Co-Regulation. Denn Co-Regulation hilft uns, mit Herausforderungen leichter umzugehen und einen kühlen Kopf zu bewahren. Und dafür müssen wir nichts anderes tun, als emotional präsent zu bleiben. »Co-Regulation« ist der wissenschaftliche Begriff für etwas, das viele von uns schon einmal erlebt haben. Wem die Angst genommen wurde, indem jemand seine Hand hielt oder indem er Zuspruch bekommen hat, hat Co-Regulation bereits erfahren. Co-Regulation bedeutet, dass wir Emotionen besser regulieren und managen können, wenn uns jemand dabei unterstützt. Co-Regulation ist oft ein unbewusster Akt. Doch was es für Co-Regulation braucht, ist empathische Resonanz: ein Mitschwingen, ohne in den Emotionen einer anderen Person unterzugehen.

Mein Klient Alex wollte alles richtig machen. Er las sich in die Themen ein und war in den Sitzungen präsent und zugewandt. Das Wissen über Emotionen kam ihm logisch vor, genauso wie die Idee, dass wir mehr positive Interaktionen bräuchten als negative. Er war motiviert, intelligent und proaktiv.

Trotz Alex' Bemühungen, positiv auf seine Partnerin Josefine zuzugehen, blieb die Stimmung zu Hause angespannt. Augenrollen, Schweigen, Gespräche, die an der Oberfläche und der Organisation des Alltags hängen blieben. In der gemeinsamen Sitzung konnte ich schließlich etwas Ungewöhnliches bemerken. Je mehr Alex sich in ihre Situation hineinversetzte, desto angespannter wurde Josefine.

Paradoxerweise führte sein Wunsch, alles perfekt zu machen, zu emotionalen Verletzungen auf beiden Seiten. Daran, dass er alles nach Lehrbuch machte, war auch gekoppelt, dass der Fehler auf ihrer Seite liegen musste. Aus Josefines Perspektive war sein Mitgefühl kein Mitgefühl. Es kam bei ihr wie Mitleid an. Wenn sie nicht passend reagierte, redete er wie mit einer Schülerin mit ihr. Ihren Schmerz rechtfertigte er oft mit ihrer schlechten Vergangenheit oder ihrer Sensibilität. »Klar reagierst du jetzt wütend, schließlich hat dein Vater auch so mit dir geredet.« Josefine ärgerte, dass die Verantwortung automatisch bei ihr lag und sie als zu sensibel oder zu kaputt kleingemacht wurde. Abwertung sabotiert jede Augenhöhe. Sie wandte sich an mich: »Muss ich diese kleinen Stiche einfach ignorieren? Gehört das zu einer guten Beziehung? Wenn es mal ein Kommentar unter vielen Komplimenten wäre, vielleicht, aber seine Haltung ist die ganze Zeit da.«

Alex beharrte darauf, dass seine Kritik gerechtfertigt sei. Er vertrat die Ansicht, dass sie sich verändern müsse, sie bringe Ballast aus der Vergangenheit mit, ja vielleicht bräuchte sie eine Einzelsitzung. Sie ging in den Widerstand. Selbst wenn sie in anderen Momenten offen für Unterstützung wäre, so fühlte sich sein Vorschlag an, als wäre sie das alleinige Problem.

Doch natürlich verletzte, irritierte und frustrierte ihr Widerstand Alex. Er fühlte sich hilflos, denn er konnte die Situation trotz aller Bemühungen ja auch nicht verbessern. Sowohl Alex als auch Josefine hatten den Wunsch nach einer glücklichen, vertrauten Beziehung. Keiner von beiden wollte den jeweils anderen verletzen. Trotz positiver Intention auf beiden Seiten verpassten sie sich emotional und gingen nicht aufeinander zu. Was ihnen fehlte, war, miteinander in Resonanz zu sein.

Empathische Resonanz: Eine mächtige Verbindung

Carl Rogers hat das Konzept der »empathischen Resonanz« geprägt. Carl Rogers ist ein wichtiger Name in der Welt der Psychotherapie, denn er war Mitbegründer der Humanistischen Therapieform. Die humanistische Therapie rückt den Menschen und seine Ressourcen ins Zentrum. In dieser Richtung gilt als Grundlage, dass Menschen individuell wachsen und ihr Potenzial entfalten wollen. Damit einher gehen Akzeptanz und bedingungslose positive Wertschätzung vonseiten der Therapeut:innen. Denn dies ist der Boden, der Selbstverwirklichung ermöglicht. Auch ermutigt diese Therapieform nicht nur Klient:innen, sondern auch Therapeut:innen zu Authentizität und Echtheit. Carl Rogers war ein Meister der empathischen Resonanz – und seine Haltung half seinen Klient:innen, sich selbst besser zu verstehen. In einem psychotherapeutischen Setting kann uns empathische Resonanz also helfen zu heilen. Doch auch in unseren zwischenmenschlichen Beziehungen kann Resonanz dazu führen, dass wir uns gesehen, verstanden und in Verbindung fühlen. Doch was genau bedeutet Resonanz?

»Resonanz« kommt aus dem Lateinischen und wir können es mit »nachschwingen« übersetzen. Ein Objekt schwingt und bringt durch seine Schwingung ein weiteres Objekt zum Mitschwingen. Schlagen wir eine Stimmgabel an, schwingt sie noch lange nach, obwohl die Berührung schon vorbei ist, und, mehr als das, eine zweite Stimmgabel, mit der gleichen Frequenz, würde mitschwingen, ohne dass wir sie berühren. Wir als Menschen können mit anderen Menschen, aber auch mit Musik, Kunst, Poesie, einem Hobby, einer Landschaft in Resonanz treten. In Beziehungen geht es nun vor allem um empathische Resonanz. Doch was ist der Unterschied zwischen Empathie und emphatischer Resonanz?

Empathie bezieht sich auf die Fähigkeit, die Gefühle einer anderen Person zu verstehen und zu teilen. Empathie kann auf einer kognitiven oder einer affektiven Ebene stattfinden. Außerdem sind verschiedene Gehirnregionen aktiv. Empathische Resonanz beschreibt das Phänomen, dass die Emotionen einer Person eine ähnliche emotionale Reaktion bei einer anderen Person auslösen. Und das entsteht vor allem über Spiegelneuronen, bestimmte Nervenzellen im Gehirn. Empathische Resonanz ist also ein spezifischerer Aspekt von Empathie. Denn es geht nicht nur um ein Verstehen oder Nachempfinden, sondern um ein Mitschwingen.

Dass Resonanz für unsere Beziehungen mit der Welt von Bedeutung ist, beschreibt der Soziologe und Philosoph Hartmut Rosa. Wenn wir an persönliches Wachstum denken, haben wir vor allem die Psychologie vor Augen. Doch auch andere Wissenschaften helfen uns, unser Sein und unser Zusammenleben besser zu begreifen. Hartmut Rosa definierte in seiner soziologischen Kritik *Resonanz. Eine Soziologie der Weltbeziehung* vier Eigenschaften von Resonanz im Zwischenmenschlichen. Das Buch ist 2016 erschienen und skizziert ein Gegenmodell zur Schnelligkeit, zur Hektik und zum Kapitalismus.

Was mich gefesselt hatte: Rosa spricht davon, dass »eine tote Welt« oder »stumme Beziehung« entsteht, wenn Resonanz fehlt. Und genau so fühlte sich die Beziehung zwischen Alex und seiner Partnerin an. Die beiden saßen zwar am selben Tisch und beide hatten mehr als Interesse daran, ihre Beziehung wieder zum Leben zu erwecken, aber zwischen ihnen gab es keinen wirklichen Austausch, keine Leichtigkeit, keine Nähe und Verbundenheit. Sie sprachen zwar, aber hörten sich nicht. Ihre Beziehung schien stumm.

Welche vier Merkmale hat Resonanz also nach Hartmut Rosa? Als Erstes gibt es einen Moment der Berührung oder Affizierung. Wir werden also berührt und fühlen uns verändert oder mitgenommen. Rosa spricht sogar von einer Art »Anrufung«. Zwischen Alex und Josefine fehlte dieses Moment der Berührung. Josefines Schmerz berührte Alex nicht. Als sie ihn darauf hinwies, dass seine Wortwahl sie treffen würde, ging er nicht in Resonanz. Im Gegenteil, er drehte oftmals die Verletzung um. Dass Selbstwert etwas war, an dem sie arbeitete, und seine Kommentare ihr nicht dabei halfen, ließ er an sich abprallen. Es fehlte das Berührtwerden. Doch auch Alex' gute Intention berührte Josefine nicht.

Bei Paaren, die in Resonanz gehen, geschieht etwas ganz anderes. Wenn eine Person sich verletzlich macht und vielleicht sogar den Hintergrund erzählt, kann das Gegenüber nicht anders als mitzuschwingen. Dabei fühlt er oder sie nicht unbedingt das, was die andere Person fühlt, aber er oder sie fühlt mit. Der Schmerz eines Herzensmenschen betrifft uns.

Als zweites Merkmal von Resonanz beschreibt Rosa einen Moment von Selbstwirksamkeit. Wir merken, dass unser Tun und Sein etwas in der Welt verändert. Das kann schon im Kleinen stattfinden. Vielleicht merken wir, dass unsere Tränen andere ebenfalls zu mehr Mitgefühl inspirieren. Durch diese Wechselseitigkeit machen wir die Erfahrung, dass wir etwas verändern und bewegen können. Josefine fehlte diese Selbstwirksamkeit, denn ihre Bitte wurde übergangen. Doch auch Alex erfuhr nicht, dass seine Worte etwas bei ihr ausrichten würden. Seine Worte trösteten sie nicht oder ließen sie auch nicht erleichtert aufatmen. Im Gegenteil, sie verschloss sich erst recht.

Resonanz meint nicht automatisch Harmonie. Es muss nicht alles bejaht werden. Wir müssen nicht die gleiche Trauer spüren, wir müssen nicht die gleiche Wut empfinden oder so tun, als wären wir in einem Rosamunde-Pilcher-Roman, um in Resonanz zu gehen. Resonanz bedeutet, dass es mich auch berührt, wenn du so fühlst, und ich kann dir meine Empfindung mitteilen.

Das dritte Merkmal ist Transformation. Wenn wir in Resonanz gehen, nehmen wir auch etwas mit, das uns noch Stunden, Tage, vielleicht Wochen später nachsinnen lässt. Und diese Brücke in den Alltag ist genau das, was ein erfolgreicher Prozess braucht. Alex und Josefine bedauerten, dass sie die in der Sitzung angesprochenen Muster nicht im Alltag umsetzen konnten. Es gab zwar Verständnis, aber keine Veränderung. So wusste Alex zwar kognitiv, dass bestimmte Aussagen Josefine trafen, aber es war schwierig für ihn, auf bestimmte Phrasen zu verzichten. Josefine wusste, dass er sich mehr Interesse wünschte, aber es fiel ihr schwer, auf ihn zuzugehen. Es gab keine Transformation. Sich verändern zu lassen ist ein wichtiges Merkmal für Paare und gesunde Beziehungen. Wenn wir uns verletzlich machen und es hat keinen Effekt auf die andere Person – dann machen wir uns nicht mehr verletzlich. Doch ohne Verletzlichkeit gibt es kein Wachstum. Ohne Verletzlichkeit gibt es keine Liebe. Und es ist genau dieses Mitschwingen, um das es bei empathischer Resonanz geht. Es ist die Fähigkeit, sich verändern zu lassen und mit dieser Veränderung mehr in Frieden zu sein – mit der Partnerschaft und mit sich selbst.

Dass ein Paar in Resonanz getreten ist und es wirklich eine tiefe Veränderung gab, merke ich oftmals an kleinen Details. Vielleicht hat eine Person akzeptiert, dass dieser Blick keine Kritik, sondern einfach das ruhende Gesicht des Herzensmenschen ist. Eine Person hat verinnerlicht, dass Rückzug ein Wunsch nach Emotionsregulation und keine Bestrafung ist.

Jemand hat akzeptiert, dass der Herzensmensch die Nähe mag, aber sie nicht einfordert, um nicht zu belasten. Glückliche Paare sind sich bewusst: Wir verändern uns ehrlich, weil wir uns in unserem Inneren zutiefst berührt fühlen.

Das letzte Kriterium allerdings hat seine Tücken. Denn Hartmut Rosa beschreibt Resonanz als nicht planbar. Wir können uns Stunden vor ein Bild setzen, von dem alle anderen unendlich ergriffen waren, und trotzdem nichts spüren. Doch gerade diese Unplanbarkeit gehört auch zur Magie der Liebe.

Für Josefine ist diese Unplanbarkeit schmerzhaft. Denn in Momenten, in denen Alex auf sie zukam und Resonanz da war, löste sich etwas in ihr. Es fühlte sich gut an und erleichternd. Auch wenn sie dieser Resonanz skeptisch begegnete. Doch in den Momenten, in denen die Resonanz fehlte, verlor Josefine auch die emotionale Sicherheit und Orientierung. So wie wir uns eben verlieren und an der Welt zweifeln, wenn es nicht mehr das leiseste Echo gibt. Absolute Stille hat etwas Bedrohliches.

Empathische Resonanz ist die Kunst, tiefe Verbindungen zu schaffen. In Momenten von Resonanz fühlen wir uns wirklich gesehen, gehört, geliebt. Empathische Resonanz belebt uns und unsere Umwelt. Doch wie können wir empathische Resonanz erwecken, wenn sie eigentlich unplanbar ist?

7 Wege, um empathische Resonanz zu entwickeln

1. Achtsamkeit

Achtsam in unseren Beziehungen zu sein, bedeutet, dass wir nicht nur hören, was unser Herzensmensch sagt. Wir sehen auch, wie er etwas ausdrückt, und hören, was nicht gesagt wird. Und wenn wir achtsam mit uns selbst sind, können wir nachspüren. Erst dann können wir fühlen, was das Gesagte mit uns macht und was es in uns anregt.

2. Authentizität

Resonanz kann nur entstehen, wenn wir wir selbst bleiben. Ich habe einmal gehört, dass die Wahrheit am meisten schwingt, und finde seitdem überall Beispiele dafür. Wir können nur etwas in jemand anderem auslösen, wenn wir bei uns bleiben. Doch genauso geht es darum, als Mitschwingende sich nicht im anderen zu verlieren oder einem Bild gerecht werden zu wollen. Es geht um alles andere als um Perfektion. Denn nur wenn wir bei uns bleiben, können wir mitschwingen. Nur wenn wir bei uns bleiben und selbst gut geerdet sind, können wir den Schmerz einer anderen Person mittragen. Nur wenn wir mit uns im Reinen sind, können wir uns über die Freude einer Person freuen. Ansonsten kann uns die Freude einer Person auch vernichten.

3. Perspektive

Ich selbst habe es noch nicht erlebt, mit etwas in Resonanz zu treten, was ich doof, eklig oder als störend empfand. Etwas Schönes im anderen zu sehen ist eine aktive Entscheidung. Es ist unsere Entscheidung, ob wir uns vor allem auf das Negative oder das Gute in einer Person fokussieren.

4. Augenhöhe

Resonanz ist wie ein Spiegel, der uns die Möglichkeit gibt, uns selbst in einem anderen zu erkennen und diese andere Person in uns selbst. Doch das kann nur geschehen, wenn wir miteinander auf Augenhöhe sind.

5. Offenheit für Veränderung

Resonanz verändert uns. Wenn jemand sich uns gegenüber verletzlich zeigt und uns darauf hinweist, dass wir ihn verletzt haben – jemand, der darauf mit Resonanz reagiert, kann nicht anders, als sein Verhalten zu verändern. Nicht in Resonanz zu sein, bedeutet, nicht offen für Veränderung sein. Wir vergessen oder verdrängen oder ignorieren das Gesagte. Es hat keinen Einfluss auf uns.

6. Mut, sich zu zeigen

Wenn wir für uns behalten, dass uns etwas bewegt hat, kann keine Resonanz entstehen. Es fehlt der Widerhall. Manchmal nehmen wir uns so sehr zurück, um der anderen Person Raum zu geben, dass sie uns nicht mehr spürt. Doch bei Resonanz geht es gerade darum, miteinander zu schwingen und dass beide sich zeigen.

7. Emotionen zulassen

Wir können nur emotional mitschwingen, wenn wir uns selbst erlauben, unbequeme Emotionen zu spüren. Wenn wir uns für unsere Trauer, unser Mitgefühl, unsere Freude verurteilen, wie sollen wir sie dann teilen? Wenn wir unsere Emotionen nicht benennen oder zeigen können, wie sollen wir sie nach außen transportieren?

Empathie ist das Herzstück zwischenmenschlicher Verbindung

Empathie ist ein wichtiger Faktor in unseren Beziehungen und doch heißt es immer wieder, dass Frauen viel empathischer seien als Männer. Doch zum Glück ist das ein alter Glaubenssatz, der nicht zwingend so stimmt. In einer Studie[12] an der University of California ging es darum, wie schnell Männer und Frauen die Emotionen anderer Menschen lesen und zuordnen können. Mehr als 200 Proband:innen mussten anhand eines kleinen Bildausschnitts – es wurden nur die Augen gezeigt – Emotionen zuordnen. In der ersten Runde haben Frauen die Emotionen um einiges schneller und korrekter benannt. In der zweiten Runde galt: Je schneller jemand bei der Zuordnung abschnitt, desto mehr Geld bekam er oder sie. Das spannende Ergebnis: Viele der Männer konnten, wenn es etwas zu gewinnen gab, genauso gut Gefühlsausdrücke lesen und Emotionen zuordnen wie viele der Frauen. Männer sind also nicht per se unempathischer. Leider bietet unsere Welt anscheinend weniger Anreize für Männer, empathisch zu agieren.

Warum erzähle ich das? Zum einen brauchen wir Empathie, um zu heilen. Doch meistens wird auf Probleme nur mit Lösungen geantwortet. Und zum anderen – zumindest bemerke ich dies in der Praxis – fehlt uns bisweilen die Empathie unseres Gegenübers. Wenn unser Herzensmensch etwa bei Tränen versteinert, anstatt uns zu trösten, kommt er oder sie uns kalt vor. Stereotype über Männlichkeit tragen ihr Übriges dazu bei. Doch oft fehlt es nicht an Empathie. Wer nicht gelernt hat, mit unbequemen Gefühlen gut umzugehen, fühlt sich hilflos, wenn er oder sie die Emotionen seines Gegenübers wahrnimmt und nicht weiß, wie er passend darauf eingehen soll.

Vor mir sitzen zwei frischgebackene Eltern. Naomi hat eine süße Ausstrahlung, zart und ein zugleich so einladendes, präsentes Lächeln. Schüchtern und zugleich warmherzig. Auch ihr Partner Ichiro hat diese beiläufige Wärme. Vor Aufregung spricht er zu Beginn leise, doch sobald sich diese legt und seine inneren Werte zum Vorschein treten, strahlt er eine intuitive Ruhe aus. Sein Redefluss ist bedacht, vielleicht kommt er in seinem Umfeld deshalb als ruhig und introvertiert rüber.

Die beiden sind wegen eines Vertrauensbruchs bei mir und während Naomi die Situation schildert, die schon einige Monate her ist, beginnt sie zu weinen, als wäre es erst gestern gewesen. Doch spätestens als ihre Stimme zu zittern beginnt, spannt sich Ichiros ganzer Körper an.

Das Thema ist Geld. Schulden und Verbindlichkeiten, von denen sie nichts wusste. Dabei geht es gar nicht so sehr um die Summe als vielmehr um den emotionalen Ballast: die Lügen. Das Gefühl, kein Team zu sein. Die Zweifel, ob man die andere Person überhaupt kennen würde. Ein Betrug muss nicht immer sexueller Natur sein. Und nicht immer muss eine Verletzung nur deswegen so schmerzhaft sein, weil sie in eine Kerbe schlägt. Aber im Fall von Naomi trifft dies zu.

Schon früh hat sie erlebt, wie ihre Mutter die Familie finanziell und emotional versorgte, während ihr Vater das Geld verspielte. Sie erinnert sich an viele Konflikte zwischen ihren Eltern, aber auch an Hunger und Existenzangst. Und ebendiese Emotionen kamen mit den Geldproblemen wieder hoch. Doch nicht nur Angst und Sorge standen im Raum. Auch fühlte sie sich zutiefst ungerecht behandelt. Sie sah, wie sie in die Rolle ihrer Mutter abrutschte: als Versorgerin, als Belogene, als diejenige, welche die emotionale und finanzielle Arbeit leisten muss. Dabei hatte sie sich versprochen, niemals in dieser Position zu landen. Geld zu verdienen, Karriere zu machen und unabhängig zu sein, gaben ihr Sicherheit. Es fühlt sich an, als würde nicht nur das Bild von Ichiro, sondern auch ihr Selbstbild in Scherben liegen.

Wäre ich an Naomis Stelle, würde sein erstarrter Körper auf mich auch so wirken, als würde es ihn kaltlassen. Ich würde mich alleingelassen fühlen mit meinen Tränen und meinem Schmerz, weil mir seine Reaktion und Resonanz fehlen würden. Ich würde mich hilflos fühlen, denn ich hätte keine Ahnung, ob meine Worte ihn erreichten.

Doch an dem Platz, an dem ich sitze – ein Platz, an dem mich der Schreck über die Lügen, die Existenzangst, die Wut nicht betreffen –, kann ich sehen, wie jedes ihrer Worte fünf Tonnen wiegt. Ich sehe, dass er nach einer Lösung sucht, die es nicht gibt. Doch diese Suche nach einer Lösung löst ihren Schmerz nicht. Zumindest nicht in diesem Augenblick. In diesem Moment verschlimmert die Suche paradoxerweise ihren Schmerz. Dadurch, dass er sich nach innen zurückzieht, fühlt sich das für Naomi erneut wie ein Ausschluss an. Wenn unser Vertrauen verloren geht, verlieren wir oft auch den Glauben daran, dass die andere Person uns in ihrer Nähe haben möchte oder uns mitbedenkt.

Also suche ich nach der Empathie, dem Moment, in dem Ichiro Naomi versteht und ihre Gedanken nachvollzieht. Es braucht nur eine Vermutung, die sein Schweigen in ein anderes Licht rückt. Es ist ein Vertrauensvorschuss, der sein Schweigen nicht als Bestrafung oder Desinteresse wertet, sondern als Überforderung: »Es scheint, als würden dich Naomis Tränen mitnehmen?«

Natürlich fühlt Ichiro mit, natürlich versteht er sie, ist wütend auf sich und enttäuscht davon, dass er es nicht besser konnte. Sie hat alles Recht der Welt, enttäuscht zu sein. Sobald er seine Empathie in Worte fasst, ebben ihre Tränen ab. Sie fühlt sich gesehen und verstanden.

Erst dann folgt ein Blick in sein Innerstes und eine Erklärung, warum er Naomi nicht früher eingeweiht hatte. Ich mache die implizite Bindungsbedeutung explizit. Er wollte es alleine lösen, *damit sie nicht besorgt sei*. Er schämte sich: *Sie ist das Wichtigste in seinem Leben*. Er hoffte, er könne das Ruder rumreißen, *um seiner Rolle als Versorger gerecht zu werden*. Er wisse, dass sie ihn nicht verurteilt hätte, aber um all das zu teilen, hatte ihm der Mut gefehlt.

Dadurch, dass Ichiro zunächst sie verstanden hatte, entstand Raum für seine Perspektive. Seine Empathie zu spüren und zu sehen, welchen Platz sie in seinem Inneren hat, ist heilsam. Ernst genommen und gesehen zu werden, gibt ihr das Vertrauen zurück, dass er sie mitbedenkt. Das Gegenteil von Ausschluss ist es, in die innere Welt einer Person eingeladen zu werden.

Doch es geht nicht nur um Naomi. Auch für Ichiro ist der Prozess heilsam. Ichiro hat schon sehr früh gelernt, dass Leistung mit Liebe gleichzusetzen ist. Lob und Zuwendung waren an Erfolge in der Schule, beim Sport und bei anderen Hobbys geknüpft. Auch in vorherigen Beziehungen hatte er immer wieder die Erfahrung gemacht, dass seine Gesten der Zuwendung scheinbar nicht ausreichten. Seiner ersten Freundin in der Schule war er nicht »cool« genug, seine romantischen Gesten wurden von seiner Freundin während des Studiums verlacht. Dass er ihr rote Rosen mitbrachte, war ihr zu kitschig, und er hätte wissen sollen, dass sie nur weiße Blumen mag. Räumte er die Küche auf, wurde er dafür gerügt, dass er die Töpfe nicht richtig putzte. Ging er einkaufen, ging es später nur darum, was er vergessen hatte. Es schien ihm irgendwann, dass er es nur falsch machen könne, wenn er nicht den genauen Anweisungen seiner Partnerinnen folgte. Also gab es einen Teil in ihm, der beschlossen hatte, nichts mehr von sich aus zu machen. Auf genaue Anweisungen zu warten, war sein Weg, um Kritik zu vermeiden. Nur um dann zu merken, dass auch seine neue Strategie mit Abwertung und Kritik bestraft wurde. Denn dann galt er als »passiv«, »faul« oder »unromantisch«.

Nichts machen zu können, ohne Angst vor einer negativen Rückmeldung zu haben, lähmt uns und lässt uns an der Welt zweifeln. Es ist ein Trauma, das uns lehrt, eher für uns zu bleiben. Mit diesem Trauma können wir uns schwer zeigen. Und wenn unsere guten Taten schon so kritisiert werden, dann gibt es keinen Grund, dass wir uns mit unseren Fehlern und Makeln offen zeigen. Wir verstecken und verheimlichen diese erst recht.

Doch in der Sitzung ist Ichiro mutig und zeigt sich mit seiner Empathie und mit seinen Fehlentscheidungen. Und dass Naomi auf Ichiros Empathie reagiert und sie so zugetan ist, heilt nicht nur eine Wunde in Naomi. Mit seinem Mut heilt Ichiro auch sich selbst und gibt sich selbst die Möglichkeit, eine neue Erfahrung zu machen. Er erlebt, dass er nichts leisten muss und dass er ausreicht, dass er Fehler machen darf und auch mit ihnen akzeptiert wird, dass seine Aktionen einen positiven Einfluss auf die Menschen haben, die er liebt. Heilung geschieht in den kleinen Momenten, in denen wir etwas anders machen. Wenn wir aus unserem Trauma ausbrechen und merken, dass es uns guttut und wir sicher sind, werden wir stärker und resilienter.

Die Empathielücke: Ein Hindernis auf dem Weg zur Heilung

Sehr oft erlebe ich Konflikte, bei denen Liebende auf zwei ganz unterschiedlichen Ebenen streiten. Eine Person ist auf der Inhaltsebene und die andere Person auf einer Metaebene, bei der es um das »wie« geht. Aus beiden Perspektiven ergibt das jeweils eigene Verhalten Sinn. Beide Seiten fühlen sich meistens im Recht und fordern Empathie von der anderen Seite.

Wenn wir über die Art und Weise streiten, hat uns dabei etwas so verletzt, dass der Inhalt zweitrangig wird. Wenn jemand uns (durch die Blume) beleidigt, uns abkanzelt, schreit oder Wünsche zu Pflichtaufgaben macht, kann uns allein der Ton verletzen.

Als Zuhörende könnten wir so einen Schmerz empathisch nachempfinden. Würde uns jemand erzählen, wie abwertend oder harsch eine Auseinandersetzung klang, so würden wir mitfühlend nicken. Es wäre nicht schwer, empathisch mit der Person zu sein, kennen wir doch alle Situationen, in denen die Art uns verletzt. Schließlich macht der Ton die Musik. Wenn unser Bedürfnis nach emotionaler Sicherheit nicht gewahrt wird, fühlen wir Unsicherheit, Spannung, Angst, Zweifel.

Doch genauso mitfühlend würden wir zustimmen, wenn wir die andere Seite hören. Wir würden wahrscheinlich dem zustimmen, dass die beiden die Inhaltsebene verlassen haben und im wahrsten Sinne des Wortes aneinander vorbeireden. Ja, es kann schmerzhaft sein, wenn jedes Wort in die Waagschale geworfen wird und es nicht mehr um den Inhalt geht. Es kann frustrierend sein, wenn wir unsere Themen nicht teilen können, ohne dafür kritisiert zu werden, wie wir dies tun. Und ja, wir wollen auch mit unserer Wut, mit unserer Hektik, unserer Langsamkeit, unserer Lautstärke, unserem Ausdruck von Emotion akzeptiert werden. Und wenn dieses Bedürfnis nach Akzeptanz nicht erfüllt wird, entstehen bei uns oft unbequeme Gefühle: Wut, Stress, Spannung, Druck, Frustration, Einsamkeit. Und das können wir nachempfinden.

Wenn uns etwas nicht betrifft, fällt es oft leichter, sich empathisch in eine andere Person hineinzuversetzen. Doch wenn es uns betrifft, haben wir unsere ganz eigenen Emotionen und die beeinflussen auch unsere empathische Reaktion. In Beziehungen gilt: Empathie ist keine Einbahnstraße.

Der Fachbegriff dafür lautet »Empathielücke«. Eine Empathielücke entsteht dadurch, dass unsere empathische Reaktion durch unsere eigene Laune beeinflusst wird. Wir meinen, wir wären immer gleich empathisch und würden immer unseren Werten folgen. Doch unsere innere Gefühlslage hat einen immensen Einfluss auf unsere empathische Reaktion. Deswegen wird die Empathielücke auch als »Hot-Cold Empathy Gap« bezeichnet.

»Heiß« und »kalt« beziehen sich auf unsere interne Stimmung. Sind wir heiß, sind wir zum Beispiel hungrig, durstig, erschöpft oder fühlen eine andere, unbequeme Emotion. In einem kalten Zustand sind wir gelassener, unsere Grundbedürfnisse sind befriedigt und wir dementsprechend auch nicht in einem Kampf-Flucht-Modus. Forschungen zeigen, dass Personen, die ihre eigenen Emotionen besser regulieren können, auch empathischer auf andere eingehen können.

Das Experiment vom barmherzigen Samariter zeigte, wie Stress, also ein heißer Zustand, sich auf unsere Empathie auswirkte.[13] In den 1970er-Jahren ließen sich die Psychologen John M. Darley und C. Daniel Batson an der Princeton University von der biblischen Geschichte des barmherzigen Samariters inspirieren. Würden wir heute häufiger oder seltener stehen bleiben, um jemandem zu helfen?

Dafür luden sie zu einem Priester:innenseminar 40 angehende Theologie-Student:innen ein. Es waren also Menschen, denen die Geschichte des barmherzigen Samariters definitiv ein Begriff war. Die Hälfte der Teilnehmer sollte einen kurzen Vortrag über diese Geschichte halten. Doch um die Aufgabe zu erfüllen, mussten sie in ein anderes Büro wechseln. Während manchen gesagt wurde, dass sie genügend Zeit hätten, wurden andere künstlich unter mittelmäßigen beziehungsweise starken Zeitdruck gesetzt.

Doch der Weg war präpariert und ein hustender Mann lag auf dem Boden. Von denjenigen, die entspannt waren, hielten 63 Prozent, um zu helfen. Doch unter denjenigen, die bereits verspätet waren, boten nur 10 Prozent ihre Hilfe an. Wie sich herausstellte, haben alle den Mann gesehen, doch diejenigen, die unter zeitlichem Stress standen, kamen gar nicht auf die Idee, dass der Mann Hilfe brauchen könnte. Sie waren schlichtweg nicht emotional präsent genug und es kam zur Empathielücke.

Empathielücken gibt es auch in unseren Beziehungen. Unser emotionaler Zustand beeinflusst, wie gelassen, mitfühlend oder gestresst wir auf die Bedürfnisse einer anderen Person reagieren. Wenn wir entspannt sind, fällt es leichter, mitfühlend zu reagieren und Kritik nicht persönlich zu nehmen. Bei folgenden vier Gefühlszuständen fällt es uns besonders schwer, empathisch zu bleiben.

Erstens bringt uns Druck in einen angespannten Zustand. Sind wir selbst unter Zeitdruck, weil es zu regnen beginnt, dunkel wird oder uns einfach der Hunger plagt, registrieren wir die Angst anderer weniger. Oder nehmen diese Angst als übertrieben wahr. Ich durfte schon einige Konflikte hören, in denen dieser Zeitdruck dazu führte, dass sich eine Seite überrannt fühlte. Über innere Blockaden geschleift zu werden, kann sich übergriffig anfühlen. Doch auch die Person, die es eilig hatte, fühlte sich in diesem Moment nicht ernst genommen mit ihrer Angst, zu spät zu kommen.

Zweitens kann auch Scham auslösen, dass wir weniger empathisch sind. Vielleicht gehen wir in den Gegenangriff oder frieren ein. Es wirkt so, als hätten wir keine Empathie für die andere Person. Doch gerade weil wir uns selbst mit viel kritischeren Augen betrachten und nicht beim Schmerz bleiben, kommt es in diesem Moment zu einer Empathielücke.

Ein dritter Punkt ist unsere eigene Überforderung. Wer etwa übertrieben positiv ist, weiß oft nicht, wie er oder sie mit unbequemen Emotionen umgehen soll.

Der vierte Punkt ist weniger eine spezielle Emotion als vielmehr eine negative Erinnerung und das Wiederauftauchen eigener alter Gefühle. Vielleicht erinnert uns die Situation daran, dass wir uns selbst traurig, mitgenommen oder ausgeliefert gefühlt haben. Wir sind also so sehr von unseren eigenen Emotionen eingenommen, dass wir nicht mehr auf andere achten. Wer sich schon einmal darüber aufgeregt hat, warum jemand anfängt, von seinem eigenen Schmerz zu erzählen, anstatt sich empathisch zuzuwenden, hat genau das schon einmal erlebt. Natürlich ist die Hoffnung, dass Menschen, die einmal einen Schmerz erlebt haben, alles tun, um andere vor diesem Schmerz zu bewahren. Doch leider erlebe ich in der Praxis, dass dies nicht automatisch der Fall ist.

Wenn wir wissen, dass es Empathielücken geben kann, können wir unsere Erwartungen anpassen und negative Bewertungen anderer überdenken. Und auch wenn Empathie uns hilft zu heilen, so können wir durch ihr Fehlen nicht automatisch auf den Charakter einer Person schließen. Empathie ist keine Einbahnstraße.

Für dasselbe Bedürfnis existiert keine universelle Lösung
Manchmal führt auch ein zweiter Umstand zu dem Eindruck, dass die andere Person nicht empathisch sei. Manchmal sind wir für die andere Person so da, wie wir es bräuchten, und nicht so, wie es die andere Person bräuchte. Vor meinem inneren Auge tauchen einige Paare auf, die zwar empathisch sind, aber in ihrer Reaktion nicht das treffen, was die jeweils andere Person braucht.

Wenn Person A ein Problem hat, möchte sie Zuspruch und verständnisvolle Worte: »Du schaffst das schon. Mir fällt es manchmal auch schwer. Schau mal, was du schon geschafft hast.«

Person B hingegen braucht bei Problemen konkrete Hilfe. Die Liebessprache für Person B ist Hilfsbereitschaft. Je konkreter ein Lösungsweg aussieht, desto erleichterter und aufgehobener fühlt sie sich. Wenn nun jemand proaktiv handelt, fühlt sie sich maximal gesehen.

Wenn Person A, die Zuspruch sucht, nun aber Lösungen bekommt, fühlt sie sich minderwertig und nicht für vollgenommen. Die Lösungen geben ihr die Botschaft: »Du schaffst es nicht. Ich glaube nicht an dich.« So führen leider auch gut gemeinte Ideen zu mehr Distanz.

Wenn Person B, die konkrete Hilfe braucht, »nur« aufmunternde Worte bekommt, ist ihr das nicht gut genug. Die Worte sind ihr klar und bewusst und kommen ihr fast ein wenig hohl vor. Person B fühlt sich wahrscheinlich alleingelassen und trägt die mentale Belastung. Und auch Person A fühlt sich abgelehnt und kritisiert. Denn ihre gut gemeinten Worte waren scheinbar nutzlos.

Empathie und Resonanz bauen auf einem sensiblen Gleichgewicht auf. Einerseits geht es darum, sich in die Position einer anderen Person hineinversetzen zu können. Andererseits geht es darum, offen und neugierig zu bleiben. In der Umsetzung bedeutet es, vor allem nachzufragen und in einen Austausch über Bedürfnisse zu gehen. Nachzufragen kann uns außerdem Ballast von den Schultern nehmen. Gedankenlesen funktioniert vielleicht noch, wenn unsere Bedürfnisse aus Essen, Schlafen und dem Windelwechseln bestehen. Aber da wir im Laufe unseres Lebens viel komplexere Wünsche entwickeln und wir selbst nicht immer wissen, was wir genau wollen, ist es ratsam, über Wünsche und Erwartungen zu reden. Es ist kein Zeichen von Liebe, wenn eine andere Person unsere Wünsche von den Lippen ablesen kann, sondern eher dafür, dass wir unser inneres Kind einer anderen Person in die Hand gedrückt haben. Passender, leichter und hilfreicher für eine Liebesbeziehung – die ja auf Neugierde, Augenhöhe, Kommunikation basiert – empfinde ich Nachfragen. Wem eine Auflistung der Emotionen hilft, profitiert auch von einer Liste emotionaler Bedürfnisse. In der hinteren Buchklappe findest du die »Bedürfniswolken«.

9 Wege, wie Empathie zu emotionaler Heilung beiträgt

1. Wir verstehen die andere Person besser. Wir können ihr Verhalten, ihren Kontext und ihre Intention besser nachvollziehen. Durch Verständnis fühlen sich ihre Schutzmechanismen weniger wie ein persönlicher Angriff an.
2. Wer sich ausgeschlossen, vernachlässigt oder ignoriert gefühlt hat, kann durch Empathie eine neue Erfahrung machen. Durch Empathie fühlt man sich gewollt und eingeladen. Schließlich ist Empathie nicht nur die Fähigkeit, sondern auch die Bereitschaft, sich mit der Innenwelt einer Person auseinanderzusetzen.
3. Sobald wir uns in Menschen hineinversetzen, können wir ihre Bedürfnisse nicht mehr ignorieren oder kleinreden. Und

indem wir die Gefühle unseres Herzensmenschen ernst nehmen, fühlt er oder sie sich verstanden. Für die Person, der Empathie entgegengebracht wird, ist dies erleichternd, weil sie sich verstanden fühlt. Für uns selbst ist dies ebenfalls heilsam. Wir haben Ideen, was wir verändern können, und fühlen uns befähigt statt hilflos.

4. Nur wer sich unverstanden fühlt – oder Angst hat, erneut nicht gehört zu werden –, spricht gereizt, laut, aggressiv oder behält seine Bedürfnisse für sich. Wissen wir um ein empathisches Gegenüber, können wir wagen, unsere Bedürfnisse auf eine liebevolle Weise zu teilen.
5. Empathisch zu sein bedeutet, sich in die Realität einer Person hineinversetzen zu können. Eine heilsame Nebenwirkung davon ist Akzeptanz.
6. Empathie schafft eine emotionale Verbindung. Damit verhindern wir weitere Verletzungen in unseren Beziehungen, denn gerade gegen das Fehlen von Verbindung protestieren wir.
7. Empathie hilft uns zu wissen, mit welchen Fragen wir überhaupt beginnen können. Fragen zu stellen, aktiv zuzuhören oder mit Bedacht zu antworten, sind die Voraussetzung für offene, ehrliche Auseinandersetzungen.
8. Die meisten Konflikte drehen sich um nicht erfüllte, nicht gehörte oder nicht kommunizierte Bedürfnisse. Wenn wir uns nicht verstanden, akzeptiert oder gehört fühlen, kann Empathie eine Lösung sein. Empathie knüpft daran an, unterschiedliche Perspektiven zu sehen und gelten zu lassen. So können Konflikte verhindert, wenn nicht sogar gelöst werden.
9. Wenn die Menschen, die uns am nächsten sind, uns nicht verstehen, löst das bei den meisten von uns Stress aus. Auf lange Sicht unsere Sichtweise, Bedürfnisse oder Gefühle wegzuschieben, kann uns schaden. Empathie kann deswegen Angst

und Stresssymptome mindern. Wir brauchen Unterstützung und Verständnis, um Herausforderungen zu meistern.

Co-Regulation: Warum es leichter ist, gemeinsam Emotionen zu durchleben

Empathie und Resonanz sind zwei Qualitäten, die für sich genommen schon heilsam sein können. Doch sie öffnen auch die Tür für etwas noch viel Machtvolleres in unseren Beziehungen: Co-Regulation.

Co-Regulation ist die Fähigkeit und die Bereitschaft, die Emotionen einer anderen Person wahrzunehmen und ihr durch emotionale Präsenz die Sicherheit zu geben, diese Emotionen zu durchleben. Co-Regulation schützt uns nicht vor allen Gefahren. Co-Regulation bestärkt uns eher darin, dass wir trotz Gefahren sicher sind und diese überleben werden.

Wir sind in einer Zeit aufgewachsen, in der wir eher gelernt haben, unsere Emotionen alleine zu beherrschen. Wenn unsere Eltern überfordert mit unseren Emotionen waren, waren wir oft alleine dafür verantwortlich, mit Ärger, Kummer oder Verzweiflung fertigzuwerden. Natürlich haben wir diesen schwierigen Prozess mit den Mitteln gemeistert, die wir zur Verfügung hatten. Die meisten von uns standen vor der Wahl, entweder Emotionen zu vermeiden – also zu fliehen – oder von Emotionen überflutet zu werden und in den Kampf zu ziehen. Gefühle alleine zu bearbeiten und die Bedürfnisse hinter ihnen zu lesen, ist unglaublich anstrengend, wenn nicht sogar unmöglich (da wir meistens noch nicht einmal wussten, dass dahinter Bedürfnisse liegen).

Sich selbst zu regulieren ist so, als würden wir alleine zu Fuß von Hamburg nach Berlin laufen. Natürlich kann so ein Fußmarsch funktionieren, aber er braucht viel Zeit und Energie und kommt wohl kaum ohne die eine oder andere Verirrung aus.

Co-Regulation ist so, als würde uns jemand, dem wir vertrauen, auf dieser Strecke mit seinem Auto mitnehmen. Der Weg wird schneller zurückgelegt, die Zeit füllen wir mit einer schönen Erinnerung, unsere Verbindung wird gestärkt und die Fahrt ist kaum anstrengend.

Im Alltag kann Co-Regulation so beiläufig wirken, dass wir sie kaum bemerken. Eine Herzensfreundin und ich haben uns ein Piercing stechen lassen. Um genauer zu sein: Sie ließ sich ihre ersten Ohrlöcher stechen und ich durfte dabei sein. Wenn wir etwas noch nie erlebt haben, ist es ganz natürlich, aufgeregt zu sein und dass unser Körper Stresshormone ausschüttet. Mich neben sie zu setzen und ihre Hand zu nehmen, war für mich nicht nur nicht anstrengend. Es hat sich intuitiv richtig und einfach angefühlt.

Im Nachhinein hat mir meine Freundin erzählt, dass sie, allein dadurch, dass ich ihre Hand gehalten habe, schon entspannter wurde und den Schmerz kaum wahrgenommen hat. Wir alle haben kleine und große Momente erlebt, in denen allein ein freundlicher Blick uns geholfen hat, besser mit einer Situation umzugehen.

Der klinische Psychologe und Neurowissenschaftler James Coan hat an der University of Virginia sogar in mehreren Experimenten bestätigt, dass wir Schmerzen weniger intensiv wahrnehmen, wenn wir uns verbunden fühlen.[14] Passend zum Versuch, Schmerzen und Stress zu messen, gestaltete er das Setting bereits nicht besonders angenehm: Die Teilnehmerinnen lagen in einer CT-Röhre, in der es ziemlich laut wird, und selbstbestimmt aus dem Gehirnscan zu fliehen, ist nicht so einfach.

Aber um die Situation noch unangenehmer zu gestalten, wurden den Frauen unerwartet leichte Stromstöße verabreicht. Die Frauen würden also nicht nur Schmerz empfinden, sondern hatten auch Angst.

Die Probandinnen bewerteten die Intensität des Schmerzes ähnlich, unabhängig davon, ob sie alleine waren oder die Hand einer fremden Person hielten. Welchen Einfluss hatte nun die Hand des Ehemanns?

Wer jetzt glaubt, dass die Hand eines Ehemanns automatisch Linderung brachte, wird enttäuscht sein. Denn war die Beziehungsqualität schlecht, wirkte die körperliche Berührung nicht schmerzlindernd. Doch wurde die Beziehung durch Paartherapie (in diesem Fall emotionsfokussierte Paartherapie) verbessert, nahmen die Frauen den Stromstoß nur noch leicht wahr. Wenn wir uns in Verbindung fühlen, können wir uns also dabei unterstützen, mit Schmerzen oder Herausforderungen leichter umzugehen.

Wenn ich an effektive Co-Regulation denke, erinnere ich mich auch an eine Textpassage aus dem Buch *Ungezähmt* von Glennon Doyle. An einer Stelle geht sie auf die Frage ein, wie sie ihren Kindern nicht nur von ihrer Scheidung, sondern auch von ihrer Beziehung mit einer Frau erzählt hat. Wie viele Mütter fragte sie sich selbst, wie sie ihren Kindern diese Veränderung beibringen könnte. Das Bild, das ihr ihre Freundin mitgab: Sie solle sich vorstellen, sie sei wie eine Stewardess, die Nüsschen verteilt und lächelt, auch wenn das Flugzeug durch Turbulenzen fliegt.

Was zunächst wie ein etwas flapsiger Ratschlag wirkt, beschreibt den Kern von Co-Regulation. Co-Regulation bedeutet, Zeichen von Sicherheit auszustrahlen, wenn jemand anderes sich gerade unsicher fühlt. Durch unsere Souveränität geben wir anderen Orientierung inmitten eines emotionalen Sturms. Wenn wir andere co-regulieren, können sie Turbulenzen durchqueren, ohne von Panik oder Angst gelähmt zu werden.

Wenn Co-Regulation fehlt, vertiefen wir Verletzungen

In Beziehungen ist die Fähigkeit zur Co-Regulation aber nicht nur ein Nice-to-have. Gibt es keine Co-Regulation, kommt es aus meiner Erfahrung zur Co-Dysregulation, also einem Zustand, in dem beide Seiten unsicher sind und sich immer tiefer verunsichern. Negative Emotionen nehmen zu und es fällt immer schwerer, sie auf eine passende Art auszudrücken.

Ich erinnere mich an Michael und Nicole. Wenn es den beiden gut ging, waren sie mehr als glücklich. In guten Zeiten würde man wahrscheinlich sagen, sie waren ein Herz und eine Seele: Nicole war zugewandt und ihre Wärme gab Michael das Gefühl von Heimat. Michael fühlte sich an ihrer Seite stark und bestätigt. Umgekehrt gab er ihr Flügel und Struktur. Er war ihr sicheres Abenteuer, ein Mann, bei dem sie sich fallen lassen konnte.

Die Probleme entstanden immer dann, wenn es einem von beiden schlecht ging. Stress in der Arbeit, Probleme mit den Kindern, Todesfälle. Anstatt sich gegenseitig Signale von Sicherheit zu geben, verunsicherten sie sich unbewusst. Die Signale, die sie ihm sendete, waren kleine Unachtsamkeiten. Momente, in denen sie nicht auf sein Bedürfnis nach Ordnung und Struktur einging. Er interpretierte ihre Unordnung als Zeichen mangelnder Liebe. Dies weckte in Michael die große Angst davor, die Verbindung zu verlieren und verlassen zu werden. Er griff zu seinen Schutzmechanismen und sendete wiederum Signale, die auf Nicole gefährlich wirkten: Michael wurde wütend, zählte auf, was sie alles nicht könne, und endete meist damit, dass er sie nicht mehr sehen wolle.

Damit gab er Nicole zu verstehen, dass sie nicht willkommen sei, und das verunsicherte sie. Sobald sie sich alleine und kritisiert fühlte, lief sie weg – und ließ damit Michaels Verlustangst real werden. Ein Teufelskreis begann, der fast immer in einer Trennung endete.

Dabei war beiden natürlich bewusst, dass ihr Verhalten nicht unbedingt zuträglich war. Beide konnten – und wollten – ihr Streitverhalten verändern und waren bereits so weit, dass sie nicht in Scham ertranken. Kognitiv war ihnen der Kreislauf, in dem sie sich verloren, absolut bewusst. Was wir in der Paartherapie gemeinsam angingen, war Co-Regulation. Doch dafür müssen wir verstehen, warum Co-Regulation im Vergleich zu Selbstregulation viel einfacher gelingt.

Dadurch, dass ich als dritte Person anwesend war und mein Nervensystem entspannt und zugewandt blieb, entspannte sich auch ihr Nervensystem. In diesem Augenblick verteilte ich emotionale Nüsschen: indem ich ihre Verletzlichkeit validierte. Indem ich ihre Stärke sah, nicht wegzulaufen oder laut zu werden, sondern sich zu öffnen. Indem ich selbst ruhig atmete. Indem ich hinter ihrem Verhalten die Bindungsbedeutung sah.

In der gemeinsamen Arbeit konnten wir zum einen lernen, die Zeichen von Unsicherheit umzudeuten. Michael lernte, dass ihr Weglaufen kein Zeichen von Desinteresse war. Im Gegenteil, Nicole konnte sich ihm gegenüber verletzlich machen und die Bindungsbedeutung ihres Verhaltens teilen: Gerade weil er ihr wichtig war und sie ihn nicht belasten wollte mit »all ihren negativen Seiten«, ist sie gegangen. Nicole entspannte sich dadurch, dass Michael Verantwortung für seine Wut übernahm und sich darin übte, seine Verlustangst auf eine sanftere Art mitzuteilen.

Verbundenheit entsteht bereits auf der Ebene unserer Nervensysteme

Als James Coan die verheirateten Frauen leichten Stromstößen aussetzte, ließ er gleichzeitig ihre Gehirnaktivität messen. Was passierte in ihren Gehirnen während der verschiedenen Konstellationen? Als sie alleine oder mit einem Fremden waren oder die Beziehung zum Ehemann nicht so gut war, leuchtete ihr »Gehirn auf wie ein Weihnachtsbaum«. Die Gehirne der Frauen arbeiteten also in diesem stressigen Moment sehr stark, um die Frauen zu regulieren. Schließlich mussten die Versuchspersonen ihrem intuitiven Schutzreflex widerstehen.

Tatsächlich ist Selbstregulation – die alle Fähigkeiten umfasst, mit denen wir unsere Aufmerksamkeit, Emotionen, Impulse und Handlungen in einer Situation steuern – ein Werkzeug, das wir häufig im Alltag brauchen. Stress, unangenehme Situationen, Zweifel, Ängste, Unmut und Lustlosigkeit kennen wir schließlich alle. So kann uns Selbstregulation auf einer kognitiven Ebene helfen. Wenn wir zum Beispiel unseren inneren Kritiker in die Schranken weisen wollen oder wenn wir verstehen wollen, warum wir selbst auf eine bestimmte Weise gehandelt haben oder wenn es darum geht, unser Verhalten mit unseren Werten abzugleichen. Selbstregulation ist anstrengend und das erklärt, warum wir trotz Intelligenz, hilfreicher Gedanken und dem Wunsch, aus Mustern auszubrechen, doch noch in alte Muster tappen. Und das besonders abends. Denn unsere Fähigkeit zur Selbstregulation nimmt im Laufe eines Tages durch Erschöpfung ab.

Doch wie sah die Gehirnaktivität aus, als die Frauen sich verbunden fühlten? Hielten sie die Hand eines geliebten Ehemanns, waren deutlich weniger Gehirnareale aktiv. Zum einen sahen die Forschenden weniger Aktivität im präfrontalen Kortex. Sie mussten also ihre Gedanken oder ihr Verhalten weniger steuern. Auch der Hypothalamus sprang nicht so stark an und schüttete weniger Stresshormone aus. Dieses überraschende Ergebnis können wir so interpretieren: Fühlen wir uns verbunden und unterstützt uns jemand durch Co-Regulation, muss unser Gehirn weniger arbeiten, um mit Schmerzen besser klarzukommen.

Co-Regulation entsteht auf der Ebene unserer Nervensysteme. All unsere Nervenzellen zusammen ergeben unser Nervensystem. Die Aufgabe unseres Nervensystems ist es, Reize aufzunehmen, zu verarbeiten und die entsprechenden Reaktionen auszulösen. Bei Co-Regulation spielen vor allem unsere Spiegelneuronen eine wichtige Rolle. Durch Spiegelneuronen entsteht eine Art Kommunikation und Verbindung, ohne dass es Worte bedarf. Oder mit den Worten von Bessel van der Kolk *(Das Trauma in dir)*: Spiegelneuronen »fangen nicht nur die Bewegungen, sondern auch die emotionalen Zustände und Intentionen anderer auf«.

Co-Regulation ist nicht nur etwas, das uns hilft, wenn alte Trigger auftauchen, wenn unser Herzensmensch von Emotionen überflutet wird, wenn er/sie an sich zweifelt, Angst hat oder vor Enttäuschung aufgeben möchte.

Sie ist auch das, was uns gegenseitig heilen lässt. Denn wenn wir uns von alten Erfahrungen und Mustern lossagen wollen, braucht es eine neue Erfahrung von Sicherheit und die können wir nur machen, wenn wir von Menschen umgeben sind, die wir ebenfalls als sicher einstufen. Wir heilen nicht, indem wir einfach beschließen, dass eine Erfahrung uns nicht mehr prägt. Wir heilen, indem wir die Erfahrung machen, dieser Gefahr ausgesetzt zu sein und sie zu überleben. Co-Regulation gibt uns die Kraft, dies zu tun.

9 Handlungen, mit denen wir uns mit anderen co-regulieren

1. Vorbildfunktion

Indem wir selbst auf eine offene und gelassene Weise reagieren, können unsere Herzensmenschen sich an uns orientieren. Indem wir in Stressmomenten selbst entspannt bleiben, anstatt in unsere Schutzmechanismen zu kippen, geben wir unseren Mitmenschen Orientierung und Ideen für ihr eigenes Verhaltensrepertoire. Sie können sich quasi eine passendere Verhaltensweise abschauen.

Wichtig ist, die Augenhöhe nicht zu verlieren. Lieber keine Anweisungen von oben und Zwischenrufe aus der hintersten Reihe. Vorbild sind wir dann, wenn wir mutig den ersten Schritt gehen und nach unseren Werten handeln.

2. Verminderung von Mental Load

Unter Mental Load verstehen wir alle Denkleistungen, die dafür sorgen, dass Sachen überhaupt bedacht und geplant werden.

Im Alltag kann Co-Regulation so aussehen, dass wir unseren Herzensmenschen zunächst unsere emotionale Unterstützung und im weiteren Verlauf unsere Fähigkeit zur Problemlösung anbieten. Indem wir mitdenken und selbst handeln, wird die Belastung für den Einzelnen geringer und kreative Perspektiven sind möglich.

3. Emotionale Validierung

Manchmal sind wir uns unsicher, ob wir bestimmte Emotionen überhaupt fühlen dürfen. Es entsteht ein innerer Kampf. Akzeptanz und Verständnis von anderen entspannen und helfen uns oft, verständnisvoller und liebevoller mit uns selbst umzugehen. Die Anerkennung von außen kann uns derart stabilisieren, dass wir uns öffnen und einen friedlicheren Umgang mit unseren Emotionen finden.

4. Rhythmische Bewegungen

Viele Eltern kennen es: Fast stundenlang tragen sie ihr Baby wiegend auf dem Arm, um es zu beruhigen. Was bei Babys gut funktioniert, beruhigt uns auch als Erwachsene noch. Studien zeigen, dass rhythmische Bewegungen und sanftes Wiegen (etwa im Stehen oder in einer Hängematte) unseren Blutdruck und unsere Atemfrequenz vermindern.[15] Außerdem wirkt sich diese Bewegung positiv auf unsere Schlafqualität aus.

5. Zwerchfellatmung

Wenn wir Stress empfinden, ist oft auch unser Atem schnell und flach. Um in einen anderen Zustand zu gelangen, können wir unseren Atem bewusst steuern. Es gibt die Möglichkeit, gemeinsam zu atmen oder sich am Atem des Herzensmenschen zu orientieren. Die Zwerchfellatmung kann sich positiv auf unsere Aufmerksamkeit, unsere Gefühle und den Spiegel unseres Stresshormons Cortisol auswirken.[16] Sie geht folgendermaßen: Lege eine Hand auf dein Herz und die andere auf den Bauch. Atme langsam ein und spüre, wie sich Brust, Bauchraum und Rippen leicht weiten. Atme langsam durch die Nase ein und durch den geöffneten Mund aus. Wer sich gerne nah ist, kann die Hände auch auf die andere Person legen: eine Hand auf den Bauch, die andere Hand zwischen die Schulterblätter. Nun atmet die Person, die gehalten wird, bewusst in die Hände ihres Herzensmenschen.

6. Sinne mit einbinden

Insbesondere wenn alte, stressige Erinnerungen oder Zukunftsängste hochkommen, verlieren viele von uns ihren Bezug zum Jetzt. Dann kann es hilfreich sein, die andere Person mithilfe ihrer Sinne wieder im Moment zu erden. Durch unsere Sinne bekommen wir wieder mehr Orientierung.[17]

Folgende Fragen könnt ihr dem anderen stellen: Was siehst du gerade? Was sind fünf Geräusche, die du gerade hören kannst? Kannst du spüren, wie der Stoff deiner Kleidung sich auf deiner Haut anfühlt? Kannst du die Wärme meiner Hand spüren? Welche Gerüche kannst du in diesem Moment wahrnehmen? Wie schmeckt der Kaffee, der Tee, das Getränk, das ich dir nun gebe?

7. Herausforderungsmodus aktivieren

Richard Lazarus und Susan Folkman schreiben in ihrem Klassiker der Stressforschung *Stress, Appraisal, and Coping,* dass es nicht nur einen Angriffs-Flucht-Modus gibt. Wir können auch in einen Herausforderungsmodus schalten. Dadurch nutzen wir die freigewordene Energie positiv für uns und unsere Beziehungen. Folgende Fragen können euch helfen, diesen Modus zu aktivieren: Was kannst du in dieser Situation kontrollieren oder beeinflussen? Welchen konkreten Handlungsschritt kannst du jetzt unternehmen? Was sind deine Stärken? Welche Ressourcen hast du? Was gibt dir die Gewissheit, dass du das schaffen kannst? Beantworte als unterstützende Person auch die Frage: Was gibt dir die Gewissheit, dass dein Herzensmensch das schaffen kann?

8. Gemeinsam gähnen

Gähnen fördert nicht nur die Sauerstoffzufuhr, sondern hilft uns auch, achtsamer zu sein und weniger Angst zu haben.[18] Gähnen stimuliert unsere Gedächtnisleistung und erhöht die Fähigkeit zur Selbstreflexion. Außerdem reguliert Gähnen die Temperatur unseres Gehirns und fördert seinen Metabolismus. So entsteht mehr Entspannung. Gähne sechs bis sieben Mal absichtlich, bis ein automatischer Impuls zu gähnen einsetzt. Meistens reichen zwölf Gähner, um sich wieder entspannt und präsent im eigenen Körper zu fühlen. Tränen oder eine laufende Nase können vorkommen. Da Gähnen ansteckend sein kann, können wir dies auch gezielt für die Co-Regulation nutzen.

9. Eiswürfel

Auch die Temperatur hat einen Einfluss auf unser Nervensystem. Studien haben gezeigt, dass wir an heißen Tagen hitziger unterwegs sind und eher streiten. Wenn unser Gegenüber uns erlaubt, ihm einen Eiswürfel in die Hand zu geben, kann das helfen, sein Nervensystem zu regulieren und sich wieder geerdeter zu fühlen. Dies liegt zum einem daran, dass wir die eigene Temperatur abkühlen, aber auch daran, dass wir den Fokus verändern. Wir lenken mit den Eiswürfeln die Aufmerksamkeit weg von negativen Gedanken hin zu einem auszuhaltenden Schmerzreiz.

Wen das Thema Körper, Co-Regulation, Nervensysteme mehr interessiert, dem empfehle ich einen Blick in die Polyvagaltheorie oder die Arbeit mit jemandem, der Somatic Experiencing oder Soma anbietet.

Manche der genannten Übungen wirken vielleicht seltsam oder alltagsfern. Und natürlich steht jeder Person frei, das passende Werkzeug zur Situation frei zu wählen. Um was es mir vielmehr geht: sich bewusst zu machen, dass wir dieses mächtige Tool namens Co-Regulation haben und dass allein die mitfühlende Präsenz einer Herzensperson einen riesigen Unterschied in der Verarbeitung von Trauma macht.

Co-Regulation setzt uns nicht nur in unseren Werkszustand zurück. Co-Regulation empfinden die meisten von uns als heilend. So wie bei der japanischen Reparaturmethode *Kintsugi*. Beim Kintsugi werden zerbrochene Geschirrteile durch Goldkleber zu wahren Kunststücken veredelt. Das Gleiche gilt für Co-Regulation. Denn so füllen wir die Wunden und Brüche, die wir erfahren haben, mit emotionalem Gold: Verbindung, Verständnis, Akzeptanz, Wertschätzung. Wir als Menschen bekommen dadurch das Vertrauen in andere Menschen, aber auch in uns selbst zurück. Wir sehen, dass es Menschen gibt – dass wir Menschen gewählt und in unser Herz gelassen haben –, die anders sind als die Menschen, die uns verletzt haben. Wir erleben, dass wir heilen können, und so werden wir widerstandsfähiger. Wir bekommen Selbstvertrauen und die Gewissheit, mit schwierigen Dingen umgehen zu können.

Kerngedanken

- Empathische Resonanz erhöht das Gefühl emotionaler Sicherheit: Wir fühlen uns gesehen, verstanden und ernst genommen.
- Empathische Resonanz bedeutet, dass wir uns berühren lassen, dass wir uns aus uns selbst heraus verändern und auch, dass wir unser Gegenüber berühren.
- Empathie und Mitgefühl sind oft das, was wir brauchen, um einen Schmerz loszulassen. Empathie bedeutet nicht, sich im anderen aufzulösen. Empathie hilft uns, die Emotionen und Gedanken wertfrei nachvollziehen zu können.
- Wenn wir selbst in einem gestressten Zustand sind, reagieren wir oft weniger empathisch.
- Co-Regulation läuft oftmals unterbewusst und automatisch ab. Co-Regulation entsteht durch freundliche und entspannte Interaktionen. Durch Co-Regulation können wir auch mit unbequemen Emotionen leichter umgehen.

Wenn wir unbequeme Emotionen alleine regulieren

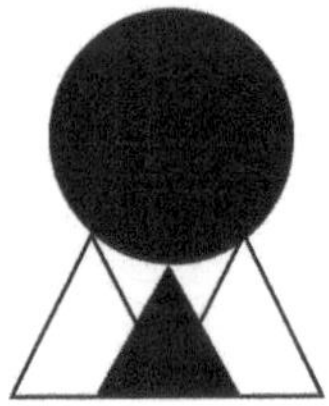

Wenn uns andere unterstützen, unbequeme Emotionen zu regulieren

Das Paradoxe in der Liebe: *Warum wir auch in Beziehungen Grenzen brauchen*

Bisher ging es um Verbindung. Emotionen, Empathie, Resonanz und Co-Regulation sind Tore, die in das Innenleben unserer Herzensmenschen führen. In dieser Innenwelt sein zu dürfen, kreiert Intimität, denn wir kommen dem Innersten am nächsten. Durch diese Türen entstehen mehr Nähe, Vertrauen, Verbundenheit und vor allem emotionale Heilung.

Dass dieses Kapitel sich nun um Grenzen dreht, mutet im ersten Augenblick paradox an. Vielen von uns fällt es schwer, Grenzen zu setzen, weil sie eben nicht die Verbindung verlieren wollen. Wir fürchten, jemanden auszuschließen oder selbst ausgeschlossen zu werden. Manchmal empfinden wir Menschen, die rigide Grenzen setzen, als egoistisch oder selbstbezogen. Manchmal empfinden wir Grenzen auch als kontrollierend.

Kontrolle – als eine Form von Grenzen – kann es uns schwer machen, uns wirklich auf eine Verbindung einzulassen oder Vertrauen aufzubauen. Schließlich brauchen wir Kontrolle dann, wenn wir nicht vertrauen können. Genauso gibt es das Phänomen, das »Weaponizing Boundaries« genannt wird, zu Deutsch »Grenzen als Waffe benutzen«. Wenn wir Grenzen ziehen und dies zugleich Dinge, Verhaltensweisen oder Bedürfnisse betrifft, die anderen wichtig sind, sie aber nicht miteinbeziehen, kann das verletzen. Ein Beispiel dafür wäre, dass ein Mann sich in eine Frau verliebt, die ein Kind mit einer anderen Person hat. Doch sobald dieses Paar in eine gemeinsame Wohnung zieht, fordert der Mann, dass das Kind quasi unsichtbar wird. Durch seine neue Grenze muss die Frau Entscheidungen fällen, die sie in ihrer Rolle als Mutter oder in ihrer Rolle als Partnerin verletzen.

Ein anderes Beispiel: Ein Mann verliebt sich in eine Frau, die langjährige platonische Freundschaften mit anderen Männern führt. Doch sobald die beiden in einer Beziehung sind, fordert der Mann, dass seine neue Freundin all diese Freundschaften beendet. Denn Männer und Frauen könnten nicht nur befreundet sein und er mache sich Sorgen. Er zieht eine Grenze um die gemeinsame Beziehung – andere Männer dürfen nicht in ihre Nähe. Doch damit versucht er auch, einen Teil auszugrenzen, der ihr wichtig ist, der ihr Halt gibt und von Anfang an klar war. Grenzen bei Dingen zu ziehen, von denen wir wussten, dass sie zu einer anderen Person gehören, wirkt auf Beziehungen immer einschneidend.

Dies sind Beispiele, in denen Grenzen nicht Sicherheit, sondern Verletzungen bringen. Die Person, der diese Grenze gesetzt wird, wird sich erpresst fühlen. Grenzen in Beziehungen sollten keine Waffe sein, um sich gegenseitig einzuschränken. Doch natürlich gilt: Was für eine Person eine gesunde Grenze ist, kann auf andere wiederum übergriffig wirken.

Doch nicht nur Grenzen können problematisch sein – auch Grenzenlosigkeit bringt Schwierigkeiten mit sich. Das Narrativ über Liebe lautet, dass sie bedingungslos und grenzenlos sein muss. Doch wir setzen in einer Beziehung keine Grenzen, um jemanden auszuschließen, sondern um uns oder die Beziehung zu schützen. Doch wie sehen die negativen Konsequenzen für Beziehungen aus, wenn Grenzen ständig überschritten werden oder jemand die Erfahrung gemacht, dass Grenzen nicht gewahrt werden?

9 negative Folgen, wenn Grenzen ständig überschritten werden

1. Groll

Wir registrieren jede Überschreitung unserer Grenzen, auch wenn wir nicht auf jede reagieren. Besonders wenn wir aus falscher Liebe oder erzwungenem Mitgefühl Dinge tun, die gegen unsere Werte und Überzeugungen gehen, baut sich leise Groll auf. Zu Beginn kann dieser Groll dazu führen, dass wir die Dinge wohl ausführen, aber ohne Liebe. Irgendwann kann es zu einem offensichtlichen Widerstand führen, in dem keine Kompromisse mehr möglich sind. Manchmal kommen zu mir Paare, die über Lustlosigkeit klagen, und manchmal kommt diese Lustlosigkeit daher, dass einer der beiden vor allem Sex hatte, um den anderen nicht zu enttäuschen. Natürlich ist es normal, dass zwei Personen nicht permanent das gleiche Lustlevel oder die gleichen Bedürfnisse haben. Trotzdem kann diese Grenzüberschreitung langfristig zu Groll und Widerstand führen, die sich als mangelnde Leidenschaft und Nähe tarnen.

2. Fehlendes Vertrauen

Insbesondere wenn Grenzüberschreitungen mit Kritik an uns als Person gerechtfertigt werden, kann das eine Beziehung sabotieren. Es bröckelt nicht nur das Selbstvertrauen, sondern auch das Vertrauen in die andere Person. Wenn wir selbst der Grund sind, warum uns jemand verletzt, können wir nur sicher sein, indem wir uns zurückziehen.

3. Aktivierung unseres Fluchtinstinkts

Wenn unsere Grenzen dauerhaft überschritten werden, hat dies auch negative gesundheitliche Konsequenzen. Wenn jemand unsere Grenzen überschreitet, werden unser limbisches

System und unsere Amygdala aktiv. Wir schalten also automatisch in einen Angriffs- oder Fluchtmodus. Wenn unser Gehirn ständig in Alarmbereitschaft ist, hat das natürlich Auswirkungen auf unser gesamtes System. Nicht nur haben wir die typischen körperlichen Stresssymptome. Auch auf unsere Beziehungsdynamiken wirkt sich dieser Modus aus. Wir selbst sind gereizter, nehmen Dinge eher als Kränkung oder Angriff wahr und ziehen uns immer mehr zurück.

4. Funktionsmodus statt Liebe

Wenn Grenzen überschritten werden, aber wir gleichzeitig nicht fliehen können, kapseln wir uns emotional ab. Wir funktionieren, aber die Liebe ist nicht mehr aufrichtig. Genuss, Spiel oder Flirt sind nicht mehr möglich. Für die Person, die fortan im Funktionsmodus ist, bedeutet es, nicht mehr sie selbst zu sein. Doch auch für die andere Person ist dies meist bedrohlich: Denn sie spürt ihr Gegenüber nicht mehr und vermisst die Herzlichkeit, Wärme oder Offenheit. Der Funktionsmodus und die fehlende Präsenz triggern Verlustängste.

5. Das Gefühl von Halbherzigkeit

Wir haben ein feines Gespür dafür, ob jemand aus echtem Interesse handelt oder nur, weil er sich verpflichtet fühlt. Zu merken, dass jemand Dinge halbherzig tut, kann uns ein Gefühl der Unzulänglichkeit vermitteln. Wir wähnen uns als Belastung oder Pflicht. Denn meistens wollen wir nicht, dass jemand etwas nur tut, um uns einen Gefallen zu tun. Wir wollen, dass die Person so handelt, weil sie es selbst möchte. Gerade bei Gesten der Zuneigung oder Erotik würde es uns verletzen, wenn wir zu einer Pflichtaufgabe degradiert werden.

6. Fehlende Integrität
Manche von uns versuchen zu deeskalieren, indem sie falsche Versprechungen machen. Um unser Bedürfnis nach Verbindung oder Frieden zu stillen, gehen wir Kompromisse ein, die unseren Werten und Prinzipien widersprechen. Unsere Integrität schwindet. Doch ohne Integrität können weder andere uns noch wir selbst uns vertrauen.

7. Fehlende Großzügigkeit
Eine Grenze wird auch dann überschritten, wenn wir Erwartungen an Menschen stellen, die sie nicht erfüllen wollen und die nicht zur Beziehung passen. Wenn die Konsequenz von nicht erfüllten Erwartungen ein Konflikt oder ein Beziehungsabbruch ist, halten viele an der Beziehung fest und lassen Grenzüberschreitungen zu. Doch dann sind sie meist weniger großzügig und liebevoll aus sich heraus. Großzügigkeit verbinden viele mit der Leichtigkeit am Anfang einer Beziehung. Generös zu sein kann bedeuten, über Fehler hinwegzusehen; jemanden zu beschenken, weil man der Person einfach eine Freude machen möchte; nicht aufrechnen zu müssen und zu vertrauen.

8. Verlust des Selbst
Letztendlich kann das ständige Missachten unserer Grenzen dazu führen, dass wir uns selbst verlieren. Wir sind so damit beschäftigt, den Erwartungen anderer gerecht zu werden, dass wir vergessen, wer wir wirklich sind und was uns glücklich macht. Diese Überforderung zeigt sich meist in Lebenskrisen, in fehlender Lust oder auch in der Flucht in andere Realitäten.

9. Soziale Isolation

Menschen, die Schwierigkeiten haben, ihre sozialen Grenzen zu setzen, können Gefahr laufen, emotional auszubrennen. Sie sind weniger präsent, erschöpft und kapseln sich mehr ab. Denn mangelnde Grenzen in sozialen Beziehungen können zu sozialer Isolation führen, da die Betroffenen sich zurückziehen, um sich vor weiteren Übergriffen zu schützen. Sie vermeiden es, Grenzen zu setzen, und vermeiden dadurch den Kontakt.

Klarheit: Wie Grenzen uns inneren Frieden schenken

Die Erfahrungen aus meiner Arbeit mit Paaren und auch die Forschung zeigen, dass wir unbedingt Grenzen für unsere emotionale Sicherheit brauchen – und dass wir ein neues Bild von Grenzen brauchen. Grenzen sind ein fruchtbarer Boden für Vertrauen, Verbindung und Nähe. Fehlende Grenzen führen zu tiefen emotionalen Wunden. Und wenn wir Grenzen als Kontaktfläche sehen, kann Heilung entstehen.

Valentin und Gabriel sind eines der Paare, bei dem sich die meisten Menschen wundern würden, warum sie überhaupt in die Paartherapie gehen. Sie wirken von der ersten Sekunde an innig und vertraut. Ihre Art hat so etwas Liebevolles und Achtsames. Valentin gibt einem sofort das Gefühl von Wärme und Akzeptanz. Valentin spürt selbst die feinsten Dinge und seine Fürsorge gibt mir sofort das Gefühl von Wärme.

Doch diese so schönen Eigenschaften haben auch ihren Preis. Manchmal ist Valentin mehr darauf bedacht, dass es anderen gut geht als sich selbst. Als hätte er einen fein abgestuften Radar, der sich nie ausschaltet und ständig auf Empfang ist. In seinen Gedanken überprüft er oft, was der andere wohl gerade denkt, ob den anderen etwas verletzt hat, ob ihn etwas gestört hat oder ob er sich wohlfühlt. Overthinking ist der Versuch, die Gedanken einer anderen Person zu kennen, ohne sie zu fragen. Wenn es in der Vergangenheit keinen Raum für ehrliche Gespräche gab, versuchen wir, die Kommunikation alleine zu lösen. Doch all das tut Valentin nicht nur, weil er es kann. Er hat dieses Gedankenlesen auch lernen müssen, um emotional zu überleben: Nur wenn es anderen gut geht, kann er durchatmen. Valentin weiß selbst, wie anstrengend das ist, und lernt gerade erst, mehr für sich einzutreten. Ein Wunsch, der ihn in die Paartherapie bringt: Er würde gerne wieder alleine leben und aus der gemeinsamen Wohnung ausziehen.

Gabriel hat dafür unendlich viel Verständnis und möchte Valentin in diesem Wunsch unterstützen. Auch er hat etwas sehr Zugewandtes und ist der richtige Typ Mensch, um über Stunden tiefe Gespräche zu führen. Gabriel gibt Valentin durch seine Worte und seine körperliche Präsenz emotionale Sicherheit.

So groß Gabriels Wunsch auch ist, Valentin zu unterstützen, so sehr triggert der Wunsch auszuziehen auch seine Verlustangst. Selbst wenn er kognitiv weiß, dass es sinnvoll ist, dass Valentin mehr Raum für sich alleine hat, meldet sich eine tief sitzende Unruhe. Angst trumpft Kopf. In Momenten fehlender Verbindung beginnt er zu klammern, zu verhandeln und Raum einzufordern. So halten beide sich, ohne dass sie das natürlich wollen, in ihren alten Mustern fest.

Denn wenn Valentin beginnt, mehr für sich zu sein, wird Gabriel unruhig. Valentin wiederum fällt es schwer, Gabriels Stimmung nicht zu spüren, und fühlt sich seinerseits schuldig, unsicher und überwältigt. Also nimmt er wieder mehr auf seinen Partner Rücksicht. Zunächst schiebt er die Wut zur Seite. Dann richtet er die Wut gegen sich selbst und schließlich implodiert er. Valentin nutzt seine Empathie als Schutzmechanismus. Er hat gelernt, dass Grenzen ihn in Gefahr bringen.

Ich setze Valentin auf einen Stuhl und Gabriel ihm gegenüber. Meine Idee ist, den beiden eine Erfahrung zu ermöglichen, in der Grenzen nicht mehr als Trennung, sondern als Kontaktfläche wahrgenommen werden. Zunächst sitzen die beiden auf zwei Stühlen, direkter Blickkontakt. Ein wenig wie bei dieser Übung, bei der sich zwei Menschen unendlich lange in die Augen schauen und man in die Seele einer Person blickt und eine enge Verbindung herstellt: Soul Gazing. Doch auf Valentin wirkt Gabriels freundlicher, aber direkter Blick konfrontativ.

Ich reiche Valentin einen simplen Holzstab. Er soll symbolisch eine Grenze darstellen. Valentin darf diese Grenze erst einmal selbst spüren. Er rollt das Holz auf seinen Oberschenkeln, tastet mit seinen Fingern die Oberfläche ab. Er hat eine Grenze. Sein Körper hat eine Grenze.

Dann schmunzelt Valentin. Es sei nur ein Holzstab, aber er selbst merkt, wie sein ganzer Körper plötzlich aufrechter ist und mehr Spannung hat. Auch Gabriels Blick ist ihm nicht mehr zu nah. Er lädt Gabriel ein, mit seinem Stuhl näher zu rücken. Nun berühren sich ihre Knie. Wie spannend, dass wir durch klare Grenzen auch wieder Nähe zulassen können. Ich frage Valentin, was passieren würde, wenn Gabriel seine Grenze berührt? Valentin lässt sich darauf ein.

Zunächst möchte Gabriel den Stab komplett umfassen, seine Finger reichen über das Holz hinaus. Mit einem selbstbewussten Ton weist Valentin ihn liebevoll zurück. Nicht über meine Grenze.

Anders als wie so viele Male zuvor, in denen Gabriel sich zurückgewiesen fühlte, entsteht nun etwas anderes. Da ist kein Groll, keine Scham, kein Keil zwischen den beiden. Gabriels

Hände ziehen sich zurück, es entsteht ein Spiel zwischen ihnen. Die Grenze wird zum Ort, an dem Spannung, Selbstbewusstsein und Anziehung entsteht. Wir können Grenzen also nicht nur aus einem Fluchtmodus heraus setzen, sondern sie auch nutzen, um mehr in die Kommunikation zu kommen.

Diese symbolische Grenze lässt Valentin und Gabriel erfahren, wie Grenzen auch sein können: Wenn es Grenzen gibt, kann Valentin mehr bei sich sein und sich selbst spüren.

Auch Gabriel ist angetan und überrascht von dieser Grenzerfahrung. Grenzen bedeuteten für ihn Distanz und Verlust. Doch durch diese symbolische Grenze spürt er Valentin nicht nur mehr und ist wie elektrisiert von seinem Partner – auch er selbst spürt sich mehr. Wenn Gabriel nicht nur eine Grenze spürt, sondern auch Valentins Präsenz, dann kann er selbst ruhig und mehr bei sich bleiben. Aber wenn Valentin sich in sich zurückzieht, spürt er eine angsteinflößende Leere.

Es ist aber noch mehr als das: Gabriel ist fast dankbar für Valentins so sichtbare und klar kommunizierte Grenze. Valentin weiß, dass er selbst manchmal Grenzen überschreitet und es zu spät merkt. Für diese Übergriffigkeit schämt er sich, denn es passt nicht zu seinem Bild von sich als empathisch und freundlich. Die Grenze, die nun zwischen den beiden entsteht, gibt auch ihm Sicherheit. Oder wie es Brené Brown, die amerikanische Professorin und Bestsellerautorin, in *Atlas of the Heart* sagt:

> »Grenzen sind eine Voraussetzung für Mitgefühl und Empathie. Wir können nur dann eine Verbindung zu jemandem aufbauen, wenn wir uns darüber im Klaren sind, wo wir aufhören und wo sie anfangen. Wenn es keine Autonomie zwischen Menschen gibt, dann gibt es kein Mitgefühl oder keine Empathie, sondern nur Verschmelzung.«

Denn wenn wir es genau nehmen, ist der Zweck von Grenzen eigentlich nicht, andere auszuschließen, sondern emotionale Sicherheit. Egal, ob es um finanzielle, körperliche, psychische, mentale, moralische Grenzen geht. Egal, ob es darum geht, nicht alles persönlich zu nehmen oder uns nicht für das Wohlbefinden einer anderen Person verantwortlich zu fühlen. Egal, ob es darum geht, wie Menschen mit uns reden dürfen und wie viel Zeit wir anderen Menschen und Dingen schenken möchten.

Es liegt in unserer Souveränität, Grenzen zu setzen

Wenn wir uns die ältesten Grenzen unserer Welt anschauen, dann lagen in ihnen auch immer Schätze. Denn lange bevor wir Mauern um uns zogen, gab es bereits Grenzen in der Natur – wie Berge und Flüsse. Während Mauern und Gräben Sinnbilder für Abwehr und Angst sind, sind natürliche Grenzen reich an Ressourcen. Flüsse schenken uns Leben: Wasser, Nahrung, Sauberkeit, Energie. Berge belohnen uns mit Weitblick, Salz und Edelsteinen. Grenzen zu ziehen liegt in unserer Verantwortung. Wir haben die Wahl, ob wir Mauern und Zäune um unser Inneres errichten oder Flüsse und Berge um uns herum erschaffen. Während Erstere kalt und starr sind, sind Letztere reich an Ressourcen, an Freundlichkeit, an Liebe. Wir müssen keine Mauern um uns schichten und Zäune in den Boden rammen und fliehen. Grenzen haben das Potenzial, Verbindung zu schaffen und Klarheit zu fördern und Wachstum zu ermöglichen.

Doch wie schaffen wir es, eine Grenze souverän zu ziehen, möglichst ohne den anderen zu verletzen? Natürlich geht es zunächst um den Ton unserer Kommunikation. Im Idealfall finden wir eine Balance zwischen Klarheit und Freundlichkeit.

Auch Humor, gepaart mit Transparenz, darf in unserer Sprache vorkommen.

Hinter dem Wort der Souveränität steht einmal, dass wir uns sicher fühlen. Und das kann auch durch emotionale Heilung passieren. Wenn wir wissen, dass wir trotz unserer Grenzziehungen respektiert und geliebt werden, fällt es leichter, Grenzen zu setzen. Wir können also in gesunden Beziehungen üben, Nein zu sagen oder unsere Bedürfnisse zu kommunizieren. Grenzen sind schließlich das Bedürfnis, etwas nicht zu erfahren oder zu bekommen.

Ein zweiter Punkt, um souverän Grenzen zu setzen, ist Selbsterkenntnis. Wenn wir uns zugestehen zu wissen, was unsere Bedürfnisse sind, stellen wir unsere Grenzen nicht infrage. Außerdem können wir sie so frühzeitig kommunizieren, dass wir einen Sicherheitspuffer haben. Hätte ich ein Kind und wüsste, ich würde vor Sorge nicht schlafen können, wenn es um elf nicht zu Hause ist, würde ich die Regel kommunizieren, dass mein Kind um zehn Uhr zurück ist. Sollte es dann trotzdem zu spät kommen, kann ich entspannt damit umgehen. Wir selbst sind immer die Expert:innen für unser eigenes Leben. Niemand weiß so gut, wo wir beginnen oder wann uns etwas zu nah kommt. Und Grenzen zu setzen, beginnt mit unserer inneren Haltung.

Der dritte Punkt ist tatsächlich, Grenzen so zu setzen, dass es Raum für Verbindung, Dialog und Austausch gibt. Natürlich ist »Nein« ein kompletter Satz. In Beziehungen kann so eine Grenze aber auch ausschließen – und Kontaktabbruch ist der Grund, warum es manchen schwerfällt, Grenzen zu setzen. Indem wir die Bedürfnisse anderer miteinbeziehen oder Alternativen anbieten, verwandeln sich Grenzen zu Kontaktflächen.

8 Annahmen über Grenzen

1. Wir brauchen Grenzen, um in Verbindung bleiben zu können

Grenzen sind die Grundpfeiler unserer Verbindungen. Sie ermöglichen uns, in Kontakt zu bleiben, ohne uns dabei zu verlieren. Fehlen Grenzen, verschmelzen wir und verlieren unsere Individualität.

2. Grenzen zu setzen, ist schwer

Das Setzen von Grenzen erfordert Mut und Übung, besonders wenn wir es erst als Erwachsene lernen. Wir dürfen uns daran erinnern, dass der Wunsch, sich selbst zu schützen, ein gesunder Reflex ist. Die Fähigkeit, Wut konstruktiv zu nutzen, ist eine Ressource, um Grenzen zu ziehen.

3. Grenzen sind dynamisch und veränderbar

Grenzen können und müssen sich verändern. Denn wir verändern uns, unsere Bedürfnisse und auch Beziehungen. Doch dadurch, dass sich Grenzen verschieben, ist es wichtig, Grenzen immer wieder zu kommunizieren und es eben nicht persönlich zu nehmen, wenn Menschen (erneut) an unsere Türen klopfen. Da Grenzen sich ständig verändern, ist es unumgänglich, sie immer mal wieder zu kommunizieren. Sei nicht entmutigt, wenn du deine Grenzen häufig wiederholen musst. Die andere Person handelt nicht böswillig oder respektlos.

4. Mentale Grenzen sind genauso wichtig wie physische

Wenn wir an Grenzen in Beziehungen denken, denken wir vor allem an körperliche Grenzüberschreitungen. Doch gerade in Beziehungen geht es um mentale Grenzüberschreitungen: Erwartungen, die zu Verpflichtungen werden, negative Bewertungen, abwertende Diagnosen über die psychische Gesundheit des anderen, Kritik – wann immer wir also jemand anderen oder uns selbst in eine Schublade stecken, aus der man nicht mehr fliehen kann. Wir brauchen auch hier Grenzen, denn diese Dinge können uns verletzen und dazu führen, dass wir uns in einer Beziehung nicht mehr sicher fühlen.

Doch nicht nur unsere Mitmenschen überschreiten unsere mentalen Grenzen. Manchmal sind wir selbst diejenigen, die unsere eigenen Grenzen ignorieren. Wir tragen die Verantwortung, auch einen gesunden und sicheren Raum für uns selbst zu schaffen.

5. Grenzen sind individuell

Nur weil etwas »normal« oder schon immer so war oder für andere Personen in Ordnung ist, muss das nicht automatisch für alle so sein. Wir entscheiden selbst, wo wir unsere Grenzen setzen. Jemanden für seine Grenzen abzuwerten, verhindert nicht nur Sicherheit – es verursacht emotionale Verletzungen.

6. Grenzsetzungen lösen Gefühle und Reaktionen aus

Wenn wir Grenzen ziehen, kann das andere im ersten Moment enttäuschen oder verletzen. Und diese emotionalen Reaktionen sind auch normal. Doch bedeuten diese Reaktionen nicht, dass du deine Grenze verschieben musst oder dass du die Verbindung zu dieser Person für den Rest deines Lebens verlierst.

7. Grenzüberschreitungen sind kein Witz

Wenn jemand eine Grenzüberschreitung als Witz abtut oder dir ein schlechtes Gewissen wegen deiner Grenzen macht, ist das Gaslighting. Du darfst deiner inneren Stimme vertrauen. Wenn wir selbst eine Grenze überschritten haben, macht uns das nicht zu einem schlechten Menschen. Wenn wir unsere

Grenzüberschreitung aber rechtfertigen, signalisieren wir der anderen Person, dass wir es vielleicht wieder tun würden, ohne Rücksicht auf ihre Unversehrtheit.

8. Grenzen brauchen Ehrlichkeit

Gesunde Grenzen brauchen Ehrlichkeit, Klarheit und Integrität. Insbesondere uns selbst gegenüber. Eine sichere Beziehung bedeutet nicht, dass wir uns permanent gegenseitig applaudieren, sondern eben auch unangenehme Dinge ansprechen können. Nur wenn die andere Person weiß, dass wir sagen, wenn wir uns nicht sicher fühlen, kann sie durchatmen und ebenfalls sie selbst sein, ohne sich zensieren zu müssen.

Lichtblick: Warum Grenzen auch immer Nähe bedeuten

Grenzen fallen nicht vom Himmel, wir werfen nicht die Würfel und überlassen unsere Grenzen dem Zufall. Unsere Grenzen sind Weisheiten früherer Verletzungen. Manchmal weisen wir Menschen in die Schranken, weil wir an anderer Stelle verpasst haben, uns zu schützen. Unsere Grenzen sind nicht zufällig. Sie sind die Mahnmale von Konflikten, die wir in diesem Leben führen mussten. Doch gerade deswegen sind sie auch eine Möglichkeit, um zu heilen.

Meine Klientin Lisa erzählt davon, wie sie gemeinsam mit ihrem Partner für einen Marathon trainierte. Beim Training gab es aber einen Moment, in dem ihre Beine so wacklig wurden, dass sie nach einer Pause schrie. Doch ihr Partner blieb beharrlich: Disziplin sei wichtig und wenn sie jetzt aufhöre, wie solle sie es denn jemals schaffen? Er wollte ihr gut zureden, doch für sie waren diese Sätze Trigger. Sie kannte diese Phrasen. Phrasen, die vielleicht gut gemeint waren. Aber die sie auch dazu brachten, ihren Körper nicht mehr zu spüren. Sie wusste von sich, dass sie eine echte Powerfrau sein konnte, voller Energie und Motivation. Und sie arbeitete daran, sich selbst besser zu spüren. Auch wenn sie damit gegen ihre innere Programmierung kämpfte, wusste sie, dass sie auf dem richtigen Weg war. Doch was sollte sie tun, wenn selbst ihr Partner nicht erkannte, dass sie die Pause wirklich brauchte? Vielleicht war sie doch schwach oder faul oder nicht diszipliniert genug? Aus ihrer Wut wurden Selbstzweifel, die sich wieder in Wut verwandelten. Es sei gemein, dass sie so viel an sich gearbeitet habe und es trotzdem nie genug war. Und vor allem wollte sie sich nun erlauben, wütend zu sein. Denn als Kind durfte sie beides nicht. Weder war es ihr erlaubt, Pausen zu machen und sich auszuruhen, noch durfte sie wütend sein und für sich einstehen.

Dass sie ihre Grenzen setzte, war ein Teil ihrer Heilung. Ich war – und bin es immer noch – so stolz auf sie. Denn sie hatte sich erlaubt, ganz bei sich zu bleiben, und ließ es nicht mehr zu, dass jemand mit ihr auf eine Weise sprach, die sie verletzte. Sie wurde in diesem Moment zu der Person, die sie als Kind gebraucht hätte. Vielleicht in den Augen der anderen eine Antiheldin – aber eine Antiheldin, die jeder Verlustangst zum Trotz auf ihr Wohlergehen achtet. Indem sie ihren Frieden damit machte, eventuell als faul, stur und wütend zu erscheinen, war sie einen ersten wichtigen Schritt Richtung Heilung gegangen.

Vielleicht irritiert die Passage zunächst. Denn oftmals verbinden wir mit Heilung Menschen, die immer in ihrer Mitte sind. Wir vergessen nur oft, dass Heilung auch bedeutet, die Aspekte unseres Selbst zu akzeptieren, die eben nicht nur freundlich und lieb sind. Wir können keine Verantwortung für Dinge übernehmen, die wir von uns schieben. Und deswegen war es wichtig, ihrer Wut und ihren Selbstzweifeln Raum zu geben.

Doch würden wir hier stehen bleiben, würde sich Heilung für alle Beteiligten sehr einsam anfühlen.

Wir meinen, indem wir uns entziehen oder wütend werden, haben wir genug getan. Doch wenn wir hier stoppen, sind Grenzen tatsächlich auch ein Ausschluss und bedeuten den Abbruch von Kommunikation.

Grenzen als Kontaktfläche

Der zweite Schritt, um zu heilen, besteht aber darin, Verantwortung für unseren Ärger, unsere Wut oder andere Schutzmechanismen zu übernehmen. In Lisas Fall ging es darum zu prüfen, wer auf der anderen Seite dieser Grenze wartete. War es jemand, der meinte, dass sie funktionieren müsste und dem ihre Unversehrtheit weniger wichtig war als die eigene Erwartung? Oder war dort jemand, der bereit war, von seinen Erwartungen abzurücken, der sie verstehen wollte und der ihr zutraute, dass sie sich selbst kannte? Ich fragte sie, ob sie sich vorstellen könnte, ihren Blick von mir zu wenden und ihren Partner anzuschauen, der die ganze Zeit ruhig, aber präsent zuhörte. Und ihm vielleicht all das, was sie mir gerade erzählt hat, noch mal zu sagen.

Wenn ich so etwas schreibe, klingt es so einfach. Wir haben eine Wirbelsäule, die es uns ermöglicht, unseren Kopf zu drehen. Wir werden nicht umfallen oder uns verletzen. Wir können Worte wiederholen. Wir haben einen Mund und wir haben diese Worte doch gerade ausgesprochen.

Aber ich sehe oft einen inneren Widerstand in dem Moment, in dem wir uns unseren Liebsten anvertrauen sollen. Dieser Widerstand kann mit logisch nachvollziehbaren Argumenten begründet werden, die von »Die andere Person hat doch zugehört« bis zu einem »Ich will einfach nicht« reichen. Manchmal ist dieser Widerstand ein verkürztes »Ich hab meine Grenze und du sollst sie akzeptieren«, mal ein langes Ringen nach Worten. Sich mit seinen verletzlichen Gedanken wirklich verletzlich zu machen, macht eine so unglaubliche Angst. Es ist normal, dass wir diesen Moment oft vermeiden.

Lisa springt über ihren Schatten und erzählt ihrem Partner ihre Geschichte: Dass Menschen ihre Grenzen nicht wahrnehmen, zog sich wie ein roter Faden durch ihr Leben. Vom Leistungsdruck ihrer Eltern über Freundinnen in ihrer Jugend, die sie ausgrenzten, wenn sie nicht mehr trinken wollte. Ex-Freunde, die ihr ein schlechtes Gewissen machten, wenn sie keine Lust auf Sex hatte. Sie war es so satt, dass Menschen ihre Grenzen nicht akzeptierten, und hatte irgendwann aufgehört zu versuchen, anderen ihre Grenzen zu erklären.

Ich sehe ihm an, wie leid es ihm tut und dass er mitfühlt. Er weiß, dass sie eine Kämpferin ist. Jemand, der so oft seine Zähne zusammenbeißt, der ambitioniert ist. Und wenn er sie mehr unterstützen kann, indem sie gemeinsam eine Pause machen, dann macht er das in Zukunft gerne so. Denn anscheinend wird es einen guten Grund geben. Sie lächelt ihn an. Verstanden zu werden, schafft Vertrauen und Heilung.

Dass jemand unsere Grenze ernst nimmt und versteht, brauchen wir, um zu heilen. Deswegen brauchen wir jemanden, der emotional präsent ist – der mit uns in Resonanz geht. Der empathisch ist und seinen Blick vor den Bedürfnissen seiner Liebsten nicht verschließt.

Auch wenn in diesem Beispiel die biografische Geschichte Lisas die Situation mit ihrem Freund in einen größeren Kontext setzt, ist es mir wichtig zu betonen, dass es nicht immer um unsere Biografie geht. Manchmal stört uns auch etwas, weil es gegen unsere Werte läuft, manchmal ist es etwas, das wirklich erst in dieser Beziehung aufkommt. Wir alle brauchen unterschiedliche Bedingungen, um uns wohl- und sicher zu fühlen, und nicht immer gibt es »gute Argumente« dafür.

Im Gegenteil, wenn Menschen unsere Schutzmaßnahmen respektieren und sich ihnen mit Interesse nähern, kann sich das heilsam für uns anfühlen. Denn wir erfahren genau das, was wir in der Vergangenheit gebraucht hätten: Interesse und Respekt. Heilsam ist nicht das Setzen der Grenzen. Heilsam ist, dass auf der anderen Seite jemand ist, der sieht, welche Schätze hinter dieser Grenze verborgen liegen.

Wenn wir etwa durch Fremdgehen verletzt wurden, heilen wir nicht, indem wir der Person sagen, dass sie uns nicht betrügen soll. Wir heilen, wenn jemand das Gesagte ernst nimmt und sich von sich aus zu uns bekennt.

Wenn wir in einer früheren Beziehung durch Abwertungen gekränkt wurden, heilen wir nicht, indem wir unsere neue Person darum bitten, weniger kritisch mit uns umzugehen. Wir heilen, indem jemand das Gesagte nachvollziehen kann und uns Raum gibt, wir selbst zu sein. Aber von unseren Verletzungen zu erzählen und uns eben verletzlich zu machen, ist der erste Schritt.

Damit Grenzen zur Kontaktfläche werden können, müssen wir von den Geschichten unserer Grenzen erzählen. Das muss nicht lang sein, aber für die andere Person nachvollziehbar. Und genauso brauchen wir jemanden, der an unseren Kontaktflächen auch wirklich mit uns in Kontakt tritt. Der nachfragt, der sich dafür interessiert, der mit seinem Verhalten Rücksicht nimmt oder auch neue Perspektiven aufzeigt.

Kerngedanken

- Grenzen können Distanz und Ausschluss bedeuten. Sie können aber auch Verständnis und Heilung bringen.
- Wir setzen Grenzen, um uns sicher zu fühlen.
- Wir haben Angst, Grenzen zu setzen, um nicht den Kontakt zu verlieren.
- Wenn wir die Grenzen anderer Menschen respektieren und zugleich interessiert sind, kann Heilung entstehen.
- Grenzen entstehen oftmals aus unserer Biografie. Sie sind Reaktionen aus alten Erfahrungen.
- Wir brauchen Grenzen, um nicht mit einer Person zu verschmelzen, um selbstbewusst zu sein und uns selbst besser zu spüren.
- In Beziehungen geht es nicht nur um körperliche Grenzen, sondern auch um mentale.
- Je eher wir in unserem Wunsch nach Respekt und Schutz verstanden werden, desto weniger aggressiv und rigide müssen wir Grenzen setzen.

Ohne Grenzen in einer Beziehung verlieren wir uns selbst.

Nur wenn Grenzen möglich sind, können wir Mitgefühl haben.

Vergebung:
Wie wir neue Liebesgeschichten schreiben

Vergebung ist mitunter eine der größten emotionalen Herausforderungen, denen wir uns in einer Beziehung stellen müssen. Denn Verletzungen, Missverständnisse und Unstimmigkeiten kommen in jeder Beziehung vor. Doch ohne Vergebung treiben diese Dinge für immer einen Keil zwischen Menschen.

Natürlich fällt es uns schwer, jemandem zu vergeben, wenn offensichtliche Grenzen übertreten wurden. Doch auch kleinere Verletzungen können uns bisweilen irritiert zurücklassen. Wir verstehen nicht, wie uns jemand lieben und gleichzeitig so verletzen kann.

Schließlich gibt es Verletzungen, von denen wussten wir nicht einmal, dass sie uns verletzen würden, bevor sie uns passiert sind. Wie können wir vergeben, wenn jemand aus dem Nichts heraus Schluss macht? Wenn im Streit Dinge gesagt wurden, die die andere Person nicht so meinte, die aber trotzdem im Raum stehen geblieben sind? Wenn wir im ersten Jahr betrogen wurden und erst zehn Jahre später davon erfahren? Nichts davon ist lebensbedrohlich, und trotzdem können uns solche Erfahrungen damit konfrontieren, dass wir nicht wissen, wer die andere Person eigentlich ist. Wenn wir an der Essenz der anderen Person zweifeln, fällt es schwer, sich noch emotional sicher bei jemandem zu fühlen.

Zu vergeben fällt uns aber nicht nur schwer, weil wir uns verunsichert fühlen. Wir fürchten auch, dass Vergebung einem Freibrief gleichkommt. Doch das bedeutet Vergebung nicht.

Vergebung heißt nicht, dass wir unsere Bedürfnisse abreden; dass wir eine Verletzung bagatellisieren; dass wir der anderen Person erlauben, so noch mal mit uns umzugehen; dass wir die andere Person an unserer Vergebung teilhaben lassen müssen; dass wir mit der anderen Person in Kontakt treten müssen; dass wir Menschen erlauben, so weiterzumachen wie bisher; dass wir schlechtes Verhalten entschuldigen; dass wir vergessen, was passiert ist; dass wir unsere Gefühle runterschlucken; dass wir anderen erlauben, so mit uns umzugehen; dass wir durch Vergebung schwach wirken.

Diese Ängste hindern uns daran, zu vergeben. Indem wir uns dieser bewusst werden, können wir überprüfen, ob unsere Befürchtungen gerechtfertigt sind. Außerdem sehen wir, wo noch Vorbehalte und Verletzungen bestehen blieben. Vielleicht hatten wir noch nicht die Möglichkeit, all unseren Gefühlen Raum zu geben? Vielleicht wurden unsere Verletzungen tatsächlich schon bagatellisiert? Vielleicht zeigt die andere Person keine Reue?

Das bringt uns zur anderen Seite. Denn nicht immer sind es innerliche Blockaden, die uns daran hindern, zu vergeben. In der Paartherapie erlebe ich genauso häufig Verhalten, das andere davon abhält, uns zu vergeben. Obwohl wir uns doch längst entschuldigt haben.

10 Gründe, warum uns jemand nicht vergeben kann

1. Es mangelt uns an Einsicht

Eine der größten Hürden in Sachen Vergebung ist, wenn unser Gegenüber glaubt, dass wir den Fehler nicht einsehen. Das Fehlen von Reue oder Selbstreflexion macht es schwer, jemandem zu vergeben. Wenn wir nicht einsehen, dass wir jemanden verletzt haben, hält die andere Person an ihrem Schmerz fest. Er ist wie ein Beweisstück in einem Prozess, in dem noch kein Urteil gefällt wurde.

2. Wir wiederholen den Fehler

Wenn wir den gleichen Fehler immer wieder begehen – etwa weiterhin die Affäre treffen, weiterhin lügen oder weiterhin hämische Kommentare machen –, wirkt unsere Entschuldigung hohl und manipulativ. Andere können uns nicht vergeben, wenn sie das Gefühl haben, dass wir nichts ändern. Umso häufiger wir die Schmerzen einer Person in Kauf nehmen, desto eher geht sie davon aus, dass dahinter Absicht oder mangelnde Liebe steht.

3. Wir verändern etwas nur für kurze Zeit

Wenn unser Verhalten nur für eine kurze Zeit besser wird, zweifelt unser Herzensmensch daran, ob die Veränderung wirklich aufrichtig gewollt ist. Das bedeutet auch, dass er langfristig in der Beziehung mit uns nicht emotional sicher ist. So anstrengend uns die Veränderung vorkommt, so anstrengend ist es für die andere Person, sich zu öffnen und erneut enttäuscht zu werden.

4. Uns fehlt die Energie, etwas zu verändern

Nicht immer fehlt es am Willen, denn Veränderungen brauchen Energie und meist einen Blick von außen. Doch wenn wir uns nicht eingestehen, dass wir bei dieser Veränderung Unterstützung brauchen, wirkt es so, als hätten wir kein Interesse und auch keine Einsicht. Wenn es so scheint, als würden wir nichts verändern wollen, kann die andere Person nur aus dem Kontakt gehen und sich zurückziehen, um nicht wieder verletzt zu werden.

5. Wir bagatellisieren das Problem

Wenn wir den Schmerz einer Person herunterspielen oder uns darüber lustig machen, fühlt sich die andere Person oft nicht ernst genommen. Woher soll sie auch wissen, ob wir verstanden haben, was sie verletzt hat? Probleme kleinzureden, fühlt sich nicht nach einer Beziehung auf Augenhöhe an. Es ist eine Form von Gaslighting, denn wir geben damit der Person die Schuld und übernehmen keine Verantwortung für unser Verhalten.

6. Wir geben der anderen Person die Verantwortung für ihr Leid

Wenn wir den Grund für unser Fehlverhalten bei der anderen Person suchen, schieben wir auch unsere Verantwortung weg. Es ist nicht schwer, einen Grund im Außen zu finden und sich mit solchen Sätzen zu rechtfertigen: »Wenn du nicht dies getan hättest, hätte ich dich nicht verletzt.« Oder: »Wir sind selbst für unsere Gefühle verantwortlich.« Mit Ersterem ignorieren wir, dass wir immer die Verantwortung für unsere Reaktion tragen. Mit Zweiterem ist die andere Person emotional auf sich allein gestellt. Mit beidem torpedieren wir die emotionale Sicherheit unserer Beziehung. Den Grund für unser Verhalten in uns selbst zu finden, braucht mehr Ehrlichkeit, Integrität und Mut.

7. Wir fordern, dass alles wieder normal sein soll

Es ist manchmal schwer auszuhalten, dass unser Herzensmensch sich noch schützt oder uns nicht mehr vertraut. Wir wünschen uns, dass alles wieder normal wird. Wir sind es leid, uns beweisen zu müssen, und wir können es schwer aushalten, dass eine geliebte Person wegen uns leidet. Doch eigentlich ist es sehr gesund, dass wir uns das Vertrauen einer Person erst verdienen müssen – vor allem, wenn wir es schon einmal zerstört haben. Je mehr Druck wir der Person machen, zu verzeihen, desto mehr laden wir die emotionale Arbeit bei der anderen Person ab.

8. Unsere Entschuldigungen sollen unbequeme Gefühle abwürgen

Vielleicht entschuldigst du dich mit einem gestressten oder genervten Unterton: »Sorry, sorry, sorry. Wie oft soll ich dir denn noch sagen, dass es mir leidtut?« Doch diese Entschuldigungen wirken nicht ernst gemeint. Im Gegenteil. Die andere Person bekommt so den Eindruck, als wäre sie nachtragend oder als gäbe es keinen Raum für ihre Verletzung.

9. Wir finden, dass die andere Person kleinlich oder ein schlechter Mensch ist, wenn sie uns nicht vergibt

Wenn uns jemand nicht vergeben kann, haben wir das Gefühl, dass er oder sie uns für einen schlechten Menschen hält. Weil nur wenige Menschen ein negatives Fremdbild aushalten und mit ihrem Ego vereinbaren können, drehen wir den Spieß um. Wir machen der anderen Person moralische Vorwürfe, bezeichnen sie als nachtragend, kleinlich oder als moralisch unterlegen. So meinen wir, unseren Selbstwert stabilisieren zu können. Für die andere Person wirkt das aber wie Manipulation.

10. Wir werten uns selbst ab

Vielleicht tendierst du dazu, dich selbst extrem abzuwerten, wenn dir jemand sagt, dass du etwas falsch gemacht hast. Du konterst mit »Sag doch einfach, dass ich der schlimmste Mensch der Welt bin«. Doch damit lenken wir vom Schmerz unseres Gegenübers nur ab. Und die andere Person hatte noch nicht die Möglichkeit, uns zu sagen, was ihr Herz noch belastet. Unsere extreme Selbstabwertung macht es anderen schwer, uns zu vergeben, weil wir uns nicht wirklich mit ihrem Schmerz auseinandersetzen, sondern sie erst unser Ego aufbauen müssen.

Wenn aus Kränkungen Geschichten werden, werden Beziehungsprobleme chronisch

Vor mir sitzen Angela und Johannes. Die beiden sind schon seit Jahren ein Paar und ihre Kinder sind inzwischen groß genug, dass sie ihre Eltern nicht mehr permanent brauchen. Johannes kommt gut gelaunt in die Praxis. Er hat Lust, dass sich etwas verändert, und scheint auch sonst dem Leben mit Optimismus und Tatendrang zu begegnen. Er habe der Familie immer alles ermöglicht. Deshalb versteht Johannes nicht, warum Angela sich ihm manchmal entzieht und nicht öffnet. Er merkt an, dass es so still zwischen ihnen beiden sei. Vor allem jetzt, da die Kinder weniger Zuwendung brauchen, fällt ihm das Schweigen und die körperliche Distanz auf. »Es schmerzt mich regelrecht, dass zwischen uns so wenig Liebe ist.« Er verzieht sein Gesicht, um seinem Kummer Ausdruck zu verleihen. Angela bleibt fast regungslos neben ihm sitzen. Wie lange diese Kühle zwischen ihnen herrscht, können sie nicht genau sagen. Es gäbe gute Momente, doch eigentlich ist die Anspannung ein Dauerzustand. Ihre Beziehungsprobleme sind chronisch. Was bedeutet, dass Kränkungen irgendwann nicht mehr die Ausnahme waren, sondern so oft passiert sind, dass sie zu der Geschichte über eine Person wurden.

»War es schon immer so zwischen euch?« Sie schüttelt den Kopf. »In der Anfangszeit – aber das ist schon ganz schön lange her –, da haben wir viel miteinander gelacht, geredet und gescherzt.« Von seiner Seite kurz ein sehnsüchtiger Blick. Sie funktionieren ganz gut als Team und haben sich vieles gemeinsam aufgebaut, ergänzt sie.

Die beiden sind oberflächlich freundlich miteinander. Ihre Ehe ist eine von wenigen im Freundeskreis, welche die Rushhour des Lebens überlebt hat. Trotzdem ist die Distanz zwischen den beiden spürbar. Wie ein tiefer Graben, der sich durch eine blühende Graslandschaft zieht. Weil Angela viel von »funktionieren«, »arrangieren« und »Team« spricht, frage ich, ob dahinter eine Geschichte steckt.

Sie zögert: »Wenn es nicht so läuft, wie Johannes es sich wünscht, dann kann er manchmal ganz schön aus seiner Haut fahren.«

»Aber es ist schon besser geworden«, beeilt sich Johannes zu sagen. Angela lächelt müde. Kein Konter. Keine Bestätigung. Ein Graben.

Ich frage Angela noch mal, ob es einen Moment in ihrer Geschichte gab, in dem sie entschlossen hat, eher zu funktionieren. Sie beginnt mit: »Als ich im Wochenbett …« – »Diese alte Kamelle schon wieder«, unterbricht Johannes sie mit einem hörbaren Schnauben. Ich bitte darum, die Geschichte hören zu dürfen und Angela ausreden zu lassen. Der Optimismus kippt langsam.

Ich weiß von anderen Frauen, dass sie Bindungsverletzungen rund um die Geburt nur schwer vergessen können. Mir erscheint das nur logisch. Schließlich befindet sich ein gebärender Körper in dieser Zeit in seiner verletzlichsten Phase: Dieser

Körper ist geschwächt und trägt zugleich die Verantwortung für ein kleines Wesen. Im Frühjahr wissen wir, dass wir Muttertiere lieber in Ruhe lassen. Bei uns Menschen sind wir weniger umsichtig.

Angela erzählt von der Geburt. Damals brauchte es einen Kaiserschnitt. Johannes musste nach der Geburt bald wieder arbeiten, und so war Angela mit dem kleinen Kind schnell alleine zu Hause. Doch nach einer großen Operation und mit einem Säugling, der einen kaum schlafen lässt, fehlt natürlich Energie. Als Johannes an einem Abend nach Hause kam, hat er sie angepflaumt und ist richtig wütend geworden, weil es so unordentlich sei. Dann macht sie eine Pause und blickt ins Leere, so als würde sie dort die Vergangenheit sehen.

Ich frage vorsichtig nach: »Was war die Geschichte, die du danach über Johannes hattest?« Die Frage scheint groß, also biete ich meine Vermutung vorsichtig und empathisch an. Zu merken, dass jemand anderes die eigenen Gedanken ausspricht, kann uns helfen, uns für sie nicht mehr so zu schämen oder sie nur mit uns alleine auszumachen. Wichtig ist, dass Gedankenangebote keine Wahrheiten sind oder wir nicht jemandem sagen, wie er zu fühlen habe.

»Wenn ich mich in deine Situation hineinversetze, dann hätte ich vielleicht folgende Gedanken. Vielleicht liege ich damit komplett falsch, dann korrigiere mich unbedingt: ›Er hat keine Empathie. Ihm ist Ordnung wichtiger als ich. Er sieht mich nicht. Mir fehlt die Wertschätzung. Ich fühle mich alleingelassen. Und das macht mich erst traurig. Aber auch ein bisschen wütend, weil es doch anders sein sollte.‹« Sie nickt. Manche Dinge haben wir uns so oft selbst gesagt, dass wir es nicht mehr laut auszusprechen brauchen.

Ich merke, wie Johannes die ganze Zeit über gerne etwas erwidern würde, um sich zu verteidigen. Obwohl diese Aussagen nicht als Angriff gegen Johannes gemeint sind, würden viele von uns sich angegriffen fühlen, wenn wir so etwas über uns hören würden. Wahrscheinlich hat Johannes sich bis jetzt auch jedes Mal für »diese alte Kamelle« gerechtfertigt. Er hat sie so wie gerade eben unterbrochen oder ihre Gefühle kleingeredet.

Doch genau mit dieser Impulsivität und der Ignoranz gegenüber ihrer Perspektive füttert er die Geschichte, gegen die er sich wehren wollte. Sie konnte ihm nicht vergeben, weil er sie nicht ernst nehmen konnte in ihrem Schmerz. Gerade deswegen hole ich mir die Erlaubnis ab, den Fokus auf Angela zu lassen. Denn das, was beide brauchen, ist eine neue Erfahrung.

Im Wort »vergeben« steckt auch das Wort »geben«: Wir geben einer Person die Möglichkeit, anders zu sein und es noch mal zu versuchen. Wenn wir nicht verzeihen können, schließen wir von den Fehltritten einer Person auf ihre Persönlichkeit. Einer Person nicht zu verzeihen, bedeutet, ihr die Möglichkeit zu verwehren, es anders zu machen, ja anders zu sein.

Doch weil sie ihm nicht vergeben konnte und Johannes mit seiner Reaktion ihr unwissentlich weitere Gründe gab, zog sich ein tiefer Graben durch die Beziehung. Wo Groll herrscht, ist kein Platz für emotionale Sicherheit. Weder für Angela noch für Johannes. Doch genau das brauchten die beiden, um zu heilen und wieder in die Verbindung gehen zu können. Rechtfertigungen würden den Graben zwischen den beiden vertiefen. Verständnis könnte eine Brücke sein.

»Dass du dich traurig und verletzt gefühlt hast, ist nachvollziehbar. Viele von uns hätten sich in so einem verletzlichen Zustand Mitgefühl gewünscht. Was nicht bedeutet, dass Johannes böse ist oder ein schlechter Mensch. Im Gegenteil, wahrscheinlich hättest du dich nicht für Kinder mit ihm entschieden, wenn er nicht auch ganz viel Sicherheit und Optimismus ausstrahlen würde. Und genau das – zumindest denke ich mir das – hätte ich in dem Augenblick gebraucht.« Ich versuche mit meinen Worten ihre Verletzung im Kontext ihrer Beziehung zu verorten. Wenn wir Verletzungen in den Kontext einer Beziehung setzen können, können wir oft erst verstehen, warum etwas so schmerzhaft ist. Häufig kennen wir die Verbindung zwischen Schmerz und Liebe unterbewusst, doch genauso häufig sprechen wir nur den Vorwurf aus. Durch die Bindungsbedeutung kann auch die andere Person den Schmerz leichter nachempfinden. Unser Herzensmensch trägt das Potenzial, uns auf eine Art zu verletzen wie sonst niemand.

Angela findet sich in meiner Vermutung wieder, doch es fällt ihr nicht leicht, ihr Gefühl in eigenen Worten auszudrücken. Verständlich, denn sie hat die impliziten Vorwürfe und ihr Schweigen seit Jahren geübt. Außerdem braucht es viel mehr Mut, das Liebevolle einer Person zu sehen, wenn wir gleichzeitig noch verletzt, wütend oder einsam sind. »Ich weiß, dass es auch für ihn schwer war. Das war damals alles noch nicht so wie heute.« Zwei Sätze, die reichen, damit auch Johannes sich gesehen fühlt. Seine Gesichtszüge entspannen sich, aus seiner Verteidigung wird Trauer. Es berührt ihn, dass er Angela in diesem verletzlichen Zustand nicht die Sicherheit geben konnte, die sie gebraucht hätte. Sein Blick sucht Angelas und Angela sieht in seinen Augen Bedauern. Ehrliches, mitfühlendes Bedauern.

Vergebung: Gesehenes Leid ist halbes Leid

»Forgiveness is the final act of love.« Mit diesen Worten hat Beyoncé ihre letzte Tour eröffnet. Und auch auf ihrem letzten Album widmete sie diesem so schwer zu greifenden Thema namens Vergebung einen Song. Was zunächst nach Popkultur klingt, trifft im Herzen aber genau das, was Vergebung ausmacht. Angeblich habe ihr Mann, Jay-Z, sie betrogen. In *Sandcastles* besingt Beyoncé diesen Schmerz und wie sie deswegen drohte zu gehen. Doch auch die Sängerin bricht ihr eigenes Versprechen und bleibt. Der Grund: Sie sieht in den Augen ihres Gegenübers, dass es ihn genauso verletzt hat wie sie selbst.

> »And your heart is broken 'cause I walked away
> Show me your scars and I won't walk away
> Oh, and I know I promised that I couldn't stay, baby
> Every promise don't work out that way«

Meiner Erfahrung nach braucht es echtes Mit-Gefühl, damit wir wieder weich werden können, beginnen zu vertrauen und uns öffnen. Es ist eine Verbindung von Herz zu Herz. Viele Kränkungen entstehen, weil wir uns selbst gar nicht vorstellen können, wie lange es braucht, um sie zu heilen, oder wie hoch die Wellen sein werden, die wir mit unserem Verhalten schlagen. Wir bewerten Schmerz aus unserer Biografie heraus und versetzen uns nicht in die Perspektive einer anderen Person. Doch dadurch entsteht oft ein weiterer emotionaler Spalt zwischen zwei Liebenden. Denn gerade aufgrund der fehlenden Empathie nimmt die andere Person die Verletzung persönlich. Schließlich hoffen und wünschen wir uns alle einen Platz in den Gedanken der Menschen, die wir lieben. Deswegen geht es bei Vergebung nicht nur um eine inhaltliche Wiedergutmachung. Es geht um emotionale Verbindung, ein unsichtbares Band, sodass der Schmerz des einen auch der Schmerz des anderen ist. Der eine sich für die Unversehrtheit des anderen genauso verantwortlich fühlt wie er selbst.

Den eigenen Schmerz in den Augen einer anderen Person zu sehen, ist oft das, was wir brauchen, um vergeben zu können.

Erst wenn wir ehrliches Mitgefühl und Bereuen von der anderen Seite spüren, beginnen wir, auf unsere Wut und unseren Groll zu verzichten. Doch solange wir daran zweifeln, dass die andere Person unseren Schmerz ernst nimmt, können wir nicht vergeben. Wir können nicht darauf vertrauen, dass unser Gegenüber es nicht noch einmal in Kauf nehmen würde, uns zu verletzen.

Regeln, die wir mit Beziehungen verbinden

Vergebung beginnt mit Offenheit und Mitgefühl. Ein Ich erzählt von seinem Schmerz und macht sich damit verletzlich. Ein Du hört offen zu, ohne sich verteidigen oder rechtfertigen zu müssen. »Vergebung ist das Gefühl von Frieden, das sich einstellt, wenn man eine Verletzung weniger persönlich nimmt, die Verantwortung dafür übernimmt, wie man sich fühlt, und in der Geschichte, die man erzählt, zum Helden und nicht zum Opfer wird.« So definiert Fred Luskin, Professor für Psychologie und Leiter des Stanford Forgiveness Projects, in seinem Buch *Forgive for Good* Vergebung. Doch Vergebung braucht auch Verständnis, das heißt, beide Seiten müssen verstehen, welche Regeln, Verträge oder Versprechen verletzt wurden. Fred Luskin spricht aber nicht nur von irgendwelchen Regeln. Es geht um »unenforceable rules«, Regeln, die wir nicht durchsetzen können.

Wir alle haben Regeln, die wir mit Liebe verbinden: etwa dass man sich ruhig zuhört, anstatt direkt anzugreifen; dass man in guten wie in schlechten Zeiten zusammenbleibt; dass man sich füreinander zurücknimmt; dass man empathisch miteinander ist; dass man respektvoll miteinander spricht; dass man keine Geheimnisse voreinander hat. Wahrscheinlich könnte ich diese

Liste an Regeln unendlich weiterführen. Wahrscheinlich sind viele dieser Regeln gut und sinnvoll.

Doch die Realität ist, dass wir all diese theoretisch guten Regeln trotzdem nicht immer durchsetzen können. Erstens haben wir nicht die Garantie, dass die andere Person die gleichen Entscheidungen fällen würde, wie wir es von uns selbst glauben. Zweitens zeigen manchmal erst Verletzungen, welche Grenzen und Bedürfnisse wir tief in uns haben. Drittens können wir die Vergangenheit nicht verändern. Selbst wenn wir also eine Regel haben, kann die andere Person nicht ändern, was sie in der Vergangenheit getan hat. Wir müssen uns also mit einer Realität auseinandersetzen, in der jemand den Fehler bereits begangen hat. Doch wenn wir auf die Einhaltung dieser Regeln pochen, halten wir uns selbst und andere gefangen. Nicht vergeben zu können, bedeutet, einen ständigen Kampf mit der Realität zu führen.

Im Beispiel von Angela und Johannes war Angela in ständiger Wachsamkeit. Angela hatte beispielsweise die Regel, dass Johannes ihr sicherer Hafen sein sollte. Gerade in einer Situation, in der sie sich verletzlich und schwach gefühlt hatte, hatte sie von ihm Mitgefühl und Rücksichtnahme erwartet. Dies war ihre implizite Regel.

Doch weil er diesem Bild nicht gerecht wurde, schwieg Angela und entzog sich jeder Intimität. Dies wiederum belastete Johannes. Doch je mehr er gekränkt war, desto dünnhäutiger wurde er. Aus seiner Irritation und Einsamkeit entstanden Ungeduld und Frustration. Denn natürlich hatte auch Johannes Regeln, die aus seiner Warte gebrochen wurden. Zu seinen unausgesprochenen Regeln gehörte, dass Angela darüber sprach, dass sie verletzt war, anstatt sich zurückzuziehen. Und auch, dass sie Lust auf ihn hatte und ihm nah sein wollte. Dass sie empathisch mit ihm war und ihn nicht auf eine Situation reduzierte, in der auch er überfordert war. Vater zu werden, war sein Herzenswunsch. Doch zugleich hatte ihn gerade die Anfangszeit mit Kind damit konfrontiert, wie wenig er tatsächlich in der Hand hatte. Sein Leben schien ihm zwischen all den neuen Aufgaben in der jungen Familie zu zerfließen. Wenn noch nicht einmal die Küche ordentlich sei, wie solle er dann seinem Leben, geschweige denn einem Leben mit Frau und Kind gerecht werden? Angelas Rückzug war ein Zeichen für sein Scheitern. Obwohl er alles gegeben hatte.

In diesem Augenblick wurde Angela weicher. Denn sie sah, wie viel er für die Familie tat und wie sehr er sich darum bemühte, ein guter Ehemann und Vater zu sein. Sie sah seine Makel nicht als Scheitern. Dass Johannes von seinen Regeln sprach, anstatt sie zu attackieren, fühlte sich für Angela um einiges sicherer an. Sie konnte ihn besser verstehen. Und aus diesem Verständnis entstand auch bei Angela Verantwortung. Sie nahm seine Hand in ihre und schaute ihn an. Nur wo echtes Verständnis ist, kann auch Veränderung sein – und wir brauchen Veränderung, um neue Geschichten schreiben zu können.

Wir Menschen leben in Geschichten. Geschichten helfen uns, Sinn in dieser komplexen Welt zu finden und mit Herausforderungen besser umzugehen. Beziehungen bestehen aus vielen kleinen, ausgesprochenen und unausgesprochenen Versprechungen. Doch wenn diese impliziten Regeln verletzt werden, schreiben wir bisweilen Geschichten von mangelnder Liebe. Und das ist eine Tragödie. Zu vergeben bedeutet, diese alten Geschichten zu revidieren und ein neues Kapitel aufzuschlagen. Gemeinsam.

Sich selbst verzeihen

Marlene ist der Typ Frau, die ich für ihr Organisationstalent, ihre Präzision und ihr Durchsetzungsvermögen beneide. Doch wer jetzt an Kälte und Rationalität denkt, irrt. Eher würde ich sie als warmherzige Geschäftsfrau bezeichnen, als Frau, die ihre emotionale Intelligenz nutzt, um mehr Menschlichkeit in die Wirtschaft zu bringen.

In einer Sitzung zeigt sie sich mit ihrer Frustration, verletzlich und echt. Marlene kann sich nicht ganz erklären, warum sie schlecht gelaunt ist, denn eigentlich ist ihr Leben schön, sie hat ein stilvolles Haus, einen Menschen, den sie liebt, und trotzdem ist sie nicht in ihrer Mitte. Sie ist von sich genervt, weil sie genervt ist. Frustriert von ihrer Frustration. Denn sie weiß, dass sie in diesem Gefühl dazu neigt, sich abzukapseln und zurückzuziehen, um andere nicht anzumeckern oder nicht ihren Frust an ihnen auszulassen. Ihr ist bewusst, dass das weder professionell noch warmherzig ist, und der Spalt zwischen Ideal und Realität frustriert sie noch mehr.

Während wir darüber sprechen, wird klar, dass der Grund hinter ihrer Frustration ihre Einsamkeit ist. Und das macht sie wütend. Wütend auf ihren neuen Partner, der eigentlich alles richtig macht und trotzdem auch nur ein Mensch ist. Wütender auf sich selbst. Denn sie hat vieles bereits verändert, hat an sich gearbeitet, ist durch den Schmerz hindurchgegangen und erlaubt sich, verletzlich zu sein. Doch warum ist sie trotzdem nicht zufrieden?

Ich kenne ihn selbst gut, den Wunsch, irgendwann »fertig« und geheilt zu sein. Vor allem, wenn alte Trigger in neuen Beziehungen hochkommen, können wir manchmal ungnädig und hart mit uns werden. Und sind dabei vielleicht härter mit uns selbst als alle anderen. Wir verurteilen uns für unsere Menschlichkeit.

Erst diese negativen Bewertungen allerdings lassen uns manchmal zu alten Schutzmechanismen greifen.

Oft kommen gerade dann, wenn wir uns sicher fühlen, alte Verletzungen hoch. Gerade dann, wenn wir etwas zu verlieren haben, ist unsere Verlustangst am stärksten. Gerade dann, wenn es schön ist, werden wir manchmal daran erinnert, dass es auch anders sein kann.

Wenn die Vergangenheit sich noch mal so präsent zeigt, dann damit wir nun merken, dass wir neue Strategien besitzen und diesem alten Schmerz nicht mehr hilflos ausgeliefert sind. Deswegen sind sichere Beziehungen ein Ort, um sich selbst zu vergeben. Und Selbstvergebung eine Möglichkeit, um emotionale Sicherheit zu kreieren.

Echte Selbstvergebung bedeutet nicht zu sagen, dass alles gut war, wie es war. Oder eine Sache unter den Teppich zu kehren. Oder sich zu rechtfertigen. Und es ist auch nicht das Gegenteil: Sich selbst zu verdammen und zu bestrafen ist weit weg von Selbstvergebung. Denn sowohl mit dem einen als auch mit dem anderen drehen wir uns um uns selbst und verharren in der Vergangenheit.

Bei Selbstvergebung ist der Weg das Ziel. Denn wenn wir uns Verbindung und Veränderung wünschen, müssen wir diese Dinge selbst in unsere Beziehungen bringen. So basiert Selbstvergebung auch auf ehrlichen zwischenmenschlichen Verbindungen und unserer Veränderung. Indem wir uns mit unseren Makeln und Fehltritten zeigen, demonstrieren wir, dass toxische Scham nicht mehr so eine Kraft über uns hat. Indem wir mit dem Schmerz einer Person mitfühlen, zeigen wir, dass es in unserem Leben nicht nur um uns geht. Wir interessieren uns für unser Gegenüber und übergehen seinen Schmerz nicht noch mal.

Allein dadurch, dass Marlene über ihre Frustration spricht, hat sie etwas verändert. Sie hatte sich erlaubt, sich so zu zeigen, wie sie eben auch war. Sie war stark und intelligent, unsicher und liebevoll, warmherzig und streng mit sich. Wir Menschen sind eben komplexe Wesen. In dem Augenblick, in dem sie ihre Wut gegen sich selbst aussprach, nahm das Gefühl ab. Sie hatte seinen Bann gebrochen. So als würde eine unsichtbare Blase, die sie davon abhielt, mit der äußeren Welt zu kommunizieren, zerfließen.

Als ich sie fragte, wie ihr Partner auf ihre Verletzlichkeit reagieren würde, schmunzelte sie. Zum einen hat er es sowieso nicht persönlich genommen und zum anderen hätte er Verständnis für ihren Rückzug. Doch vor allem würde es ihn berühren, dass er ihr so nah kommen konnte.

Wir Menschen haben nicht nur die Fähigkeit, sondern auch die Verantwortung, uns zu verändern. Doch das bedeutet auch, Wachstum und Entwicklung – egal, wie gering sie uns selbst vorkommen – wahrzunehmen und anzuerkennen.

Für mich hat Vergebung und Verzeihen weniger damit zu tun, dass wir die Vergangenheit vergessen oder so tun, als wäre sie nicht so schlimm. Im Gegenteil, wir brauchen die Vergangenheit, um in die Zukunft wachsen zu können. Vergebung und Verzeihen sind Möglichkeiten, um gemeinsam zu heilen. Wir heilen den Teil in uns, der es noch nicht besser wusste und der andere verletzt hat. Und wir heilen den Teil in uns, der verletzt wurde. Wir zeigen, dass es in dieser Realität auch Platz für das Gute gibt und wir eben mehr sind als unsere Fehler. So können andere uns vergeben und so können auch wir selbst uns vergeben.

Geben Menschen ihr Bestes?

In ihrem Buch *Rising Strong* (deutsche Übersetzung: *Laufen lernt man nur durch Hinfallen*) können wir Brené Brown auf der Reise nach einer Antwort auf diese Frage begleiten. Weil ihre Geschichten zu schön sind, um sie einfach zu wiederholen, und weil sie eine großartige Storyteller-Wissenschaftlerin ist, teile ich hier nur die Essenz ihrer Erkenntnisse zu dieser Frage.

Diejenigen, die davon überzeugt sind, dass Menschen NICHT ihr Bestes geben, legen oft sehr hohe, strenge Maßstäbe an sich und ihre Umwelt. In ihrem Drang nach Perfektion liegt auch eine Verurteilung ihrer Mitmenschen. Ihre Worte schmecken bitter, sie wirken laut, selbstgefällig, perfektionistisch, streng, hart, ausgelaugt. Als würden sie einen Stein kicken und anschreien, in der Überzeugung, wenn sie nur laut genug schreien, wird dieser Stein schon irgendwann fliegen.

Diejenigen Menschen, die nachdenklich bejahten, dass Menschen ihr Bestes tun würden – selbst bei Dingen, die ohne Zweifel suboptimal, grausam oder unsensibel seien –, hatten mehr Mitgefühl mit sich selbst und anderen. Sie waren weniger wütend oder bitter. Aber Mitgefühl hat auch wissenschaftlich bewiesene Vorteile, wie ein höheres Level an Optimismus, Großzügigkeit, eine höhere Immunität gegen Stress. Sie lassen sich selbst bei unangenehmen Stimuli nicht aus der Ruhe bringen und sie hatten weniger Symptome einer posttraumatischen Belastungsstörung nach erfahrenen Traumata. Auch die Gehirn areale, die für Beziehungen wichtig sind, waren bei ihnen aktivierter. Eine Studie an der Tampere University in Finnland[19] bewies sogar, dass Mitgefühl uns weniger schnell altern lässt. Wenn du also einen Jungbrunnen suchst – dann versuch es mit Güte.

Brené Brown stellt den Menschen, die eben nicht glauben, dass Menschen ihr Bestes geben, eine wichtige Frage: Was würde es für dich bedeuten, wenn du von einer Person oder einem Wesen, das mehr weiß als du, die Information bekommst, dass die Person wirklich ihr Bestes gibt?

Brené Brown beschreibt die überwältigende Trauer, die dann hochkommt, die Akzeptanz, die damit einhergeht, dass Menschen so sind, wie sie sind, und die Erlaubnis, nach neuen Wegen zu suchen. Trauer kann uns auch Freiheit schenken.

Hinter der Frage, ob andere immer ihr Bestes gehen, steht auch der sogenannte »fundamentale Attributionsfehler«. Fehler, die wir bei anderen wahrnehmen, schreiben wir oft ihrer Persönlichkeit zu. Eine Person, die nicht die Wahrheit sagt, ist ein Lügner. Jemand, der seinen Müll auf der Straße liegen lässt, ein Schwein. Jemand, der in der Schlange drängelt, ist rücksichtslos. Doch bei uns selbst finden wir immer einen Grund, der eben nicht mit unserem Charakter zu tun hat. Wir selbst haben gelogen, um niemanden zu verletzen. Wir haben den Müll liegen gelassen, weil wir ihn auf dem Rückweg wieder mitnehmen. Wir haben gedrängelt, weil wir unser Kind schnell von der Schule abholen wollten.

Ich weiß, es kann schwer sein, wirklich zu glauben, dass Menschen ihr Bestes geben. Vor allem, weil viele Erwartungen ja aus dem Gegenteil entstehen, aus einer zauberhaften Vergangenheit, aus Potenzial. Doch auf Besserung zu hoffen und nach mehr zu streben und gleichzeitig zu akzeptieren, dass der Zustand ist, wie er eben jetzt ist, ist kein Widerspruch. Es ist vielleicht eine sehr hohe Kunst. Und ich weiß, du gibst dein Bestes, um ebendiese Kunst zu meistern. Ich weiß, auch du gibst dein Bestes.

7 Erkenntnisse, die ich dir über das Verzeihen mitgeben möchte

1. Vergebung beginnt mit Anerkennung

Vergebung beginnt mit ehrlicher Anerkennung. Doch manchmal wollen wir uns selbst nicht eingestehen, dass uns etwas verletzt hat, um cool oder lässig oder stark zu wirken. Manchmal wollen wir nicht wahrhaben, dass wir mit unserem Verhalten Schaden angerichtet haben. Was wir aber nicht sehen, können wir nicht verändern. In dem Augenblick, in dem wir dem Schmerz der Person und unserer Scham mit Klarheit und Liebe begegnen, schaffen wir Raum für Vergebung.

2. Geteiltes Leid ist halbes Leid

Manchmal zieht ein Schmerz tiefe Gräben zwischen uns, weil wir es für fast unmöglich halten, dass die andere Person uns versteht. Doch in dieser Stille des Unverständnisses entstehen weitere Verletzungen: ein Mangel an Anerkennung und Akzeptanz, Einsamkeit oder Isolation. Um aus diesem Karussell auszusteigen, müssen wir den Schmerz teilen und Worte für ihn finden. Das, was Sprachlosigkeit heilt, ist nie noch mehr Isolation, sondern es sind Gespräche.

3. Empathie lindert Leid

Manchmal kann ein offener Umgang mit einer Verletzung dazu führen, dass wir den Schmerz noch mal durchleben. Die verletzte Person macht sich mit allen Gefühlen und Gedanken noch mal verletzlich. Und auch als andere Person fühlen wir manchmal die Schuld von damals.

Wenn dich die Intensität des Schmerzes überwältigt, denke daran, dass es nicht um eine sachliche Lösung geht. Vielmehr braucht es nun deine Empathie und liebevolle Präsenz.

4. Nicht nur der Verstand, sondern auch das Herz muss die Vergangenheit akzeptieren

Die Entscheidung zu vergeben kann manchmal ein rationaler Akt sein. Wir sagen uns, dass die Sache nicht so schlimm war oder dass sie in fünf Jahren keine Bedeutung mehr für uns haben wird. Oder wir wägen die Vorteile gegen die Nachteile von Groll oder Rache ab.

Doch es geht nicht nur darum, zu verstehen, sondern auch darum, den Gefühlen von Frieden und Gleichmut Platz zu machen. Diese Gefühle entstehen dann, wenn wir uns mit unserer ungewollten Bitterkeit, Ärger oder Trauer zeigen durften.

5. Vergebung verändert uns tief

Durch den Akt der Vergebung durchleben wir eine emotionale Transformation. Manchmal ist Vergebung auch das Signal an uns selbst, dass wir Schwieriges überlebt und überstanden haben. Es war unangenehm, ja, aber es hat uns nicht definiert. Und dadurch entstehen tiefe Resilienz und Widerstandsfähigkeit. Erfahren wir durch andere und (!) uns selbst Vergebung, können wir diese Güte und Liebe weitergeben. Wir reifen emotional.

6. Vergebung ist eine Lebenseinstellung

Manchmal werde ich nach Vergebungsritualen gefragt, die eine sehr schöne Idee sein können. Doch Vergebung ist kein einmaliges Ereignis, sondern etwas, das wir immer wieder tun – denn es kann uns immer wieder etwas an die Vergangenheit erinnern. Und damit auch Emotionen, Schmerzen und Verletzungen wach werden lassen. Wenn wir vergeben, treffen wir die bewusste Entscheidung, Altes ziehen zu lassen, um Platz für Neues zu machen. Denn wir bestimmen unseren Fokus: Blicken wir in die Vergangenheit, in die Zukunft oder ins Hier und Jetzt?

7. Vergebung bedeutet Frieden

Frieden kann verschiedene Formen annehmen. Vielleicht finden wir Frieden, weil wir Dinge nicht mehr persönlich nehmen. Manchmal finden wir zu Frieden, weil wir die Vergangenheit akzeptieren können und sich das Leben trotzdem zum Guten gewendet hat. Vielleicht finden wir Frieden, weil auch wir etwas lernen mussten.

Kerngedanken

- Es fällt uns schwer zu vergeben, wenn dies bedeutet, unsere Bedürfnisse zurückzustellen.
- Manchmal machen wir es anderen schwer, uns zu vergeben. Damit uns Menschen vergeben können, müssen wir etwas verändern.
- Chronische Beziehungsprobleme können darauf hinweisen, dass es noch etwas zu verzeihen gibt.
- Wir können oft erst dann vergeben, wenn wir mit unserem Schmerz gesehen und angenommen wurden.
- Oft können wir nicht vergeben, weil jemand gegen unsere inneren Regeln verstoßen hat. Diese Regeln haben wir aber nicht immer kommuniziert. Nun geht es darum, diese Regeln zu verdeutlichen.
- Selbstvergebung braucht Offenheit und die Verbindung mit anderen.
- Anzunehmen, dass Menschen ihr Bestes geben, kann uns helfen, die Realität anzunehmen, wie sie ist – und nach neuen Wegen zu suchen.

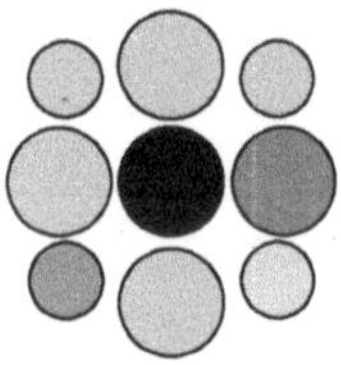

Wenn wir nicht vergeben, reduzieren wir eine Person auf ihre Fehltritte.

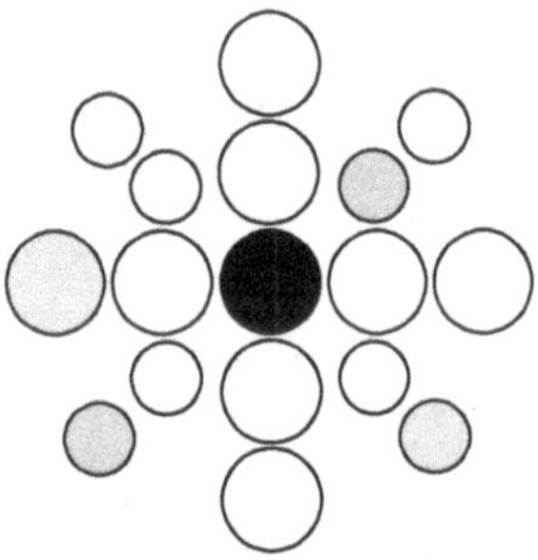

Zu vergeben bedeutet, dafür offen zu sein, dass die Person mehr ist als ihre Fehler.

Schlusswort

Unsere Welt ist so voll mit Regeln und Erwartungen und Druck. Selbst Beziehungen, Orte, an denen wir uns frei und lebendig fühlen wollen, waren lange Zeit kompliziert. Die Sicherheit, die in früheren Zeiten darin bestand, dass man zusammenblieb, egal, was war, haben wir heute nicht mehr. Und zugleich prasseln unendlich viele Anforderungen auf uns ein, um der »perfekte« Partner oder die »perfekte« Partnerin zu sein: Wir müssen lieb sein, intelligent und humorvoll, aber wenn wir all das sind, sind wir unglaubwürdig und falsch. Wir sollen eine Beziehung wollen, aber nicht so sehr, dass wir bedürftig sind. Wir sollen männlich sein, aber kein Macho. Wir sollen weiblich sein, aber nicht emotional. Wir sollen in dieser Gesellschaft funktionieren – doch zugleich unseren Pragmatismus an der Wohnungstür gegen Empathie und Mitgefühl tauschen. Wir sollen uns öffnen, aber weinen macht uns unsexy. Die meisten von uns kennen diese unmöglich gleichzeitig zu erfüllenden Erwartungen.

Ich kann verstehen, dass wir verunsichert sind und dass sich Beziehungen kompliziert und schwierig anfühlen. Zugleich möchte ich uns daran erinnern, dass wir eben eine neue Sicherheit suchen und brauchen. Es geht in modernen Beziehungen nicht mehr darum, durch die Institution »Beziehung« Sicherheit zu verfestigen. Stattdessen geht es darum – und darum ging es auch in *wiederherzgestellt* –, Sicherheit durch emotionale Verbundenheit zu kreieren. Indem wir empathisch aufeinander eingehen, uns verletzlich zeigen, uns so verändern, dass wir mehr wir selbst sind, kreieren wir Sicherheit und Heilung. Und wenn ich das so anführen darf: eine Sicherheit, die uns Freiheit, Augenhöhe und Abenteuer ermöglicht.

In einer sicheren und heilsamen Beziehung zu sein gibt uns eine Möglichkeit, Balance zu finden. In einer sicheren Beziehung gibt es Platz für all unsere inneren Widersprüche. Heilung bedeutet, ganz zu sein und sich mit all unseren menschlichen Facetten zu zeigen.

Wir dürfen uns ganz fühlen, auch wenn wir verletzt wurden. Wir dürfen eine Beziehung wollen, auch wenn wir noch nicht alles »aufgeräumt« haben. Es ist okay, dass wir erst gemeinsam heilen, dass uns manche Dinge erst bewusst werden, wenn wir sie wieder erleben. Wir dürfen weich sein und sind stark wegen unserer Sanftheit. Unsere Freundlichkeit ist kostbar. Und wir können freundlich Grenzen setzen. Wir dürfen um Hilfe bitten und zeigen, welche Kraft in uns schlummert. Denn wir haben Kraft und wir haben das Recht auf emotionale Unversehrtheit. Wir können uns an die erste Stelle setzen und trotzdem mit anderen mitfühlen. Und wir können mitfühlen, ohne uns dazu verpflichtet zu fühlen, den Erwartungen einer Person entsprechen zu müssen. Wir können darauf vertrauen, dass auch die andere Person mit uns mitfühlt und auch unser Bestes möchte. Wir dürfen uns verändern. Wir haben sogar die Pflicht, uns zu verändern und jeden kleinen Schritt zu feiern. Und vor allem dürfen wir selbst entscheiden, wie wir uns verändern wollen. Wir dürfen verzeihen. Wenn es sich für uns gut anfühlt und wenn wir bereit dazu sind. Wir brauchen nicht die Erlaubnis einer anderen Person, um wir selbst zu sein und auf unsere innere Stimme zu hören. Wir können verschiedene Wahrheiten nebeneinander stehen lassen und nehmen Geschichten anderer nicht persönlich. Und all das entsteht – mal schneller und mal langsamer –, wenn wir uns erlauben, in unseren Beziehungen zu heilen.

Denn zu heilen und sein Herz wiederherzustellen, zeigt einfach nur, wie bunt-komplex das Leben sein kann. Und es zeigt, wie vielschichtig wir selbst sind. Und ich glaube, das macht uns wiederum weise und lebendig. Ich wünsche dir, wahrscheinlich der ganzen Welt, die Erfahrung, dass du gehört und gesehen wirst, mit all deinen Teilen. Und dass du merkst, wie schön du gerade deswegen bist. Und wie sicher und leicht sich Liebe auch anfühlen kann, selbst wenn es nicht immer so war.

Danksagung

Ich möchte mich bei all jenen bedanken, die meinen Buchtraum Wirklichkeit haben werden lassen. Dieses Buch zu schreiben, war eine Reise voller Herausforderungen, aber auch voller Liebe und Unterstützung.

Ein besonderer Dank gilt dem Südwest Verlag und vor allem Vanessa Silbermann und Susanne Schmutterer. Danke für die Möglichkeit, mein Wissen und meinen Blick mit der Welt zu teilen. Eure Professionalität und euer Engagement haben dieses Projekt zu etwas Besonderem gemacht.

Ich danke der gesamten AVA Agentur, vor allem meinem Buchagenten Markus Michalek. Du hast mich in meinem Weg bestärkt, mir den Rücken freigehalten und mir mit vielen weisen Sätzen weitergeholfen.

Meiner Lektorin Sibylle Duelli möchte ich von Herzen danken: Dein aufmerksamer Blick und deine Gedanken haben das Buch bereichert und mich dazulernen lassen. Und dieses Wissen ist ein großartiges Geschenk.

An meine von Herzen geschätzten Klientinnen und Klienten: Eure Geschichten, eure Erfolge und euer Vertrauen machen nicht nur meine Arbeit, sondern auch dieses Buch wertvoll. Ihr seid der lebendige Beweis dafür, dass Heilung möglich ist und dass Beziehungen eine ungeahnte Tiefe und Leichtigkeit erreichen können, wenn wir uns sicher fühlen.

Ein besonderer Dank geht an meine Supervisor:innen, Lehrenden und Menschen, die mich auch in meiner Heilung unterstützt haben. Ganz besonders Matt Angelstorf und Sônia

Gomes, Andrea Bräu und Alexandra Hartmann. Ihr habt mir mehr als nur Wissen vermittelt, sondern mich auch die Macht von Verbindung erfahren lassen.

Ein herzliches Dankeschön geht auch an meine Freundinnen und Freunde, die während der Höhen und Tiefen dieses Schreibprozesses an meiner Seite standen. Eure Unterstützung, eure aufmunternden Worte und eure Liebe haben mir die Kraft gegeben, auch die anspruchsvollsten Passagen zu bewältigen. Ganz besonders möchte ich mich bei dir bedanken, Anika, für den Austausch, deine Expertise und Freundschaft. Dein Blick half mir, ruhig zu bleiben, selbst wenn so ein Buchprojekt einen im ersten Augenblick erschlagen kann. Nina K., du hast mir einen Ort gegeben, an dem ich kreativ und frei und verbunden sein kann. Danke, Mashaal, für deinen aufmerksam-liebevollen Blick und deine großartigen Visionen. Danke, Nina A., für deine hilfreichen Hinweise zu Stil und Lesbarkeit. Liebe Kristin, du hast mir gerade auf den letzten Metern Energie, Vertrauen und Freude fürs Schreiben geschenkt. Vor allem möchte ich dir, Max, danken. Du bringst mich immer zum Strahlen, selbst wenn es in mir dunkel ist. Du bestärkst mich und lässt mich zugleich sein, wie ich bin.

Dieses Buch trägt die Spuren vieler Hände und Herzen und ohne die Empathie, Co-Regulation und Unterstützung wäre es nicht das Buch, das es nun ist. Möge es euch genauso viel Freude bereiten, wie es mir Freude bereitet hat, es zu schreiben.

Mit tiefem Dank
Sharon

Literaturempfehlungen

Bowlby, John: *Bindung als sichere Basis. Grundlagen und Anwendung der Bindungstheorie.* Reinhardt Verlag, 5. Auflage 2021

Brown, Brené: *Atlas of the Heart: Mapping Meaningful Connection and the Language of Human Experience.* Vermilion 2021

Rising strong. Vermilion 2015; deutsche Ausgabe: *Laufen lernt man nur durch Hinfallen.* Kailash 2016

Chapman, Gary: *Die fünf Sprachen der Liebe. Wie Kommunikation in der Partnerschaft gelingt.* Francke Verlag, 8. Auflage 2019

Christensen, Clayton: *How will you measure your life?* HarperCollins 2012

Damásio, António: *Descartes' Irrtum: Fühlen, Denken und das menschliche Gehirn.* List 1995

Doyle, Glennon: *Ungezähmt.* Rowohlt Verlag 2020

Dweck, Carol: *Selbstbild: Wie unser Denken Erfolge oder Niederlagen bewirkt.* Piper Verlag 2017

Feldman Barrett, Lisa: *Wie Gefühle entstehen. Eine neue Sicht auf unsere Emotionen.* Rowohlt Verlag 2023

Fishkin, Gerald: *The Science of Shame and Its Treatment.* Parkhurst Brothers Publishers Inc 2016

Frankl, Viktor E.: *Trotzdem Ja zum Leben sagen. Ein Psychologe erlebt das Konzentrationslager.* Penguin Books 2018

Fromm, Erich: *Die Kunst des Liebens.* dtv 1998

Gran, Sissel: *Ich verlasse dich, weil ich leben will. Frei werden von Schuldgefühlen.* Herder 2019

Hooks, Bell: *Alles über Liebe. Neue Sichtweisen.* HarperCollins, 5. Auflage 2021

Johnson, Sue: *Halt mich fest – das Arbeitsbuch für lebenslange Liebe.* Junfermann 2023

Keys, Alicia: *More Myself: A Journey*. Flatiron Books 2020; deutsche Ausgabe: *More Myself – Mehr ich selbst*. Knaur 2020

Klein, Gopal Norbert: *Der Vagus-Schlüssel zur Traumaheilung. Wie »Ehrliches Mitteilen« unser Nervensystem reguliert*. Gräfe+Unzer 2022

Lazarus, Richard; Folkman, Susan: *Stress, Appraisal, and Coping*. Springer Pub 1984

Lunn, Natasha: *Gespräche über die Liebe. Wie wir sie finden, an ihr wachsen und sie nicht verlieren*. Ullstein 2021

Luskin, Fred: *Forgive for Good. A proven Prescription for Health and Happiness*. HarperOne 2010

Maté, Gabor; Maté, Daniel: *The Myth of Normal. Trauma, Illness & Healing in a toxic Culture*. Vermilion 2022; deutsche Ausgabe: *Vom Mythos des Normalen. Wie unsere Gesellschaft uns krank macht und traumatisiert*. Kösel 2023

McKay, Sarah: *Demystifying The Female Brain. A neuroscientist explores health, hormones and happiness*. Orion Publishing 2018

Rosa, Hartmut: *Resonanz. Eine Soziologie der Weltbeziehung*. Suhrkamp 2019

Schulz von Thun, Friedemann: *Miteinander reden: Band 1: Störungen und Klärungen*. Reinbek bei Hamburg 1981

Siegel, Daniel; Bryson, Tina et al.: *Achtsame Kommunikation mit Kindern. Zwölf revolutionäre Strategien aus der Hirnforschung für die gesunde Entwicklung Ihres Kindes*. Arbor 2013

van der Kolk, Bessel: *Das Trauma in dir. Wie der Körper den Schrecken festhält und wie wir heilen können*. Ullstein, 5. Auflage 2023

Zitierte Songtexte:

Lady Gaga: *Million Reasons* (2016)

Alicia Keys: *Fallin'* (2001)

Beyoncé: *Sandcastles* (2016)

Quellenverzeichnis

1 Johnson, Sue (2011): Hold Me Tight. Your Guide to the Most Successful Approach to Building Loving Relationships.

2 www.adultdevelopmentstudy.org/grantandglueckstudy

3 Waldinger, R. (2015): What makes a good life? Lessons from the longest study on happiness. TEDxBeaconStreet November 2015. www.ted.com/talks/robert_waldinger_what_makes_a_good_life_lessons_from_the_longest_study_on_happiness/transcript

4 Phelps, E. A. Human emotion and memory: interactions of the amygdala and hippocampal complex. *Current Opinion in Neurobiology* (April 2004) 14 (2): 198–202. doi:10.1016/j.conb.2004.03.015. PMID: 15 082 325.

5 Wong, Y. J., Steinfeldt, J. A., LaFollette, J. R., & Tsao, S.-C. (2011). Men's tears: Football players' evaluations of crying behavior. *Psychology of Men & Masculinity*, 12 (4): 297–310. https://doi.org/10.1037/a0020576

6 Bereczkei, T.; Gyuris, P.; Koves, P.; Bernath, L. Homogamy, genetic similarity, and imprinting; parental influence on mate choice preferences. *Personality and Individual Differences* 33 (5): 677–690. https://doi.org/10.1016/S0191-8869(01)00182-9

7 Leahy, Katelin E.; Chopik, William J. Proof of Concept and Moderators of Transference Processes in an Online Setting. *Collabra: Psychology* (2021) 7 (1): 24720. https://doi.org/10.1525/collabra.24720

8 Tseng, J., Poppenk, J. Brain meta-state transitions demarcate thoughts across task contexts exposing the mental noise of trait neuroticism. *Nature Communications* 11: 3480 (2020). https://doi.org/10.1038/s41467-020-17255-9

9 Harlow, H. F.; Dodsworth, R. O.; Harlow, M. K. (1965). Total social isolation in monkeys. Proceedings of the National Academy of Sciences of the United States of America. https://www.ncbi.nlm.nih.gov/pmc/articles/PMC285801/pdf/pnas00159-0105.pdf

10 Logue, M. W.; van Rooij, S. J. H.; Dennis, E. L.; Davis, S. L.; Hayes, J. P.; Stevens, J. S.; Densmore, M.; Haswell, C. C.; Ipser, J.; Koch, S. B. J.; Korgaonkar, M.; Lebois, L. A. M.; Peverill, M.; Baker, J. T.; Boedhoe, P. S. W.; Frijling, J. L.; Gruber, S. A.; Harpaz-Rotem, I.; Jahanshad, N.; Koopowitz, S.; Levy, I.; Nawijn, L.; O'Connor, L.; Olff, M.; Salat, D. H.; Sheridan, M. A.; Spielberg, J. M.; van Zuiden, M.; Winternitz, S. R.; Wolff, J. D.; Wolf, E. J.; Wang, X.; Wrocklage, K.; Abdallah, C. G.; Bryant, R. A.; Geuze, E.;

Jovanovic, T.; Kaufman, M. L.; King, A. P.; Krystal, J. H.; Lagopoulos, J.; Bennett, M.; Lanius, R.; Liberzon, I.; McGlinchey, R. E.; McLaughlin, K. A.; Milberg, W. P.; Miller, M. W.; Ressler, K. J.; Veltman, D. J.; Stein, D. J.; Thomaes, K.; Thompson, P. M.; Morey, R. A. Smaller Hippocampal Volume in Posttraumatic Stress Disorder: A Multisite ENIGMA-PGC Study: Subcortical Volumetry Results From Posttraumatic Stress Disorder Consortia. *Biological Psychiatry*, 1. Februar 2018; 83 (3): 244–253. doi:10.1016/j.biopsych.2017.09.006. Epub 2017 Sep 20. PMID: 29 217 296; PMCID: PMC5951719.

11 Enright, R. (2017). Anger and Cancer: Is There a Relationship? https://www.psychologytoday.com/intl/blog/the-forgiving-life/201709/anger-and-cancer-is-there-relationship

12 www.socsci.uci.edu/newsevents/news/2016/2016-03-28-mcbride-ridinger.php

13 Darley, J. M.; Batson, C. D. (1973). From Jerusalem to Jericho: A study of situational and dispositional variables in helping behavior. *Journal of Personality and Social Psychology*, 27 (1): 100–108. https://doi.org/10.1037/h0034449

14 Coan, J. A.; Schaefer, H. S.; Davidson, R. J. (2006). Lending a Hand: Social Regulation of the Neural Response to Threat. *Psychological Science*, 17 (12): 1032–1039. https://doi.org/10.1111/j.1467-9280.2006.01832.x

15 Kumar, S. S.; Rajagopalan, A.; Mukkadan, J. K. (2016). Vestibular Stimulation for Stress Management in Students. *Journal of clinical and diagnostic research*, 10 (2): CC27–CC31. https://doi.org/10.7860/JCDR/2016/17607.7299

16 Ma, X.; Yue, Z. Q.; Gong, Z. Q.; Zhang, H.; Duan, N. Y.; Shi, Y. T.; Wei, G. X.; Li, Y. F. (2017). The Effect of Diaphragmatic Breathing on Attention, Negative Affect and Stress in Healthy Adults. Frontiers in psychology, 8, 874. https://doi.org/10.3389/fpsyg.2017.00874

17 Hanscom, D. A. (2021). Plan A – Thrive and Survive Covid-19 (2. Auflage). Vertus Press, Inc

18 Newberg, A.; Waldman, M. R. (2006). Why we believe what we believe: Uncovering our biological need for meaning, spirituality, and truth. Simon and Schuster.

19 Dobewall, H.; Keltikangas-Järvinen, L.; Marttila, S.; Mishra, P. P.; Saarinen, A.; Cloninger, C. R.; Zwir, I.; Kähönen, M.; Hurme, M.; Raitakari, O.; Lehtimäki, T.; Hintsanen, M. The relationship of trait-like compassion with epigenetic aging: The population-based prospective Young Finns Study. *Frontiers in Psychiatry*. 18. April 2023; 14: 1018797. doi:10.3389/fpsyt.2023.1018797. PMID: 37 143 783; PMCID: PMC10151573

Alle Internetquellen zuletzt abgerufen und geprüft am 13.03.2024.

2. Auflage 2024

Hinweis: Die Ratschläge/Informationen in diesem Buch
sind von Autorin und Verlag sorgfältig erwogen und geprüft,
dennoch kann eine Garantie nicht übernommen werden. Eine Haftung
der Autorin beziehungsweise des Verlags und seiner Beauftragten
für Personen-, Sach- und Vermögensschäden ist ausgeschlossen.

Bildnachweis
Autorinnenfoto Umschlagklappe: © Elias Hassos
Abbildungen Umschlagklappen innen sowie Innenteil: © Dr. Sharon Brehm

Projektleitung: Vanessa Silbermann
Textredaktion: Sibylle Duelli, Buch.Konzept & Mehr
Korrektorat: Susanne Schneider
Umschlaggestaltung: Veruschkamia, München
Satz: GGP Media GmbH, Pößneck
Innenlayout & Herstellung: Timo Wenda
Druck und Bindung: GGP Media GmbH, Pößneck
Printed in Germany

MIX
Papier | Fördert
gute Waldnutzung
FSC® C014496
FSC
www.fsc.org

Penguin Random House Verlagsgruppe FSC® N001967

ISBN 978-3-517-10292-4
www.suedwest-verlag.de